Kala Pattar
Basislager
15
Lobuche
Dudh Kosi
Imja Kola
14
Pheriche
12
Tengpoche
13
Namche Bazar
11
Chaunrikharka
Dudh Kosi
Buldanda
5
7
Junbesi
9
Kharikhola
6
10
Thaksindhu
Bhandar
Sete
8
Dudh Kosi

Toni Hiebeler

Abenteuer Everest

Durchs Sherpaland zur Chomolongma

Mit 8 teils farbigen Karten
und 39 Photos
auf Kunstdrucktafeln

Albert Müller Verlag
Rüschlikon-Zürich
Stuttgart · Wien

Gewidmet Karl Weber (1903–1973), Zürich,
dem größten Förderer des Alpinismus
nach dem Zweiten Weltkrieg

Bildnachweis: Abb. 11, 13, 32: Dyhrenfurth-Archiv. Abb. 15, 17, 35: Toni Hiebeler. Abb. 12: Hiebeler-Archiv. Abb. 22, 29, 31, 33, 34, 36, 39: Katsuhisa Kimura. Abb. 2, 3, 4, 5, 6, 7, 14: Erich Reismüller. Abb. 1, 16: Erwin Schneider. Abb. 24, 25, 28, 37, 38: Doug Scott. Abb. 8, 9, 10, 20, 21, 23, 26, 27, 30: Schweizerische Stiftung für Alpine Forschungen SSAF.

 – ISBN 3 275 00539 1. – 1/5-74. – Printed in Switzerland.

Kapitelfolge

Einleitung
Chomolongma ist geduldig

Ich war noch ein Bub, da waren die Eroberungsversuche am höchsten Berg der Erde bereits in vollem Gang. Und als Bub verschlang ich die Berichte darüber mit Bangen und Herzklopfen. Sie faszinierten mich mehr als das aufregendste Karl-May-Buch. Aber der Mount Everest (8848 m) und das Ringen der Engländer um den Gipfel lagen für mich in einer so fernen, unerreichbaren Welt, daß auch nicht der kleinste Gedanke daran auftauchen konnte, diesen Himalaya-Riesen je einmal zu sehen oder gar zu erleben. Das war vor gut dreißig Jahren. Und selbst noch vor einem Jahrzehnt konnten nur die besten Bergsteiger der Welt zur Chomolongma, zur ‹Göttin-Mutter des Landes›, die alles geduldig über sich ergehen ließ. Heute ist das anders. Im Zeitalter des Düsenflugzeugs ist die Erde kleiner geworden. Heute kann jeder unternehmungslustige Bergfreund wenigstens zum Fuße des Mount Everest wandern, ragt er doch quasi vor den Toren der europäischen Großstädte auf. Der Weg zur Chomolongma ist heute ein interessantes Ferienunternehmen für jedermann. Von München, Hamburg oder Paris in acht oder zehn Tagen bis in die chaotische Eiswildnis des Khumbu-Gletschers zu gelangen, ist absolut kein Problem. Wollte man alle Flugverkehrsmöglichkeiten ausschöpfen, könnte man das Ziel auch schon in vier Tagen erreichen, denn seit Herbst 1973 kann man sogar von Kathmandu bis Khumjung auf rund 4000 Meter Höhe fliegen. Natürlich, das liest sich alles so harmlos, so spielerisch. In Wirklichkeit ist so ein ‹Schnell-Ausflug› zum Fuße des Mount Everest eine lebensgefährliche Sache. Denn immerhin gelangt man dabei in über 5500 Meter Höhe. Ohne Akklimatisierung besteht aber bereits ab 4500 Meter Höhe Lebensgefahr. Auch gute Bergsteiger wollen das zuweilen nicht glauben: Erst in jüngster Zeit gab es in der Everest-Region wieder einige Opfer der Höhenkrankheit zu beklagen. Und es werden leider nicht die letzten sein. Ich habe den Weg durchs Sherpaland zum Mount Everest im Rahmen der ‹Internationalen Himalaya-Expedition 1971› zur Everest-Südwestwand erlebt. Den Gipfel erreichte die Expedition nicht. Aber für mich war es ein erfolgreiches, glückliches Unternehmen. Denn glückliche Bergtage heißt nicht, unbedingt einen Gipfel erreichen müssen. Dieses Buch ist auch kein Expeditionsbericht. Neben der spannunggeladenen Eroberungsgeschichte im Überblick beschreibt es den Weg zum Berg – den Weg durch eine bezaubernde, aber auch wilde Landschaft mit seinen außergewöhnlichen Menschen und ihrer Geschichte. Dieser Weg war für mich das Schönste des ganzen Unternehmens. Ein erfüllter Jugendtraum.

Wer sich gewissenhaft auf diese Pilgerfahrt zur Chomolongma vorbereitet, wird ohne außergewöhnliche Gefahr ähnlich schöne Tage und Wochen im Nepal-Himalaya erleben können. Die wichtigsten Voraussetzungen sind hier ausführlich genug behandelt. Und wer das mit der Gewissenhaftigkeit nicht so richtig ernstnehmen will, der sollte es besser bei dieser Lektüre oder bei einem unerfüllten Jugendtraum belassen. Denn jedes Glück auf Erden muß erobert werden, fordert Einsatz, oft auch große persönliche Opfer.

Der Weg durch das Bergland Nepals, durch die Heimat der Sherpa, dieser mutigen und treuen Männer, hat mich so sehr fasziniert, daß ich ihn irgendwann wiederholen werde. Nicht mehr im Rahmen einer großen Expedition, sondern ganz privat, zusammen mit einigen Freunden, wie das jedermann machen kann, dann wird das Gesamtbild sicher noch bunter, noch hinreißender.

Ich glaube nicht, daß es einen bergbegeisterten Menschen gibt, der sich in diesem Bergland gegen das große Erlebnis verschließen kann.

Also: bis auf bald in Nepal!

Toni Hiebeler

Berg, Land, Volk

Peak XV, Devadhuna, Gaurisankar, Chomo-Kangkar, Chomolongma, Mount Everest

Die Namensgeschichte mancher Berge, ob Drei- oder Achttausender, trieb sonderbare Blüten. Von Benennungen hoher Berge nach politischen Machthabern – zum Beispiel Pik Lenin oder Pik Stalin (heute Pik Kommunismus) – gar nicht zu reden. Nur soviel: Weder Lenin noch Stalin hatten ‹ihre› Berge je erblickt. Aber auch Sir George Everest, der von 1823 bis 1843 die Survey of India, die Indische Landesvermessung, leitete und am 1. Dezember 1866 im Alter von sechsundsiebzig Jahren im walisischen Gwerndale verstarb, hatte den Mount Everest nicht gesehen.

Der höchste Berg der Erde hat jedoch über diese Eigentümlichkeit hinaus noch eine ungewöhnliche Namensgeschichte: Um ihn überhaupt als den höchsten Berg der Erde zu erkennen, dazu brauchte die Survey of India fünf Jahre (1845–1850). Von den südlichen Ebenen des Nepal-Himalaya aus sah man unscheinbar, weit hinten im Nordosten das Gipfelmassiv eines Berges aufragen. Er bekam während der Feldarbeiten das Vermessungszeichen ‹Peak XV›, weil der unscheinbare Berg als fünfzehnter Gipfelpunkt vermessen worden war. Nach Abschluß aller Berechnungen verkündete 1852 Rādhānāth Sikhdār, Chef der Geodätischen Abteilung, dem Leiter der Survey, Sir Andrew Waugh, daß Peak XV alle vermessenen und berechneten Gipfel überrage.

Vier Jahre nach dieser Entdeckung – 1856 – erhielt der Berg den Namen Mount Everest, als Sir George Everest längst in seiner Heimat weilte. Natürlich wurde der Name nicht ohne weiteres hingenommen. Denn immerhin handelte es sich um den höchsten Berg der Erde, und Sir George Everest hatte mit ihm ganz und gar nichts zu tun gehabt. Und die Weltmacht Großbritannien hatte damals Feinde. Man forschte nach einem älteren, schöneren Namen. Brian Hodgson, britischer Resident in Nepal und anerkannter Sprachforscher, setzte sich für den Namen ‹Devadhuna› ein. Aber der neue Vorschlag konnte weder sprachlich noch geographisch richtig begründet werden und verschwand nach einigen Diskussionen. Besser bestellt war es dann mit ‹Gaurisankar›. Dieser Name konnte sich fast ein halbes Jahrhundert lang behaupten. Sogar in den Atlanten meiner Schulzeit war ‹Gaurisankar› für den höchsten Berg der Erde noch eingetragen. Den Gaurisankar gab und gibt es tatsächlich. Nur hatte sich der Münchner Naturforscher und Geograph Hermann von Schlagintweit (1826–1882), als er 1855 den Mount Everest von Sikkim und Nepal aus zu beobachten versuchte, jeweils verschaut: Von Sikkim aus hielt er den Makalu für den Mount Everest, vom Kathmandu-Raum aus sah er in Everest-Richtung einen Berg, der alle seine Nachbarn überragte und nach Schlagintweits Meinung der Mount Everest sein mußte. In Wirklichkeit war es ein 7145 Meter hoher Berg, den die Einheimischen Gaurisankar nannten, der Gaurisankar im Rolwaling-Himal nämlich – der übrigens noch auf seine Bezwinger wartet. Obschon die Gaurisankar-Everest-Verwechslung bereits 1903 aufgeklärt worden war, verschwand der Gaurisankar als höchster Berg der Erde erst in den dreißiger Jahren aus den Atlanten.

Ein Jahr zuvor – 1902 – tauchte ein neuer Name auf: ‹Chomo-Kangkar›, was soviel wie ‹Weißer Schnee der Mutter Königin› bedeutet. Diesen Namen hatte man in einem tibetischen Wörterbuch entdeckt. Aber auch Chomo-Kangkar setzte sich nicht durch. Und damals waren ja noch keine Everest-Expeditionen unterwegs, so daß man den Bergnamen der Einheimischen noch nicht kennen konnte. Doch bereits 1910 wies der englische Brigadegeneral Charles Granville Bruce (1866–1939) energisch auf den echten Namen der Einheimischen hin: ‹Chomo-Lungma›, das heißt ‹Göttin-Mutter des Landes›. Für diesen Namen – auch ‹Chomo-Lungmo› – verbürgte sich der Topograph Natha Singh mit seinen Trägern aus dem Dudh-Kosi-Tal südlich des Berges.

Und die bald unternommenen Expeditionen bekamen es in Tibet auch bestätigt: Immer war allein von der Chomolungma oder Chomolongma die Rede. Das gleiche galt später auch für die Unternehmungen auf der Everest-Südseite. Tatsächlich sprechen heute noch die Sherpa ausschließlich von der Chomolongma, oft hört man nur ‹Chomo›. Mount Everest nur dann, wenn sie sich einem Fremden verständlich machen wollen.

Ob Peak XV oder Mount Everest, Gaurisankar hin oder Chomolongma her – fest steht, daß der mit 8848 Meter höchste Berg der Erde Grenzberg ist zwischen Tibet im Norden und Nepal im Süden; etwa 150 km nordöstlich von Kathmandu und 450 km südwestlich von Lhasa, der Hauptstadt des ehemaligen Lama-Staates Tibet. Genau: südlich des 28. nördlichen Breitengrades und westlich des 87. Längengrades (östlich Greenwich). Die Grenze verläuft über Nordostgrat und Westgrat. Der Chang La (6990 m) als Nordsattel, der Südostgrat fußt im Südsattel (7986 m), der Westgrat im Lho La (6006 m, Westsattel). Zwischen den Graten riesige Flanken und Wände:

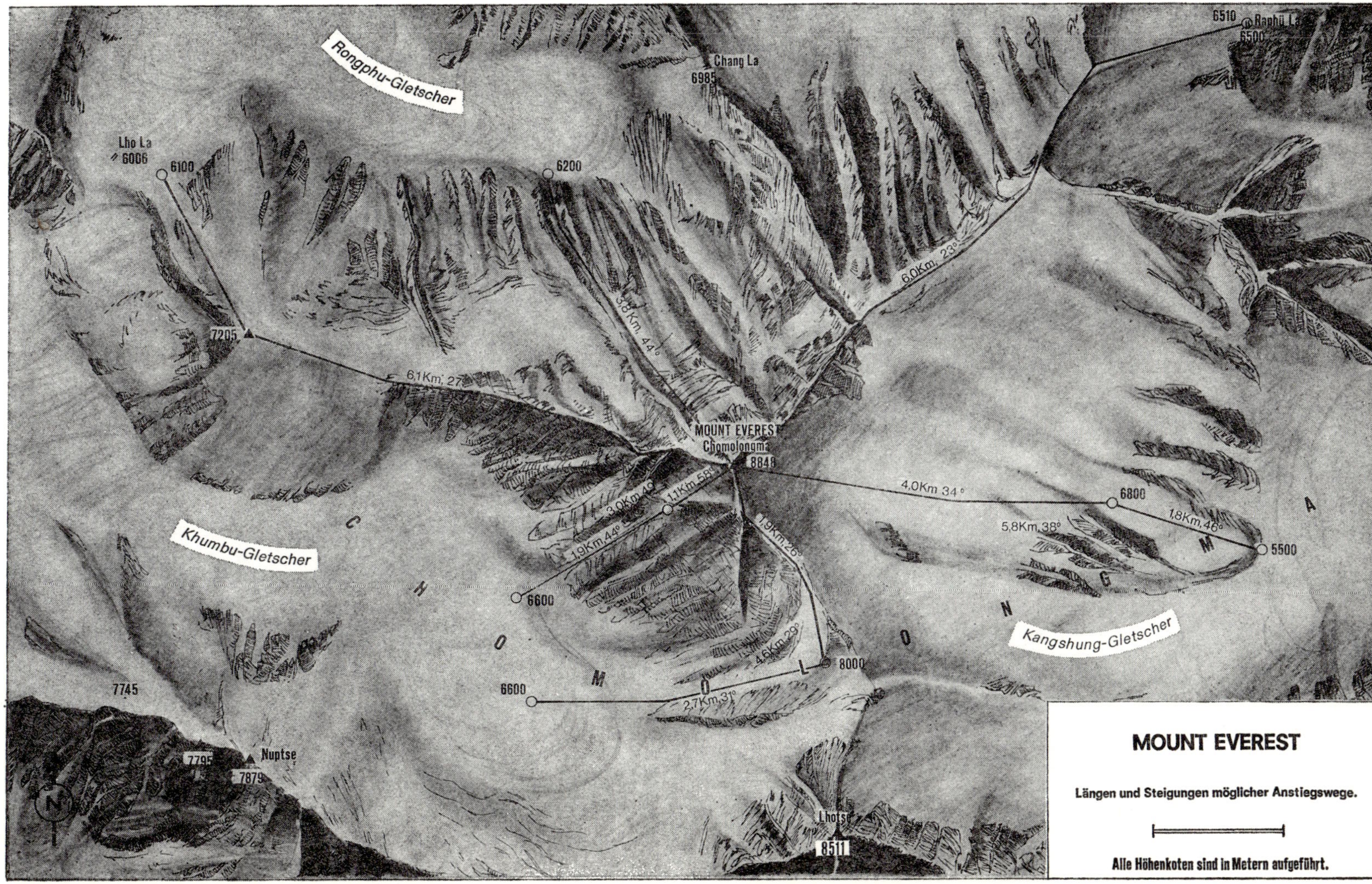

Rongphu-Gletscher
Chang La
6985
6510
Raphü La
6500
Lho La
6006
6100
6200
7205
3,8Km. 44°
6,0Km. 23°
6,1Km. 27
MOUNT EVEREST
Chomolongma
8848
4,0Km 34°
6800
1,8Km.46°
5500
5,8Km.38°
1,1Km.58°
3,0Km.40
1,9Km.44°
1,9Km.26°
4,6Km.29°
2,7Km.31°
Khumbu-Gletscher
Kangshung-Gletscher
6600
6600
8000
7745
Nuptse
7795
7879
Lhotse
8511
MOUNT EVEREST
Längen und Steigungen möglicher Anstiegswege.
Alle Höhenkoten sind in Metern aufgeführt.

Nordflanke, Ostflanke, Südwestwand (Karte mit Längen und Steigungen aller möglichen Everest-Anstiege, S. 11).

Vier riesige Gletscherströme entspringen an den Flanken des Kolosses aus Fels und Eis: Haupt- und Ost-Rongphu-Gletscher im Norden und Nordosten, 13 und 10 km lang; Kangshung-Gletscher (14 km) im Osten und Khumbu-Gletscher (18 km) im Südwesten. In unmittelbarer Nähe ragen weitere Himalaya-Giganten auf: Lhotse (8511 m), 3 km südlich; Makalu (8481 m), 17 km südöstlich; Cho Oyu (8153 m), 28 km nordwestlich. Und in der Runde von etwa 20 km über ein Dutzend eindrucksvoller Siebentausender, zum Teil noch unerstiegen (Everest-Karte, S. 13).

Dieser Berg, der seit über fünfzig Jahren die Gemüter von Alpinisten aus aller Welt bewegt, der Glanzstunden und Enttäuschungen und Tragik und Tod brachte, dieser Berg war bereits auf 1733 erschienenen Tibet-Karten mit dem Namen ‹Tschoumou lancma› eingezeichnet. Die Karten waren 1717 von französischen Jesuiten in Peking mit Hilfe tibetischen Materials geschaffen worden. Die Vermutung, daß der Berg oder wenigstens sein Gesamtmassiv, zu dem ja auch der Lhotse gehört, eine französische Entdeckung war, wurde auch von Sven Hedin mit Nachdruck vertreten. Freilich hatten die Patres aus Frankreich bestimmt keine Ahnung, daß es sich beim ‹Tschoumou lancma› um den höchsten Berg der Erde handelte.

Vor allem für Geologen aufregend ist die Tatsache, daß der Mount Everest und die ganzen Berge der Himalaya-Hauptkette bedeutend jünger sind als beispielsweise unsere Alpen. Die Achttausender Nepals wuchsen quasi vor den Augen der ersten Primitivmenschen: vor etwa 600000 Jahren; um diese Epoche der ersten Eiszeit lebte der sogenannte ‹Pekingmensch›, dessen Überreste in einer 1921 von dem schwedischen Geologen Andersson entdeckten Höhle südlich Pekings gefunden wurden. Im gleichen Jahr machten Bergsteiger die unangenehme Entdeckung, daß die verschiedenen Kalk- und Schieferschichten am Mount Everest, teils gelblich, teils marmorartig und auch mit Kalksandsteinen vermischt, ausgesprochen kletterfeindlich und gefährlich sind.

Außergewöhnlich ist auch die Entwässerung der Himalaya-Hauptkette. Ist es für uns geradezu selbstverständlich, daß die alpinen Quell- und Gletscherflüsse nach Süden und Norden abfließen und niemals die Alpen-Hauptkette von Nord nach Süd oder von Süd nach Nord durchbrechen, so fließen im Himalaya alle Wasser zuletzt nach Süden, wenn auch auf riesigen Umwegen: Indus, Arun und Tsangpo (Brahmaputra),

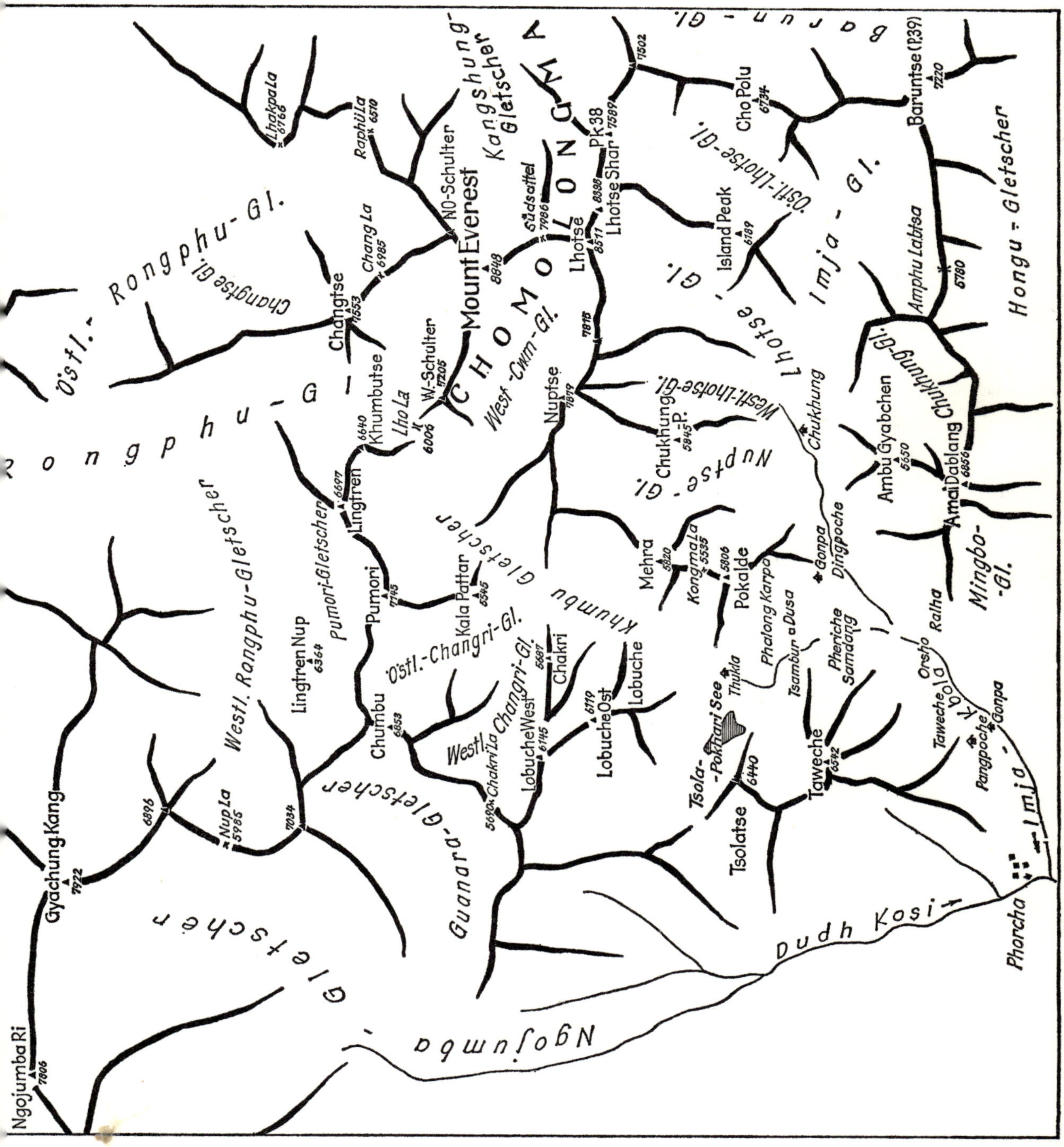

Mount Everest
8848
NO-Schulter
W-Schulter
7205
Südsattel
7986
Lhotse
8511
Lhotse Shar
8398
Pk 38
7589
7502
Cho Polu
6734
Baruntse (P.39)
7220
Barun - Gl.
Kangshung-Gletscher
CHOMOLONGMA
West-Cwm-Gl.
Nuptse
7879
7815
Island Peak
6189
Östl.-Lhotse-Gl.
Imja-Gl.
Amphu Labtsa
5780
Hongu-Gletscher
Lhotse-Gl.
Westl.-Lhotse-Gl.
Chukhung
Chukhung-P.
5845
Chukhung-Gl.
Ambu Gyabchen
5650
Ama Dablang
6856
Mingbo-Gl.
Nuptse-Gl.
Dingpoche
Gonpa
Mehra
5820
Kongma La
5535
Pokalde
5806
Phalong Karpo
Dusa
Pheriche
Samdang
Ralha
Orsho
Khumbu Gletscher
Lobuche
Lobuche Ost
6119
Chakri
5687
Tsambur
Thukla
Tsola-Pokhari See
6440
Taweche
6542
Taweche
Kbola
Pangpoche
Gonpa
Tsolatse
Imja
Phorcha
Dudh Kosi
Raphu La
6510
Lhakpa La
6766
Östl.-Rongphu-Gl.
Changtse-Gl.
Chang La
6985
Changtse
7553
Rongphu-Gl.
Khumbutse
6640
Lho La
6006
Lingtren
6697
Pumori-Gletscher
Pumori
7145
Kala Pattar
5545
Östl.-Changri-Gl.
Westl. Changri-Gl.
Lobuche West
6145
Chakri La
5690
Chumbu
6853
Lingtren Nup
6364
Westl. Rongphu-Gletscher
Nup La
5985
7034
6896
Gyachung Kang
7922
Guanara-Gletscher
Ngojumba-Gletscher
Ngojumba Ri
7806

um nur einige wichtige zu nennen. Der Grund dafür ist denkbar einfach: Nördlich der Himalaya-Hauptkette liegen die über 3000 Meter hohen Ebenen und Täler des Inneren Himalaya und noch weiter nördlich die bereits wieder über 6000 Meter hohen Tibetischen Randgebirge, auch Trans-Himalaya genannt, die jede weitere Entwässerung in nördlicher Richtung abriegeln.
Das ist, in groben Umrissen gezeichnet, der Erde höchster Berg.

Tibet und Nepal
Zwei Welten am Berg

Der Mount Everest trennt zwei Welten: Tibet im Norden, Nepal im Süden. Aber auch hier könnte man von einer ‹östlichen› und ‹westlichen› Welt sprechen. Über das einstige ‹Verbotene Land› Tibet, das erst seit 1921 von Expeditionen betreten werden durfte, weiß man heute, nach über zwanzig Jahren chinesischer Verwaltung, weniger als etwa über die Steinzeitmenschen Neu-Guineas oder über manche Negerstämme im tiefsten afrikanischen Busch.
Der ehemals buddhistische Mönchsstaat in Zentralasien wurde 1950 der Volksrepublik China als sogenanntes ‹Autonomes Gebiet› eingegliedert. Der Dalai Lama, zugleich das weltliche Oberhaupt des Landes, flüchtete 1959 nach Indien. Das 1,22 Millionen Quadratkilometer große Land – fünfmal so groß wie die Bundesrepublik Deutschland mit Westberlin! – hat nur 1,5 Millionen Einwohner. Es erstreckt sich als Hochland in einer Durchschnittshöhe von 4000 bis 5000 Meter zwischen China im Norden und Osten, Indien, Bhutan, Sikkim und Nepal im Süden und wieder Indien im Westen. Hauptstadt ist Lhasa, ‹Ort der Götter›, im Osten des Landes, auf 3630 Meter Höhe, heute mit etwa 100000 Einwohnern, gegenüber nur etwa 20000 vor dem chinesischen Einmarsch. Die heilige Stadt des Lamaismus mit dem Potala, dem Palast des jeweiligen Dalai Lama seit dem 17. Jahrhundert, war bis ins 20. Jahrhundert für Europäer eine verbotene Stadt. Heute sind nur zwei Drittel der Gesamtbevölkerung Tibeter und Angehörige verwandter Stämme, beim Rest handelt es sich um Zuwanderer aus China, meist Beamte und Soldaten. Vor der chinesischen Herrschaft blühte in Tibet ein reger Handel mit dem Süden. Zum Bei-

spiel wurde vor 1950 fast der gesamte Salzbedarf der nördlichen Hälfte Nepals von Tibet über die Himalaya-Hochpässe auf den Rücken der Yaks, der bewährten Himalaya-Tragtiere, befördert. Heute sind diese Hochgebirgsübergänge fast ohne Verkehr und nordseitig von chinesischen Soldaten bewacht. Da und dort wird noch ein wenig geschmuggelt: Bergbewohner Nepals bringen kiloweise US-Dollarnoten in Maos Reich, wo die ‹Einfuhr› offenbar geduldet wird, denn auch China braucht Devisen, die der internationale Handel vermutlich nicht ausreichend einbringt. (Dieser Dollar-Schmuggel macht auch verständlich, daß in Kathmandu der schwarze Dollar-Rupien-Handel aktiv betrieben wird.) Als Gegenware tauchen dann meist Wertgegenstände aus tibetischen Lamaklöstern auf.
Der Staat Tibet entstand um 600 n.Chr., gegründet von tibetischen Volksstämmen, die aus dem Stromgebiet des Yangtse Kiang in das rauhe Hochland eingewandert waren. Alphabet und Gesetze entstanden, Lhasa wurde gegründet. Der Buddhismus setzte sich erst im 11. Jahrhundert als Staatsreligion durch. Tibet wurde 1270 eine zentralistische Theokratie, ein Priesterstaat also, mit dem Dalai Lama als weltlichem und geistlichem Oberhaupt, wobei in der geistlichen Führung dem Pantschen Lama als seinem ‹geistlichen Vater› eine gleich gewichtige Rolle zukam. Nach dem Tode des sechsten Dalai Lama hatte es in Tibet Unruhen und Streitigkeiten gegeben, worauf 1706 China als Schlichter auftrat und seinen Einfluß bei der Bestimmung eines Nachfolgers geltend machte. Auf diesen Vorgang sind die heutigen Machtansprüche Chinas gestützt. Die ‹zwei Welten› am Mount Everest sind also gar nicht so alt. Vor dem chinesischen Regime in Tibet war vieles im Norden des Berges mit dem Süden verwandt, vor allem in religiöser Hinsicht: Etwa 28 Kilometer nördlich befindet sich auf 4970 Meter Höhe das ehemals sehr bedeutende Rongphu-Kloster; in genau gleicher Entfernung liegt im Südwesten das Kloster Tengpoche auf 3867 Meter, das bedeutendste Lama-Kloster in Nordost-Nepal, im Land der Sherpa.
Das heutige Königreich Nepal dagegen ist sehr stark westlichen Einflüssen ausgesetzt, vor allem durch den Fremdenverkehr, der fast das ganze Jahr hindurch Touristen aus aller Welt zu Tausenden ins Land schleust; auch kommen jährlich Dutzende von Bergsteigergruppen, die Gipfelbesteigungen versuchen oder ausführen oder auch nur große Hochgebirgswanderungen unternehmen.
Das langgestreckte Landrechteck von rund 141 000 Quadratkilometern – etwa so groß wie England oder Italien – zieht sich am Himalaya-Südfuß 800 Kilometer in ost-

westlicher Richtung hin und hat eine Nord-Süd-Breite von 90 bis 260 Kilometer. Zwischen dem 27. und 30. nördlichen Breitengrad entspricht seine Lage etwa derjenigen Kairos mit dem mittleren Niltal oder von New Orleans mit dem Golf von Mexico. Das Klima ist geradezu angenehm, selbst in den heißesten Monaten Juni und Juli steigt die Temperatur auch in den Tieflagen kaum über 35 Grad Celsius. Schon im Februar kann man das Kathmandutal (1300 m) hemdärmelig durchstreifen.

Im Gegensatz zu Tibet ist Nepal stark bevölkert. Die Einwohnerzahlen in den abgelegenen Berggegenden sind zwar schwierig zu erfassen, aber wenn man für die Gesamtbevölkerung rund 12 Millionen ansetzt, kommt man der Wirklichkeit sicherlich nahe. Bereits wird von Überbevölkerung gesprochen, zumal große Teile des Landes, zwischen Urwald und arktischer Wildnis, nicht genützt und auch nicht bewohnt werden können. Handelt es sich bei den Einwohnern Tibets insgesamt doch weitgehend um Tibeter, so leben in Nepal die unterschiedlichsten Volksstämme und Volksgruppen (ethnologische Karte, S. 18): Die tibeto-nepalischen Newar, Thamang, Gurung, Mangar, Sunwar, Rai, Limbu, Bura und Tharu werden als altnepalische Gruppen bezeichnet; die indo-nepalischen Brahmanen, Kshatriya, Gurkha, Khas, Chetri und Thakur als nepalische Gruppen; Inder, Garwhal und Kumaon als indische Gruppen; und schließlich Bhotiya, Sherpa und Thakal als tibetische Gruppen. Über zwanzig Volksstämme und -gruppen also, deren Typen oft so unterschiedlich sind, daß sie durch Welten getrennt zu sein scheinen. Und dennoch kann der flüchtige Besucher ihre Zugehörigkeit im einzelnen kaum bestimmen, auch wenn ein Sherpa neben einem Newar sofort unterschieden werden kann.

Das Land hat nur sechs Städte mit über 10000 Einwohnern, an der Spitze natürlich Kathmandu mit über 250000 Einwohnern. Das Kathmandutal wurde bereits etwa 700 v. Chr. besiedelt und durch die Geburt von Gautama-Buddha (* um 560 v. Chr., † um 480 v. Chr.) in Kapilavastu, nahe der indischen Grenze, zur Wiege des Buddhismus, der über weite Teile Ostasiens verbreiteten Weltreligion. Land und Volk wurden von Krisen und Machtkämpfen heimgesucht, von moslemgläubigen Eindringlingen im 14. und 15. Jahrhundert, von chaotischen Unterdrückungen auch in jüngerer Zeit. König Tribhuvana sah sich 1950 so sehr bedroht, daß er nach Indien flüchtete, konnte allerdings nach einem Jahr wieder zurückkehren. Als er 1956 starb, wurde der erst 35jährige Kronprinz Mahendra König. Er proklamierte 1962, nachdem er 1960 alle Parteien verboten hatte, eine neue Staatsordnung, die ein gewisses Mitspracherecht des Volkes garantiert: Dorf- und Stadträte können immerhin vom Volk gewählt werden. König Mahendra starb am 31. Januar 1972; sein Nachfolger wurde der noch sehr junge Kronprinz Birendra.

Nepals große Religionsgruppen sind der Hinduismus und Buddhismus, zwischen denen es hier keinerlei ernste Probleme gibt; der König des Landes gilt im hinduistischen Glauben als Inkarnation des Gottes Vishnu. Das Christentum fand in Nepal keinen fruchtbaren Boden. Im 17. Jahrhundert versuchte sich im Land zwar eine christliche Mission, aber ohne Erfolg.

Wirtschaftlich ist Nepal, dessen Boden noch weitgehend auf seine methodische Nutzung wartet, ein armes Land oder besser gesagt: Die Bevölkerung lebt in Armut. Eine nepalische Bauernfamilie verfügt über ein jährliches Bareinkommen von etwa 60–70 DM (sechzig bis siebzig!). Das ist aber nicht allein auf die kärgliche Landwirtschaft, die teilweise noch mittelalterlich betrieben wird, zurückzuführen. Die Landbevölkerung ist allgemein verschuldet, der Zinsfuß beträgt bis zu 35 Prozent – ein Teufelskreis ohne Ende!

Doch das alles sieht der Fremde nicht. Er kommt, um die wertvollen Kunstdenkmäler und die faszinierende Hochgebirgslandschaft zu bewundern, zu erleben; er sieht zwar die Armut, besonders auf dem Land, aber er kennt die Hintergründe nicht – und meist wird alles vom bunten, pulsierenden und turbulenten Leben Kathmandus übertönt, verwischt.

Land der Sherpa «Volk aus dem Osten»

Fragt man den Mann auf der Straße, was er über die Sherpa wisse, dann hört man meist diese oder ähnliche Antworten: «Klar, das sind die Träger oder Bergführer im Himalaya.» Daß Sherpa der Name eines kleinen Volkes ist, wissen außer den Fachleuten wohl nur bergsteigerisch interessierte Kreise, die Expeditionsbücher und -berichte kennen, bestenfalls auch belesene Nepal-Touristen. Die Sherpa sind also ein Volk im Volk Nepals, wie die Bayern in Deutschland oder die Walliser in der Schweiz, nur eben viel geringer an Zahl. Der Name Sherpa stammt von Shar = Ost und pa =

Volk, bedeutet also ‹Volk aus dem Osten›. Über die Herkunft der Sherpa und ihre Entwicklung gibt es neuere Untersuchungen. Danach stammt das Volk der Sherpa aus dem Gebiet Kham im östlichsten Teil Tibets, nahe der ehemaligen tibetisch-chinesischen Grenze, am Oberlauf des Yangtse, etwa 1300 Kilometer nordöstlich ihrer heutigen Heimat und von ihr getrennt durch den Himalaya, an dessen Südseite sie leben. Gegen 1533 – um die gleiche Zeit, als die Zerstörung des Inkareiches vollendet wurde und Peru unter die spanische Krone kam – zogen dreißig bis fünfzig Sherpa über den 5716 Meter hohen Nangpa La (La = Paß), westlich des Achttausenders

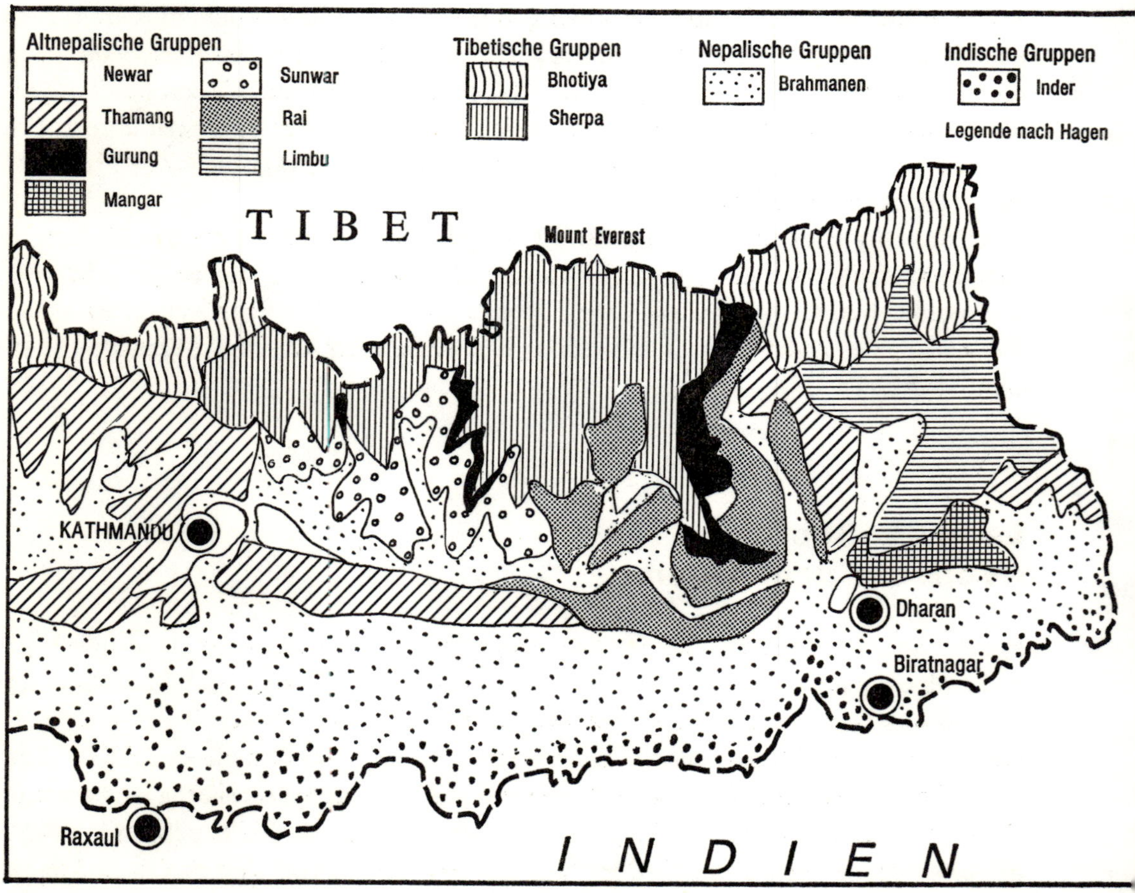

Cho Oyu, in das Tal des Nangpo Tsangpo und in das Khumbu-Gebiet südlich des Mount Everest.
Nach über siebzigjähriger Wanderschaft, die auch Lhasa berührt hatte, wurde Khumbu, das karge Bergland unter dem höchsten Gipfel der Erde, Heimat für das Shar pa, das Volk aus dem Osten.* Später, und bis in neuere Zeit, erfolgte durch weitere Einwanderungen die Ausdehung des Sherpa-Wohngebiets noch weiter gegen Süden, im Pharak, vorwiegend im Talbereich des Dudh Kosi; und schließlich südwestlich, im Solu. So wird das ganze Sherpaland denn auch häufig als Solu-Khumbu bezeichnet, zumal es ein zusammenhängendes Wohngebiet ist, wenn auch zwischen Solu und Khumbu beziehungsweise Pharak Höhenzüge von über 4000 Meter aufragen. Am ausgeprägtesten und ursprünglichsten sind die Sherpa im Khumbu, ihrem Himalaya-Urbereich, dem Herz ihres Landes. Aus diesem Gebiet kommen die meisten Hochträger, sind doch ihre Dörfer auch die höchstgelegenen. Das besiedelte Khumbugebiet mißt etwa 25 mal 25 Kilometer, mit sechs größeren Dörfern, zahlreichen kleinen Häusergruppen. Im ganzen Khumbu leben rund 2200 Sherpa in knapp sechshundert Häusern. Größtes Dorf ist Khumjung auf 3790 Meter mit über hundert Häusern. Höchstes, ganzjährig bewohntes Dorf ist Dingpoche (4200 m) am Nordwestfuß der Amai Dablang (6856 m), nur 14 Kilometer Luftlinie vom nordöstlich aufragenden Everest-Gipfel entfernt. Gebirgswirtschaft und viele andere Dinge, die das Bergleben der Sherpa bestimmen, haben eine verblüffende Ähnlichkeit mit der Land- und Viehwirtschaft unserer Bergbauern in den Alpen. Angefangen bei den

* Aus welchem Osten? Aus dem Osten Tibets? Die moderne Sherpa-Forschung beantwortet diese Frage: «Die Stammesbezeichnung Sherpa heißt *Die aus dem Osten*... im Osten von Nepal, vom Zentrum Kathmandu aus. Das bedeutet, daß das Wort *Sherpa* als Bezeichnung für dieses Volk noch nicht sehr alt sein kann, höchstens 190 Jahre, gerade in die Zeit zurückreichend, wo es zur ersten Begegnung zwischen dem um jene Zeit etablierten Gurkha-Staat im Kathmandu-Talbecken und den Sherpa kam. Verwunderlich ist nur, daß der Name nicht auf Nepali, der Sprache jener Herrscher, sondern auf Tibetisch, der Sprache der Sherpa, gegeben wurde. Das heißt, die Sherpa müssen ihn sich selbst, sobald sie ein eigenes Orientierungsbewußtsein nach Kathmandu entwickelt hatten, zugelegt haben. Möglich wäre aber auch, Tibeter hätten sie so benannt, wobei dann *Die aus dem Osten* einen doppelten Sinn haben könnte, einmal aus dem Osten von Kathmandu, zum anderen aus dem Osten von Tibet... Wäre es so, dann könnte die Bezeichnung auch erheblich älter sein, etwa 450 Jahre. Doch zieht vorliegender Text diese Möglichkeit nicht in Erwägung.» Aus: Michael Opitz, Geschichte und Sozialordnung der Sherpa, Reihe «Khumbu Himal» des Forschungsunternehmens Nepal Himalaya, Band 8, München 1968.

steingemauerten, verputzten Häusern mit ihren steinbeschwerten Schindeldächern bis zu den Sommersiedlungen, teilweise nur einen Steinwurf vom nächsten Gletscher entfernt, ähnlich unseren Almen, Alpen oder Maiensässen, die nur in den Sommermonaten bewohnt, beziehungsweise bewirtschaftet werden. Freilich sind die Sommersiedlungen der Sherpa unvergleichlich primitiver als die in den Alpen und allein zur Hochweide für Yak, Ziege und Schaf geeignet; eine Heuernte, wie unsere Hochmahd, gibt es dort nicht. Die höchste Sommersiedlung der Sherpa dürfte Lobuche (4930 m) am unteren Khumbu-Gletscher sein. Höher gelegen als der Gipfel des Montblanc, 12 Kilometer vom Everestgipfel entfernt, vielen Bergsteigern bestens bekannt.
Als die Grenze zu Tibet noch nicht verschlossen war, betrieben die Sherpa neben ihrer bescheidenen Land- und Viehwirtschaft auch Handel mit Tibet. Aus Tibet brachten sie Salz, nach Tibet Vieh und Butter aus eigener Produktion, dazu Farben, Papier, Petroleum, Reis und Zucker, die aus dem nepalischen Tiefland oder gar aus Indien herbeigeschafft worden waren. Auch mit China hatten Handelsbeziehungen bestanden. Zeugen aus dieser Zeit findet man heute noch in manchen Sherpa-Häusern: wertvolle Stoffe, Schmuck, Porzellan. Als der Handel versiegte, erschloß sich eine neue Verdienstquelle: der Tourismus kam in Schwung. Von Jahr zu Jahr mehr stellen sich Sherpa und Sherpani (Mädchen und Frauen) in den Dienst von Expeditionen und Touristengruppen: als Lastenträger, Köche, Hochträger, Boten. In den Hochregionen des Himalaya und Karakorum gibt es keine verläßlicheren, zäheren und um das Heil des Sahib – des Herrn – besorgteren Begleiter und Freunde als die Sherpa. Mit ihnen unterwegs zu sein, sie zu erleben, bewegt den verstocktesten Nichtromantiker. Bedauerlich ist, daß die bunten Gewänder der Sherpani und vor allem der Sherpa mehr und mehr verschwinden; westliche Kleidung ist auch hier im Vormarsch. Den männlichen Haarzopf sieht man nur noch ganz selten.
Sherpa haben einen ausgeprägten Sinn für Gemeinschaft, auch nach modernen Gesichtspunkten. Lange bevor man im Jahre 1951 mit einer Demokratisierung der Staatsverwaltung in Nepal begann, waren die demokratischen Grundlagen der Sherpa-Dorfgemeinschaften eine Selbstverständlichkeit. Alles ist dort demokratisch geregelt, so auch die Nutzung der Wälder und Weiden; die Gesetze werden von der öffentlichen Dorfversammlung erlassen.
Die Sherpa gehören dem buddhistischen Glauben an. Noch nie habe ich so tief religiöse Menschen erlebt wie die Sherpa. Ihr ganzer Tagesablauf ist mehr oder

weniger von ihrem Glauben bestimmt, vom Glauben an die Wiedergeburt, die durch gute Taten vorbereitet werden muß.
Diese Vorbereitung heißt ‹Sönam›. Sönam ist, um es mit Begriffen unseres materialistischen Lebens zu bezeichnen, eine Art Bankkonto religiöser Verdienste, die man sich in drei Bereichen erwerben kann: religiöse Handlungen (Beten, Anbringen von Gebetswimpeln usw.), Verhältnis zum Mitmensch, Behandlung der Tiere. Je mehr Sönam man sich verdient, desto besser ist es um das Schicksal im spätern Leben bestellt. Mit einem Höchstmaß an Sönam – an Gläubigkeit, Nächstenliebe und Güte zu Tieren – kann man sich schließlich von der Wiedergeburt, von den Leiden späterer Leben, befreien. Nun gibt es natürlich Sherpa, die einen gewissen Wohlstand erreicht haben, das Erdenleben in vollen Zügen genießen und auf spätere Erdenfreuden nicht verzichten wollen. Für sie taucht das Problem auf, sich gerade so viel Sönam zu erwerben, um es im späteren Leben schön und gut zu haben, aber nicht mehr, sonst könnte es mit der Wiedergeburt nichts werden.
Auch das Familienleben der Sherpa ist ungewöhnlich. Zunächst: Die Sexualmoral der Sherpa ist sehr großzügig. Sherpa-Liebespaare kennen weder Geheimnistuerei noch brauchen sie für ihr Beisammensein Verstecke. Wenn sich abends die Familienrunde an der Feuerstelle aufgelöst hat, betreten die Liebhaber ungeniert den allgemeinen Wohnraum. Seitensprünge in der Verlobungszeit werden toleriert, Seitensprünge Verheirateter sind noch lange kein Scheidungsgrund. Der gehörnte Ehemann hat nur das Recht, bei seinem Nebenbuhler 30 Rupien – rund 10 DM* – Buße zu kassieren. Ist der Verführer ein Freund oder gar Lama, dann wird ein Auge zugedrückt und die ganze Affäre mit einer Flasche Chang, dem aus Reis gebrannten Bier, begossen.
Dennoch gibt es nur sehr wenige voreheliche oder außereheliche Kinder – und jedenfalls sind sie weder Anlaß zu schiefen Blicken noch zu ernsthaften Problemen. Nicht selten stößt man auf Polyandrie, Vielmännerei: daß eine Sherpani mit zwei Männern verheiratet ist, wie man das auch in Tibet kennt (oder kannte). Meist sind die beiden Ehemänner Brüder. Die Vielmännerei hat zwei wichtige Gründe: Sherpa sind notgedrungen viel unterwegs – Einkäufe, die oft Wochen dauern, auf Expeditionen, in den Sommersiedlungen –, und so bleibt während der Abwesenheit des einen Mannes doch der andere als Hausherr zurück; und zweitens wird die Erbaufteilung von Haus und

* 1 Rupie = DM 0,36.

Grund zwischen den beiden Brüdern vermieden. Lieber beide Männer ‹übernehmen›, heißt es da, als die Einheit von Haus und Grund gefährden. Umgekehrt gibt es bei den Sherpa auch Vielweiberei, Polygynie. Auch hier steht die Sicherung des Familienerbes im Hintergrund: Wenn die erste Ehefrau keine Kinder zur Welt bringt, wird nicht selten die Schwester der Ehefrau dazugeheiratet, um die Nachkommenschaft zu sichern.

Freilich ist die Mehrehe, die Polygamie, bei den Sherpa nicht die Regel. Nur etwa acht Prozent aller Sherpaehen sind polygam, davon entfallen etwa zwei Drittel auf Polyandrie (eine Frau, zwei Männer), ein Drittel auf Polygynie (ein Mann, zwei Frauen).

Und zu guter Letzt: Auch die Scheidung ist nicht sonderlich problematisch und schon gar nicht übertrieben kostspielig. Die Frau muß ihrem Ehemann eine Rupie symbolisch für die Auslagen der Hochzeitsfeier zurückgeben. Und wenn nur die Frau geschieden werden will, muß der Nachfolger 35 Rupien bezahlen!

Eroberungen

Höhenweltrekord
Norton 276 Meter unterm Gipfel

Die zusammen rund 3000 Kilometer langen und 120 bis 300 Kilometer breiten Hochgebirgsketten von Himalaya und Karakorum zählen vierzehn Achttausender, acht gehören zu Nepal. Von 1907 bis 1949 wurden zwar vierundzwanzig Siebentausender bezwungen – aber eben noch kein Achttausender. Höchster erreichter Gipfel war bis 1949 die Nanda Devi (7816 m) im indischen Garhwal-Himalaya. Die Eroberung glückte 1936 den Engländern N. E. Odell und H. W. Tilman. Die Nanda Devi steht auf der Berg-Weltrangliste an 25. Stelle.

Wenn der höchste Berg der Erde schon den Namen eines englischen Sir trägt, dann ist es klar, daß auch Engländer diesen Berg bezwingen wollten. Tatsächlich hatte der englische Brigadegeneral Charles Granville Bruce bereits 1893 den Gedanken zu einer Everest-Expedition gefaßt und 1907 die Vorbereitungen dazu getroffen. Aber Nepal und Tibet waren ‹verbotene Länder›. Erst 1921 kam aus Tibet eine Genehmigung. Im gleichen Jahr wurden in den Berner Alpen die Mönch-Nordwand und der Mittellegigrat des Eigers erstmals bezwungen; im Wilden Kaiser die mauerglatte Westwand des Predigtstuhl-Nordgipfels.

Chef dieser ersten Everest-Expedition war C. K. Howard-Bury; unter den Bergsteigern vor allem zu nennen George H. Leigh Mallory, einer der fähigsten jungen Alpinisten Englands. Alle wußten, daß es lediglich um eine grundlegende Erkundung ging. Und dieses Ziel hat die Expedition bei weitem erreicht – die ganze Tibetseite des Berges wurde erkundet, eine Fläche so groß wie die Schweiz wurde vermessungstechnisch aufgenommen. Sogar der 6990 Meter hohe Chang La (= Nordsattel), von dem bis zum Zweiten Weltkrieg alle Besteigungsversuche ausgehen sollten, konnte erstiegen werden. Man sah den Nordostgrat aus nächster Nähe – er sollte möglich sein. Aber auch Trauer hatte es gegeben: A. M. Kellas starb auf dem Anmarsch an Herzschwäche.

Ein Jahr später sollte es bereits dem Gipfel gelten. Unter General Bruce selbst, dem damals besten Himalaya-Kenner, der die wichtigsten Landessprachen beherrschte, den die Lastenträger und Hochträger verehrten; er war ein gütiger Mann. Bis zum Chang La war alles bekannt. Freilich, hier ist das mit einem Satz vermerkt – für Bruce und seine Leute waren es rund sechzig anstrengendste Tage, Anmarsch, Aufbau des

Übersich
72°
36°
76°
80°
32°
28°
7788 Rakaposhi
K2
Broad Peak
8611
8047
8035
Gasherbrum II
Gilgit
Masherbrum
8068
7821
Hidden Peak
Indus
Chogolisa
7654
7280
Mugh Mustagh
Nanga Parbat
8125
Skardu
K a r a k o r u m
Shayok
Kargil
Leh
Indus
Wular-S.
Srinagar
Jhelum
Rawalpindi
Nun Kun
7135
K A S H M I R
Jhelum
Chenab
6001
Deo Tibba
Indus
C
WESTPAKISTAN
Amritsar
Lahore
H
Satlej
Nganglari
Simla
Kailas
6713
Kamet
Chau Khamba
7755
7138
Raksas
Manasarowar
Nanda Devi
Gurla Mandhata
Satlej
7120
7816
7728
Trisul
Garhwal
7132
Api
Saipal 7034
I N D I E N
Almora
Karnali
7043
Khan Jerowa
Rampur
m
Delhi
Dhau
Jamna
Ganges
N E
Gora
I N

arte des KARAKORUM und HIMALAYA

Basislagers, Einrichtung von vier Hochlagern. Angriff! Sechshundert Höhenmeter in sechseinhalb Stunden – George H. Leigh Mallory, Edward Felix Norton und T. Howard Somervell erreichten laut Höhenmesser 8170 Meter! Ohne Sauerstoff.
Ein neuer Höhenrekord. Aber sie mußten zurück. Im Abstieg schloß sich ihnen H. T. Morshead, der auf 7900 Meter gewartet hatte, als vierter Mann an. Und das Zurück sah bald wie eine Katastrophe aus: Der Seildritte stürzte, riß den Zweiten und Vierten am Seil mit hinab in den Abgrund, der tausend Meter heraufgähnte. Mallory als Seilerster sah die Katastrophe – rammte seinen Pickel bis zur Haue in den Firn, schnell ein paar Seilschlingen herumgeworfen, ganzes Gewicht auf den Pickel gedrückt, warten. Der grauenhafte Ruck kam – Mallory hielt wie ein Fels in der Brandung, hielt die drei Gestürzten. Es war wie ein Wunder. Ein böses Abenteuer.
Auch George Ingle Finch gehörte zur Expedition. Er war einer der stärksten. Als Chemiker baute Finch natürlich auf den Erfolg der Sauerstoffgeräte. Den zweiten Angriff leitete er. Mit ihm waren Captain Geoffrey Bruce, des Generals Neffe, und der Gurkha-Unteroffizier Tedjbir Bura – es waren die schwächsten Bergsteiger der Expedition. Finch mußte beide erst einmal mit Steigeisentechnik und anderen bergsteigerischen Grundkenntnissen vertraut machen! Aber Bruce und auch Bura waren hart im Nehmen. Auf 7770 Meter Wettersturz. Eine entsetzliche Sturmnacht im kleinen Zelt. Orkan. Achtzehn Stunden lang – die drei glaubten, jeden Augenblick mit ihrem Zelt im Abgrund zu verschwinden. Mittags wurde es endlich ruhig, endlich. Hinab? Finch und Bruce stiegen hinauf! Bis auf 8326 Meter Höhe. Da klappte es mit dem Sauerstoff nicht mehr. Zurück – fünfhundert Höhenmeter unterm Gipfel.
Und auch das zweite Everest-Unternehmen brachte Opfer: Sieben Sherpa-Hochträger starben in der Nordsattelflanke den Lawinentod. Insgesamt nun schon acht Menschenleben, und kein Gipfel!
Hätten die Sauerstoffgeräte nicht versagt, dann... Aber am Berg gibt es kein Wenn und Aber oder Hätte und Dann – am Ende einer Expedition sollte der Gipfel stehen. Natürlich brachte jeder Teilnehmer großartige und auch abenteuerliche Erlebnisse mit nach Hause. Aber danach fragt vor allem nicht die Öffentlichkeit. Der Mann auf der Straße und nicht zuletzt auch die Geldgeber wollen Erfolge sehen, bestiegene Gipfel. Das war 1922 nicht anders als heute.
Also mußte der neue Angriff gelingen. Man wollte nicht gleich schon 1923 starten, sondern ein ganzes Jahr der Vorbereitung widmen, aus den bisherigen Erfahrungen

die entsprechenden Schlüsse ziehen. Auch 1924 war General Bruce Expeditionsleiter. Aber der erfahrene und von den Einheimischen geliebte Mann wurde von Malaria befallen, mußte nach Sikkim zurückgebracht werden. Neuer Chef war Oberstleutnant Edward Felix Norton. Alles war vorbildlich organisiert, die Ausrüstung war verbessert, sogar das Gewicht der neuen Sauerstoffgeräte war um ein Drittel leichter. Eine Groß-Expedition, mit ihren Vor- und Nachteilen. Über 350 Tragtiere beförderten das schwere Material.

Alles ließ sich gut an. Nur das Wetter nicht. Im Mai war immer gutes Wetter zu erwarten am Everest. Der Mai 1924 war jedoch bitterkalt – im Lager 3 auf 6400 Meter wurden einmal 30 Grad Celsius unter Null gemessen. Immer wieder gab es Niederschläge. Die Hoffnungen schwanden mehr und mehr. Zweimal Rückzug bis hinab ins Basislager auf 5040 Meter. Dabei gab es zwei neue Lawinenopfer zu beklagen, wieder zwei Sherpa. Es war trostlos... Für den Mount Everest braucht es nicht nur erstklassige Ausrüstung und hervorragende Männer. Da muß alles stimmen, auch das Wetter – vor allem das Wetter.

Für Norton und seine Männer kam es erst Ende Mai, sehr spät. Zu spät? Die Expedition war stark angeschlagen, kräftemäßig, auch moralisch. Aber die schönen Tage waren verheißungsvoll, der Gipfel lockte. Am 1. Juni stand Lager 5 (7710 m) – zu tief, um von hier aus an einem Tag den Gipfel zu erreichen. Also noch eines: Lager 6 auf 8145 Meter, großartig! Nie zuvor haben Menschen in einem so hohen Lager genächtigt. Norton und T. Howard Somervell verbrachten eine Nacht in diesem Hochlager. Jahre zuvor hätten das Physiologen als glatten Selbstmord bezeichnet. Norton und Somervell dachten nicht an den Tod, es ging ihnen gut. Norton führte sogar Tagebuch: «Schönste Nacht seit Lager 1.» Und später: «Daß man in einer Höhe von 8200 Meter noch gut schlafen kann, ist eine merkwürdige und erwähnenswerte Tatsache» – in der Tat. Und das ohne Sauerstoff! Um 6.40 Uhr des 4. Juni 1924 brachen Norton und Somervell von ihrer hohen Warte auf. Ein idealer Gipfeltag: Sonne, kein Wind. Dem Gipfel entgegen. Nach einer Stunde erreichten sie die ‹Yellow Slabs›, die Gelben Platten, brüchig, schiefrig, sandig, unangenehmes Zeug. Da spürten die beiden den Sauerstoffmangel: ein paar Schritte, warten, atmen, wieder ein par Schritte, warten, atmen. Somervell war zu allem Übel auch noch von einem schmerzhaften Höhenhusten geplagt – beim Höhenhusten meint man, daß die ganze Lunge herauskommt, er ist mit würgendem Brechreiz verbunden. Mittag. Über den Gelben Platten gibt es gelbe Felsbänder. Auf ihnen querten Norton und Somervell gegen die große Steilrinne, die den Nordostgrat vom Gipfelmassiv trennt. Jetzt gab Somervell auf. Sein Husten brachte ihn schier um. Norton stieg weiter. Somervell wartete. Das war in 8540 Meter Höhe. Da entstand eines der berühmtesten Everest-Photos: Norton, auf dachziegelartigen Felsstufen gegen die große Steilrinne aufsteigend, im Hintergrund die Gipfelpyramide, rechts Fels, links glitzernder Firn. Ein herrliches Bild, ein faszinierendes Photo. Wenn man es als Bergsteiger sieht, packt es einen – der Gipfel in fast greifbarer Nähe!

Norton? Er ging, stieg weiter, wenn auch beängstigend langsam. Für dreißig Höhenmeter auf 270 Meter Länge brauchte Norton eine ganze Stunde. Und Norton war bestens trainiert, hervorragend akklimatisiert, stark. Aber auch das Gelände wurde schwieriger, je mehr er sich der Steilrinne näherte. Querung um zwei Felspfeiler, äußerst heikel. Und immer wieder diese scheußlichen Dachziegelplatten! Endlich sah Norton die große Steilrinne vor sich. Im Couloir lag Schnee, lockerer Pulverschnee. Norton plagte sich durch den Schnee, knietief, hüfttief. Er mußte das Couloir queren. Ohne Sicherung. Die Querung glückte. Aber auf der anderen Seite war's noch übler, noch gefährlicher. Dachziegel, Kalkplatten – ein Tanz auf Eiern! Dreizehn Uhr: 8580 Meter. Später wurde dieser Punkt durch Theodolit-Messung auf den Meter genau berechnet: 8572 Meter, 276 Meter unterm Gipfel – da mußte auch Edward Felix Norton einsehen, daß der Gipfel an diesem Tag nicht mehr zu schaffen war. Er hätte ihn, wenn überhaupt, erst am Abend erreicht. Und ein Zurück in der Nacht wäre unmöglich gewesen. Norton *mußte* aufgeben. Eine seelische Tragödie. Der neue Höhenweltrekord – er wurde erst 1953 überboten – konnte für ihn nur ein geringer Trost sein. Norton und Somervell stiegen ab, für sie war ‹das Rennen gelaufen›, sie waren erschöpft.

Mallory? Natürlich, da war doch auch der siebenunddreißigjährige Lehrer George H. Leigh Mallory, der kurz nach dem Ersten Weltkrieg im Montblanc-Gebiet wilde Steilwände auf teils neuen Routen bezwang und der bereits vor zwei Jahren die 8000-Meter-Grenze am Everest überschritten hatte. Auf Mallory ruhten die ganzen Hoffnungen der Expedition. Aber warum mit dem blutjungen Andrew Irvine? Mit seinen zweiundzwanzig Jahren hatte Irvine einfach noch nicht das Können, die Erfahrung. Warum nicht mit N. E. Odell, der zu allem auch noch in bester Form war? Niemand wußte es, keiner sagte etwas...

6. Juni: Mallory und Irvine stiegen, begleitet von acht Hochträgern, nach Lager 5 (7710 m); vier gingen nach Erreichen des Lagers wieder zurück. 7. Juni: Lager 6 (8145 m), von wo auch die restlichen vier Sherpa wieder zurückgeschickt wurden. Aber auch Odell war weiter unten nicht untätig: Er stieg, allein und ohne besondere Anstrengung, hinauf nach Lager 5, wo er die Nacht verbrachte. 8. Juni: Mallory und Irvine, mit Sauerstoffgeräten ausgerüstet, begannen mit dem Angriff. Aber nicht auf Nortons Spuren – auf der ‹Norton-Traverse› –, sondern gleich direkt hinauf zur Nordostgrat-Kante. War sie leichter?

Auch Odell stieg an diesem Tag nach oben, nach Lager 6, ohne Sauerstoffgerät, allein, mühelos! Er hatte zwar ein Atmungsgerät dabei, brauchte es aber nicht.

Ein paar Nebelfetzen zogen gespenstisch herum, aber kaum ein Windchen ging. Da sah Odell durch ein Nebelloch um 12.50 Uhr zwei Punkte auf einem Schneefeld unterm Grat. Dann schloß sich der Nebelvorhang wieder. Odell wartete im Lager 6. Schneetreiben. Bald war es vorbei. Odell stieg noch ein Stück weiter, pfiff, rief – Stille. Sonnenschein. Odell sah das Gipfelmassiv, aber keine Punkte, nichts von den beiden. Tage des Wartens, des Suchens.

George H. Leigh Mallory und Andrew Irvine waren verschwunden, am Everest verschollen, das elfte und zwölfte Opfer der ‹Göttin-Mutter des Landes› – sie schweigt. Neun Jahre später – 1933 – wurde von Teilnehmern der nächsten Expedition in etwa 8450 Meter Höhe ein Walliser Eispickel gefunden. Es war der Pickel von Mallory oder Irvine. Aber wie die Tragödie ablief, wird man nie erfahren, es bleibt ein Geheimnis der Chomolongma.

Doch wenn es um den höchsten Berg der Erde geht, kann man sich nicht in Trauer vergraben. Es folgten neue Expeditionen: 1933 unter Hugh Ruttledge, 1935 eine Kundfahrt unter Eric E. Shipton, 1936 wieder unter Ruttledge, 1938 unter H. W. Tilman. Rückschläge, Abenteuer, Enttäuschungen. Berühmte Namen, die aus der Everest-Geschichte nicht wegzudenken sind. Aber keiner mehr erreichte Nortons höchsten Punkt. War die Zeit wirklich noch nicht reif?

Von der alpinistischen Technik her, hinsichtlich Können, Erfahrung und auch Ausrüstung, war der Berg gewiß reif. Aber am Mount Everest spielten und spielen klettertechnische Probleme nur eine zweite Rolle. In den Alpen waren zur Zeit der letzten Vorkriegsexpedition bereits die größten und schwierigsten Wände durchstiegen: die Nordwände von Matterhorn, Grandes Jorasses und Eiger. In den Dolomiten fanden auch die ‹unmöglichsten› Felsabbrüche ihre Bezwinger. Die Erschließungszeit mit künstlichen Hilfsmitteln, mit Haken, Holzkeilen und so weiter, war in vollem Gange. Aber die größten und schwierigsten Alpenwände weisen eine Meereshöhe von maximal 4800 Meter auf. Am Mount Everest hat man in dieser Höhe noch nicht einmal den Bergfuß erreicht. Über 5000 Meter herrscht arktische Wüste, über 6000 Meter bereits ausgesprochene Lebensfeindlichkeit, bei 7000 Meter beginnt die Todeszone.

Am Mount Everest kommen zu den bergsteigerischen Problemen noch viele andere: Aufrechterhaltung des Materialtransports, der Hochlager-Kette; Krankheiten, die speziell in großen Höhen auftreten (Erkältungen, Lungenentzündung usw.); Leistung in sauerstoffarmer Luft; Zubereitung von Nahrung und vor allem Flüssigkeit, deren Verbrauch mit zunehmender Höhe durch die verstärkte Atmung steigt; die Funktionssicherheit der Sauerstoffgeräte und vieles mehr.

Und bald nach der letzten britischen Everest-Expedition unter Norton hatte man in Europa ganz andere Probleme und Sorgen, als den höchsten Gipfel der Erde zu bezwingen: 1939 – Beginn des Zweiten Weltkrieges.

Todeszone
Der Mensch zwischen 0 und 8000 Meter Höhe

Das Wort ‹Todeszone› klingt drohend, macht einen fast schaudern. Es wurde 1953 von dem Genfer Arzt Dr. Edouard Wyss-Dunant geprägt. Dr. Wyss-Dunant war 1952 Chef der ersten Schweizer Everest-Expedition, des ersten ernsthaften Unternehmens auf der Südseite. Im Expeditionsbericht schrieb Dr. Wyss-Dunant: «Man kann sich an die Höhe von 6000 Meter akklimatisieren, aber nicht mehr ab 7000 Meter. Hier kann man sich nur noch für eine begrenzte Zeit adaptieren [physisch anpassen], denn der Energieverlust wird in der Ruhezeit nicht mehr voll kompensiert [ausgeglichen].» Mit anderen Worten: Wenn ein Bergsteiger bis auf 7500 Meter vorgedrungen ist, was ja bekanntlich eine beachtliche Energieleistung erfordert, dann kann er sich im Zelt auch bei absoluter Ruhe, bei genügender Flüssigkeitszufuhr und Nahrungsaufnahme nicht mehr erholen. Noch mehr: Selbst ohne weitere Leistung vollzieht sich ein beständiger Energieabbau. Und wenn zu alldem auch noch irgend eine Störung kommt, zum Beispiel Appetitlosigkeit, dann geht es mit der Gesamtverfassung ganz schnell bergab. Schon nach wenigen Tagen kann der Tod eintreten.

Natürlich ist die untere Höhengrenze der Todeszone nicht exakt bestimmbar. Einmal kommt es immer auf die Verfassung des jeweiligen Bergsteigers an: Der eine kann die Akklimatisierung, die körperliche Anpassung an die sauerstoffarme Luft, schneller vollziehen, der andere braucht länger, und schließlich gibt es Menschen, die für große Höhen überhaupt nicht geeignet sind. Dazu kommt, daß Akklimatisation erfahrungsgemäß über Jahre anhält. Wenn ein Bergsteiger also zwei Jahre hintereinander im Himalaya auf Höhen über 7000 Meter war, dann wird er im dritten Jahr auch 8000 Meter besser ertragen als jeder andere, der erstmals in diesen Höhenbereich vorstößt. Bei einem völlig untrainierten Menschen, der sich auch keiner Akklimatisierung unterzog, genügt schon die zu schnell erreichte Höhe von 5000 Meter, Gesundheit und Leben zu gefährden: In der Vormonsunzeit 1972 starb der deutsche Botschaftssekretär von Kathmandu, Horst Vitt, in knapp 5000 Meter Höhe auf dem Weg ins Basislager der Ersten Europäischen Everest-Expedition. Er war von Kathmandu nach Luklha (2830 m) im Dudh-Kosi-Tal geflogen und von dort in Richtung Everest aufgestiegen (4 bis 5 Tagesmärsche). Aber man braucht nicht erst zu einem Everest-Basislager zu gehen, um die Gefährlichkeit von Sauerstoffarmut kennenzulernen. Für einen Flachlandmenschen, der nie längere Zeit über 2000 Meter lebte, genügt eine Bahnfahrt auf das Jungfraujoch (3475 m), zum ‹höchsten Bahnhof Europas›. Schon nach einstündigem Aufenthalt sind die meisten Besucher froh, wieder ins Tal zu kommen. Schaut man sich während der Talfahrt in den Waggons um, döst meist die Hälfte der Gäste vor sich hin, viele schlafen – Folge der durch Sauerstoffarmut verminderten Hirnfunktion. Selbst Bergsteiger haben am Anfang ihrer Tourenwoche auf dem Jungfraujoch Schwierigkeiten: Schlaflosigkeit in der ersten Nacht. Aber die Gefährlichkeit großer Höhen kennt man schon seit hundert Jahren: Anläßlich der Ballonaufstiege in den siebziger Jahren des vorigen Jahrhunderts verloren Ballonfahrer, wenn sie zu schnell über die 4000-Meter-Grenze kamen, das Bewußtsein; nicht selten ereigneten sich auch Todesfälle; heute sind Ballonfahrer, besonders im Alpenraum, mit Sauerstoffgeräten ausgerüstet.

Noch krasser zeigen Tests in Unterdruckkammern die Auswirkung sauerstoffarmer

Luft. In einer Vakuumkammer auf Meereshöhe verliert ein Mensch bei vermindertem Luftdruck, der dem einer Höhe von etwa 7600 Meter entspricht, innerhalb zehn Minuten das Bewußtsein, bei einem der Höhe von über 8200 Meter entsprechenden Luftdruck innerhalb drei Minuten. Freilich haben solche Testergebnisse fürs Bergsteigen in großen Höhen nur geringe oder keine Bedeutung, denn am Berg, dessen Höhen meist nur langsam erreicht werden, ist alles ganz anders. Die größte, dauernd von Menschen bewohnte Höhe ist vermutlich die Minenarbeitersiedlung Aconquilcha (5300 m) in den Anden Südamerikas.
Mehrere Tage und Nächte in Höhen über 8000 Meter wurden am Mount Everest von Bergsteigern schon mehrmals überstanden. Zum Beispiel war während der britischen Expedition von 1933 Francis Sydney Smithe drei Nächte auf 8350 Meter; die Briten Don Whillans und Dougal Haston kämpften 1971 in der Südwestwand über drei Wochen lang zwischen 7500 und 8300 Meter Höhe, also ständig in der Todeszone. Natürlich mit Hilfe erstklassiger Sauerstoffgeräte, an die sie auch nachts im Schlaf angeschlossen waren. Solche sicher funktionierenden Sauerstoffgeräte, die an den ‹hohen› Achttausendern (über 8400 m) meist ab 7500 Meter eingesetzt werden, nehmen der Todeszone ihre Gefährlichkeit in weitestem Maße. Ohne künstliche Sauerstoffzufuhr treten ab etwa 7000 Meter folgende Störungen auf: rapider Kräfteverfall, zunehmende Schwäche, Apathie, Muskelschwund, Appetitlosigkeit, Überempfindlichkeit gegenüber Getränken, Verfall der Zellgewebe des Körpers, Abnahme der Energie und der Arbeitsfähigkeit. Aber es gibt hinsichtlich Akklimatisationsfähigkeit und Todeszone kein festes, allgemeingültiges Schema; jeder muß am Berg seine eigenen Erfahrungen sammeln. Natürlich haben es ‹alte Hasen› wie Don Whillans, der 1970 die Südwand der Annapurna I (8091 m) bezwang und 1971/72 zweimal in der Everest-Südwestwand über der Achttausend-Meter-Grenze unterwegs war, am leichtesten. Aber Männer wie Don Whillans, deren Beruf mehr oder weniger das Bergsteigen ist, gibt es eben nur wenige. Wenn ein ‹normaler› Bergsteiger mehr als einmal die Chance bekommt, einen Achttausender anzugehen, dann hat er ausgesprochenes Glück.

Abb. 1. Der Talkessel von Kathmandu. Deutlich ist links in Bildmitte der dichtbesiedelte Stadtkern zu erkennen. Hinten die Himalaya-Kette.

Abb. 2. Eine besonders gut erhaltene Pagode am Hanoman Dokha im Zentrum Kathmandus.

Abb. 3. Pashupatinath, Hindu-Kultstätte am heiligen Fluß Bagmati, nur wenige Kilometer südöstlich von Kathmandu. Auf den Steinsockeln werden Bettler und Könige eingeäschert.

Abb. 4. Die Holzschnitzkunst der Newar im Kathmandutal ist fast an jeder Pagode zu bewundern, hier in Patan – wie lange noch?

Abb. 5. Straßenszene in Kathmandu: Rikschafahrer und heilige Kühe beherrschen den ohnehin turbulenten Stadtverkehr.

◁ Abb. 6. Den Fleiß der Bergbauern Nepals muß man bewundern, denn die oft mühsam erreichbaren Felder werden meist noch mit dem Holzpflug bestellt.
◁ Abb. 7. Typische Ackerterrassen im Hochland Nepals, wie sie der Bergtourist täglich sieht, oft nur einen Meter breit.

Bezwungener Gipfel
«Zuerst haben wir gelacht...»

Nach der Besetzung Tibets durch Maos Truppen – 1950 – war die klassische Everest-Route von Norden über den Chang La (Nordsattel) und Nordostgrat, um die von 1921 bis 1938 englische Alpinisten gekämpft hatten, für westliche Bergsteiger unzugänglich.
Aber der Mount Everest hat auch einen Südsattel (7986 m). Also mußte auf der Nepal-Seite eine Everest-Südroute ausgekundschaftet werden – absolutes Neuland. Man mußte wieder von vorne beginnen. Im gleichen Jahr, als die Chinesen in Tibet einmarschierten, marschierte der erste Engländer zum Südwestfuß des Mount Everest: H. W. Tilman, den wir bereits von früheren Everest-Unternehmungen kennen. Tilman sah den 700 Meter hohen Khumbu-Eisfall (= Eisbruch). Was darüber war, sah er nicht. Zweifel. Aber es war ja auch nur ein quasi privater Ausflug.
Im Herbst 1951 kam eine britische Klein-Expedition unter dem alten Everest-Kenner Eric E. Shipton mit dem Neuseeländer Edmund Hillary. Sie waren die ersten, die den erschreckendsten Eisbruch der Erde, den Khumbu-Eisfall, kennenlernten und ihn schließlich auch in sieben Tagen bezwangen. Sie sahen das obere Khumbu-Eisbecken, das ‹Tal des Schweigens› am eigentlichen Südwestfuß des Everest. Auch den Südsattel sahen sie, das Ziel aller weiteren Expeditionen bis zur ersten Besteigung.
Aber schon 1952, ein Jahr nach Shiptons Besuch, geriet das britische Everest-Monopol ins Wanken: Schweizer kamen, zwölf hervorragende Schweizer Alpinisten unter Dr. Edouard Wyss-Dunant. Mit 165 Lastenträgern und zwanzig Sherpa-Hochträgern. Marsch durchs Sherpa-Land, Khumbu-Gletscher, Basislager, Kampf im Khumbu-Eisfall, Aufbau der Hochlager 1–5, Bezwingung des ‹Genfersporns›, der den Aufstieg zum Südsattel vermittelt, Absicherung der Route mit Fixseilen, Materialschleppen, immer wieder; Eroberung des Südsattels, von dem sich der Südostgrat aufschwingt, Lager 7 in 8230 Meter Höhe – am 28. Mai: der Genfer Raymond Lambert und Sherpa Tensing Norgay kamen auf 8500 Meter. Aber trotz Sauerstoffgeräten schafften sie pro Stunde nur vierzig Höhenmeter. Die Zeit für den Gipfel war zu knapp: 13.30 Uhr, Rückzug. Monsun. Enttäuschung.
Doch nur Monate später, in der Nachmonsunzeit, das heißt im Herbst, waren wieder Schweizer am Berg. Wieder das gleiche Spiel, nur noch dramatischer: Der Sherpa

Mingma Dorje aus Namche Bazar wurde im Bereich des Genfersporns durch Eisschlag tödlich verletzt. Sturm und Winterkälte machten alles zunichte.
Dann kam endlich das Everest-Jahr – 1953 –, das Jahr der Entscheidung durch die britische Mannschaft unter John Hunt, Oberst im Generalstab.
Angesichts der schweizerischen Unternehmungen, die immerhin nur knapp 350 Meter unterhalb des Gipfels endeten, war man auf der britischen Insel nervös geworden. Die erste Besteigung ‹ihres› Berges durch nichtbritische Alpinisten wäre zweifellos ein harter Schlag für den Nationalstolz gewesen.
Aber die lange Geschichte der Bergeroberungen hat es immer wieder gezeigt: Der Erfolg nimmt seinen Weg auf einer Art Stufenleiter. Jedes Unternehmen baut auf den Erfahrungen der Vorgänger weiter auf. Natürlich mußten die Engländer nach den Schweizern nur noch lumpige 350 Meter ‹aufbauen›, unbekanntes Gelände bezwingen. Aber hinterher, wenn die Welt den endgültigen Bezwingern zujubelt, zählt allein der Erfolg. Den Einsatz der Wegbereiter lernt die breite Öffentlichkeit nur selten kennen – Lauf des Schicksals, früher und heute, nicht nur am Mount Everest.
Der Generalstäbler John Hunt hatte alles generalstabmäßig vorbereitet. Dreizehn Mann, unter ihnen wieder der Neuseeländer Edmund Hillary; 34 Sherpa-Hochträger, unter ihnen Tensing Norgay, der den Berg bis 8500 Meter Höhe bereits kannte. Allerneuste Ausrüstung, verbesserte Sauerstoffgeräte: 32 Apparate mit 160 Sauerstoffzylindern aus Leichtmetall, auch Aluminiumleitern, die über Gletscherspalten gelegt und an Steilstufen eingesetzt werden können; Zelte, nach neuesten Erkenntnissen gebaut; Funk – kurz und gut das Beste vom Besten, wie man es 1953 zur Verfügung hatte. Sogar ein Minenwerfer zum Abschießen von Lawinen war dabei. Auf jeden Alpinisten kamen fast drei Sherpa – das ist sehr viel.
Start am 10. und 11. März in Kathmandu mit 300 Lastenträgern. Bereits Ende März war die Expedition in Tengpoche (3867 m), nur noch zwei bis drei Tage vom Basislager entfernt. Von Tengpoche aus wurden bemerkenswerte Akklimatisationstouren unternommen. Nach dreiwöchigem Konditions- und Höhentraining, mit der Anmarschzeit waren es insgesamt fünf Wochen, wurde am 21. April das Basislager (5300 m) auf dem Khumbu-Gletscher bezogen. Wegbau durch den bereits berüchtigten Khumbu-Eisfall, Aufbau der Hochlagerkette 1–9. Lager 9 (8504 m) auf dem Südostgrat wurde am 28. Mai von Edmund Hillary, Tensing Norgay, Alfred Gregory, George Lowe und Ang Nyima errichtet. Die letzteren drei stiegen wieder ab nach

Lager 8 auf dem Südsattel (7986 m). Zwei Tage zuvor, am 26. Mai, hatten Tom Bourdillon und Charles Evans den 8760 Meter hohen Everest-Südgipfel betreten! Erst jetzt war Nortons Höhenweltrekord von 1924 gebrochen. Aber Norton war bekanntlich nicht mit Sauerstoff ausgerüstet. Bourdillon und Evans benutzten Sauerstoffgeräte mit geschlossenem Kreislauf. Für 774 Höhenmeter brauchten sie nicht ganz sechs Stunden hinauf und nur drei Stunden hinab: im Aufstieg also 130 Höhenmeter pro Stunde. Erinnern wir uns: Norton brauchte 1924 auf der Everest-Nordseite für 30 Höhenmeter auf 270 Meter Länge eine ganze Stunde, also fast die vierfache Zeit von Bourdillon-Evans.

Hillary und Tensing verbrachten in Lager 9 die Nacht zum 29. Mai. Aufbruch um 6.30 Uhr, beladen mit den 13,5 Kilo schweren Sauerstoffgeräten. Um 9.00 Uhr erreichten sie den Südgipfel (8760 m). Kurzer Abstieg. Dann hinauf in Richtung Hauptgipfel. Herrliches Wetter. Nach einer Stunde eine fast fünfzehn Meter hohe Felsstufe, äußerste Anstrengung. Der schmale, steile Firngrat, auf ihm gefährliche Wächten, links und rechts Abgrund – Gipfel. 29. Mai 1953, 11.30 Uhr: «Wir schüttelten einander die Hände, dann schlang Tensing den Arm um meine Schultern, und wir klopften einander auf den Rücken, bis wir beinahe keinen Atem mehr hatten.» Die Welt konnte aufatmen, konnte jubeln – und sie tat es auch –, der ‹Dritte Pol› war erobert.

Der Mount Everest war nach der Bezwingung von Annapurna I (8091 m, 1950) durch die Franzosen der zweite erstiegene Achttausender. Das Ringen um den Mount Everest dauerte über dreißig Jahre. Britische Bergsteiger hatten 1921 mit den Bemühungen begonnen, den Erfolg erntete schließlich auch eine britische Expedition, wennschon Edmund Hillary Neuseeländer und Tensing Norgay nepalischer und indischer Staatsbürger war. Edmund Hillary, der sich später sehr um das Land der Sherpa bemühte – eine Schule, das Krankenhaus in Khumjung und die Landepiste in Luklha entstanden durch seine Initiative –, wurde von der englischen Königin Elisabeth II. geadelt. Sir Edmund Hillary, im Jahr der Everest-Besteigung 34 Jahre alt, versuchte sich ein Jahr später am Makalu (8481 m), allerdings ohne Erfolg, und beteiligte sich 1957 an einer Antarktis-Expedition. Natürlich wurde auch John Hunt geadelt, zuerst Sir, dann Lord.

Sherpa Tensing Norgay war auf dem Everest bereits 39 Jahre alt. Die Schweizerische Stiftung für Alpine Forschungen in Zürich, dank deren Initiative die Schweizer

Everest-Expeditionen verwirklicht wurden, gründete 1953 das Himalayan Mountaineering Institute (HMI) in Darjeeling (Indien), zu dessen Chef Tensing Norgay ernannt wurde. Zwischendurch ist er auch Weltreisender in Sachen Himalaya, meist in Begleitung seiner Frau oder seiner Tochter Pem Pem. Ich traf mit Tensing mehrmals zusammen, zuletzt im März 1973 im Engadin, wo wir gemeinsam auf das 42 Kilometer lange Engadin-Skimarathon trainierten, denn auch ihn begeistert das Skilanglauf-Erlebnis. Jedesmal war ich berührt von seiner außergewöhnlichen Bescheidenheit. Nach seinen Gefühlen, die er auf dem Everest-Gipfel empfand, befragt, sagte Tensing: «Zuerst haben wir gelacht, denn die ganzen Stunden und Tage vorher war uns das Lachen vergangen... dann haben wir geschaut, viel geschaut...»

Geheimnisvolle Mao-Büste
Gipfelfels für den Vorsitzenden

Im Spätsommer 1960 sahen 500000 Chinesen den Mount Everest, die Chomolongma. Einen Mount Everest aus Pappe. Auf dem Pekinger Platz des Himmlischen Friedens, im Rahmen der Feier zum elfjährigen Bestehen der Volksrepublik China. Mit diesem Pappe-Mount-Everest sollte das chinesische Volk an die ruhmreiche erste Bezwingung des höchsten Berges der Erde von Norden am 25. Mai des gleichen Jahres durch die Chinesen Wang Fu-chou, Chu Ying-hua und den Tibeter Gonpa erinnert werden. Auch ich erinnere mich: Ende Mai 1960 hatte die Neue China-Agentur einen Bericht über den Chinesischen Chomolongma-Sieg in englischer Sprache verbreitet. Hier seien nur die wichtigsten Passagen zitiert:
«Die drei jungen chinesischen Bergsteiger, die am 25. Mai 1960 zum Gipfel der Chomolongma aufstiegen, waren im Laufe der menschlichen Geschichte die ersten, die den höchsten Gipfel der Welt über die schwierigen Nordflanken erreichten. Die Chomolongma (8882 m)* galt für manche Bergsteiger aus anderen Ländern [gemeint sind natürlich die Engländer] als von dieser Seite unersteigbar. Aber die drei jungen Bergsteiger Wang Fu-chou, 25, Geologe zu Peking, Sportmeister und Mitglied der

* Alte Höhenangabe nach sechs indischen Berechnungen aus den Jahren 1881–1902.

Kommunistischen Partei Chinas; Gonpa, 27 (Tibeter), Soldat der Befreiungsarmee des Volkes, Sportler erster Klasse, und Chu Ying-hua, 25, Zimmermann in der Provinz Se Chuen, Sportmeister und Mitglied der Kommunistischen Partei Chinas, führten dieses riesenhafte Unternehmen zum Erfolg... 25 andere Mitglieder der Expedition erreichten Höhen von 8100–8700 Meter. Auch das ist ein beachtliches Ergebnis. Die chinesische Expedition umfaßte 214 Männer und Frauen... Am 19. März 1960 kam der größere Teil der Expedition im Basislager an... in einem Außental des Rongphu-Gletschers... in 5120 Meter Höhe... Am 24. Mai, um 9.30 Uhr, brachen Wang Fu-chou, Chu Ying-hua und Gonpa vom ‹Lager des letzten Sturmes› auf 8500 Meter auf, um die letzten 382 Meter bis zum Gipfel zu überwinden... Die Nacht brach herein, während das Trio mühsam vorrückte... Bei etwa 8830 Meter, kaum 50 Meter unter dem Gipfel, war ihr Sauerstoff verbraucht... Wang Fu-chou bricht das Schweigen: ‹Wir haben auf unsere Schultern die glorreiche Aufgabe genommen, den Gipfel zu besiegen, können wir umdrehen?› ‹Vorwärts!› riefen Chu Ying-hua und Gonpa. Die drei Männer warfen ihre Sauerstoff-Flaschen weg und brachen zu dem erstaunlichsten und abenteuerlichsten Marsch der Menschheitsgeschichte auf. Stoßweises Atmen, Halluzinationen, Erschöpfung und alle Folgen des Sauerstoffmangels ließen sie schneckenlangsam vorankommen. Sie benötigten eine halbe Stunde, um einen Felsen von 1 Meter Höhe zu ersteigen, aber... wo Schnee und Fels zusammentreffen: der Gipfel der Chomolongma... In Peking ist es 4.20 Uhr... In tiefer Bewegung nimmt Gonpa aus seinem Rucksack die Nationalflagge Chinas und die Gipsbüste Mao Tse-tungs und befestigt sie mit Steinen auf einem großen Block. Wang Fu-chou zieht sein Notizbuch heraus und kritzelt die folgende kurze Botschaft nieder: ‹Wang Fu-chou, Chu Ying-hua, Gonpa, drei Personen, haben die Chomolongma erobert, 4.20 Uhr, 25. Mai 1960.› Es war so kalt und dunkel, daß er mehrere Minuten brauchte, um diese wenigen Worte zu schreiben. Gonpa steckte die Botschaft in einen weißen Wollhandschuh und legte ihn unter einen Haufen Steine. Sie hatten zwar eine Filmkamera dabei, aber es war noch zu dunkel, um Aufnahmen zu machen. Vor ihrem Abstieg, um 4.35 Uhr, lasen sie neun Felsstücke auf, zum Geschenk für Präsident Mao Tse-tung. Als sie auf 8700 Meter hinabgelangt waren, wurde es heller und Chu Ying-hua machte einige Schnappschüsse ringsum... Unser Sieg ist der Leitung der Kommunistischen Partei Chinas zu verdanken, außerdem der Überlegenheit des sozialistischen Systems...» und so weiter.

Ein Bild der ‹Schnappschüsse ringsum› entfachte unter Himalaya-Experten lange publizistische Diskussionen. Das Bild aus ‹8700 Meter› wurde gründlich untersucht, aber man konnte am Ende doch nicht sicher herausfinden, ob es wirklich auf dem Nordostgrat oder aus einem Flugzeug überm Nordostgrat entstanden war.
Am gleichen Tag, als die Chinesen ihre Mao-Büste auf dem Gipfel angebracht haben wollen, waren auf dem Südostgrat Teilnehmer der Ersten Indischen Everest-Expedition unterwegs: Am 25. Mai 1960 brachen von Lager 7 (8400 m) Sherpa Nawang Gombu, Sherpa Sonam Gyaltsen und Narendra Kumar auf in Richtung Gipfel. Aber etwa 140 Meter unter dem Südgipfel wurden sie in 8620 Meter Höhe durch starken Schneesturm zurückgeschlagen – während die Chinesen, sogar ohne Sauerstoff (!), bei offenbar gutem Wetter, den Gipfel betraten. Wenn man fairerweise einräumt, daß es auf zwei verschiedenen Seiten eines Berges – hier Süd und Nord – tatsächlich grundverschiedenes Wetter geben kann, so müßten zu Gunsten der Chinesen irgendwann die Mao-Büste oder wenigstens der weiße Wollhandschuh mit Wang Fu-chous Botschaft auf dem Gipfel zu finden sein. Aber die Amerikaner, die 1963 den Gipfel über West- und Südostgrat erreichten, konnten nur nüchtern berichten: «Von der Büste Mao Tse-tungs, die die Chinesische Expedition 1960 hier aufgestellt haben soll, war nichts zu sehen.»
Und 1965, als der Dritten Indischen Everest-Expedition hintereinander vier Besteigungen durch insgesamt neun Mann glückten, wurde Mao Tse-tungs Konterfei auch nicht entdeckt. Nicht anders erging es 1970 den vier Japanern, denen zwei Gipfelbesteigungen geglückt waren, und 1973 den Italienern. Fast alle Everest-Bezwinger ab 1960 suchten nach Mao – vergeblich. Dafür erschien 1965 in englischer Sprache das Buch ‹Mountaineering in China›, herausgegeben vom China Publications Centre, Peking. Erstes Innenbild: Anläßlich des Neunten Kongresses der Kommunistischen Partei Chinas drückt der Vorsitzende Mao dem tibetischen Everest-Bezwinger Gonpa, der tibetischen Kongreß-Delegation angehörend, die Hand. Dann: Photos, auf denen sich die Gipfelmannschaft mit erhobenen Fäusten im Hauptlager verabschiedet. Sprünge über Gletscherspalten. Aufstieg im Eis. Hochlager im Eis. Alles ohne Hintergrund. Endlich auch Aktionsbilder mit Hintergrund vom Aufstieg, die eindeutig beweisen, daß die Chinesen am Nordostgrat mindestens eine Höhe von etwa 8500 Meter erreicht haben, wenn man die Bilddokumente mit den Aufnahmen der britischen Expedition 1924 vergleicht. Vielleicht sind die chinesischen Bilder in

noch größerer Höhe entstanden? Aber übrig bleibt immer noch das Rätsel um Mao-Tse-tungs Büste und den weißen Wollhandschuh...

Der Tod im Eisfall
Erste Überschreitung

Schon zehn Jahre nach der Erstbesteigung 1953 durch Hillary und Tensing war die dramatische Everest-Geschichte um einige glanzvolle Seiten reicher. Vor allem durch die Schweizer, die 1952 nur 350 Meter unterhalb des Gipfels zum Rückzug gezwungen worden waren und es vier Jahre danach, 1956, am Everest nochmals genau wissen wollten. Wieder war es die Schweizerische Stiftung für Alpine Forschungen (SSAF), die Mannschaft und Geld und Material auf die Beine brachte. Diesmal mit dem blitzgescheiten, erfahrenen und dynamischen Albert Eggler aus Bern als Leiter. Und mit erstklassigen Bergsteigern, die geradezu ‹schweizerische Präzisionsarbeit› leisteten – zwei Achttausender fielen sozusagen auf einen Schlag: Am 18. Mai 1956 glückte Ernst Reiß und Fritz Luchsinger die Erstbesteigung des schwierigen Lhotse (8511 m), des vierthöchsten Berges der Erde, 3 Kilometer südöstlich des Everest-Gipfels aufragend. Am 23. Mai vollzogen Ernst Schmied und Jürg Marmet vom Südcol über den Südostgrat die zweite Everest-Besteigung, am 24. Mai konnten sich Dölf Reist und Hansrudolf von Gunten über die dritte Everest-Ersteigung freuen. Erfolg der Schweizer auf der ganzen Linie. Auch heute noch gilt die SSAF-Expedition als eine der erfolgreichsten im Himalaya.
Drei Besteigungen durch sechs Männer hat der höchste Berg der Erde bereits über sich ergehen lassen – ein Neuseeländer, ein Sherpa (Nepal-Indien), vier Schweizer –, alle über den Südostgrat. Und wenn man der chinesischen Geschichte Glauben schenkt, dann wären es bis 1960 bereits vier Besteigungen, darunter die erste von Norden, – aber die Mao-Büste...
Wie weiter?
Die Antwort mußte von der Jugend kommen, von der jungen Bergsteiger-Generation. Keine Generation will allein auf den Spuren der Väter ihre Ziele erreichen. Nachdem Jacques Balmat und Michel Gabriel Paccard 1786 den Gipfel des Montblanc erstmals

bezwungen hatten, begnügte man sich am höchsten Berg der Alpen zwar über achtzig Jahre lang mit der gleichen Route, aber damals gab es nur ganz wenige Alpinisten. Und dann folgte die Erschließung Zug um Zug.

Glaubten die Engländer 1865 mit der Bezwingung der Montblanc-Brenvaflanke, steil und 2000 Meter hoch, eines der größten und letzten Probleme gelöst zu haben, so wurde 1893 durch die Eroberung des schwierigen Montblanc-Peutereygrates alles in den Schatten gestellt. Heute gibt es am Montblanc etwa dreißig, teils äußerst schwierige Anstiege, neun allein in der Brenvaflanke – auf Balmats Route tummeln sich die Skitouristen. Man brauchte die alpinistische Geschichte gar nicht sonderlich zu kennen, um zu wissen, daß am Everest bald ‹etwas passieren› mußte.

Die Nordseite gegen Tibet war und ist für westliche Bergsteiger nach wie vor tabu. Also muß man sich mit der Nepal-Seite begnügen.

Der 6,1 Kilometer lange Westgrat mit einer Durchschnittsneigung von 27 Grad, noch nie versucht und somit absolutes Neuland, bot sich an. Ziel der ‹Amerikanischen Mount-Everest-Expedition 1963› (AMEE 1963). Führender Kopf war der damals fünfundvierzigjährige Norman Günter Dyhrenfurth, geboren in Schlesien, aufgewachsen in der Schweiz, Filmmann und Photograph in Amerika, Schweizer und US-Bürger, Sohn des bekannten Himalaya-Forschers und -Pioniers Günter Oskar Dyhrenfurth, dem wir das vorzügliche Himalaya-Karakorum-Standardwerk ‹Der Dritte Pol› verdanken. Norman Dyhrenfurth ist hinsichtlich Bergsteigen elterlich schwer vorbelastet. Seine Mutter Hettie galt nach der ersten Besteigung des Sia-Kangri-Westgipfels (7315 m, Karakorum) – 1934 – viele Jahre als ‹höchste Frau der Erde›. Norman Dyhrenfurth konnte man gut und gerne als alten Himalayafuchs bezeichnen, denn an einem bemerkenswerten Stück Himalaya-Geschichte hatte er selbst mitgewirkt: Im Herbst 1952 war er Teilnehmer der zweiten Schweizer Everest-Expedition, die wegen orkanartiger Stürme auf 8100 Meter scheiterte; 1955 Chef der ‹Internationalen Himalaya-Expedition›, die am Lhotse auf 8000 Meter zurückgeschlagen wurde; 1958 Yeti-Expedition im Everest-Makalu-Gebiet und schließlich 1960 mit den Schweizern am Dhaulagiri (8167 m), der als letzter für westliche Bergsteiger zugänglicher Achttausender bezwungen wurde. Bis auf die Shisha Pangma (8013 m) auf tibetischem Gebiet, waren alle vierzehn Achttausender der Erde erobert – die Zeit für die noch unbetretenen Grate und Wände der Weltberge war angebrochen.

Nach zweieinhalbjähriger harter Arbeit hatte Dyhrenfurth endlich alles für die AMEE beisammen: eine erstklassige Mannschaft aus 19 Amerikanern und einem Engländer, denen 37 Sherpa zur Verfügung standen, sowie einen nepalischen Verbindungsoffizier. Siebenundzwanzig Tonnen Material, in 909 Lasten verpackt, wurden am 20. Februar 1963 in Gang gebracht, Richtung Mount Everest. Genau genommen sind Expeditionen zu den höchsten Bergen der Erde Hochgebirgs-Transportunternehmungen im wahrsten Sinne des Wortes. Bei der AMEE zum Beispiel galt es, einen gewichtigen Teil der 27 Tonnen auf die einzelnen Hochlager am Berg zu verteilen. Und wenn sich dann schließlich im obersten Lager auf vielleicht 8500 Meter an die 80 Kilo Material angesammelt haben, kann endlich der Gipfelsturm von den noch intakten Teilnehmern begonnen werden. Deshalb hat fast jede große Expedition ihren Transportoffizier. Bei der AMEE war es der englische Colonel James O. M. Roberts, der schon seit mehreren Jahren in Kathmandu lebt und zweifellos einer der besten Kenner des Nepal-Himalaya ist. Aber anders ist das Spielchen an Bergen über 8000 Meter einfach nicht zu gewinnen.

Am 21. März konnte die AMEE ihr Basislager (5425 m) auf dem Khumbu-Gletscher errichten. Genaues AMEE-Ziel: den Everest-Gipfel in einer Art Zangenbewegung über den bereits bekannten Südostgrat und über den noch unbezwungenen Westgrat zu erreichen. Wieder begann die mühsame und gefährliche Arbeit im Khumbu-Eisfall, einer echten Schlüsselstelle, nach deren Überwindung man erst den eigentlichen Bergfuß erreicht. Schon am zweiten Tag im Khumbu-Eisfall erlitt die AMEE einen schweren Schlag: der 27jährige Bergführer John E. Breitenbach aus Jackson (Wyoming) wurde am 23. März von einer riesigen einstürzenden Eiswand begraben. Die Eismassen waren so groß, daß Breitenbachs Leiche nicht gefunden wurde.

Die Niedergeschlagenheit der AMEE lockerte sich am 28. März, als am oberen Rand des Eisfalls Lager 1 (6100 m) errichtet werden konnte. Der Weg zum Berg war frei. Es galt nur noch, das 4,5 Kilometer lange Westbecken des Khumbu-Gletschers zu durchqueren, das die Engländer mit ‹Western Cwm› (sprich: Kum) bezeichnen. Bald war oben im Westbecken Lager 2 (6500 m) errichtet: vorgeschobenes Basislager. Von hier konnten die Operationen für beide Routen beginnen.

Das Unternehmen lief beispielhaft ab.

Zunächst konzentrierten sich die Amerikaner auf die Südcol-Südostgrat-Route; sie war bekannt, auf ihr war die Gipfelchance am größten: Nacheinander wurden Lager 3 (6980 m), 4 (7590 m) und am 14. April Lager 5 (7986 m) auf dem Südsattel, dem ‹höchsten Paß der Welt›, errichtet. Dann gab es am 21. April Sorgen um den 29jährigen Kameramann Daniel E. Doody, der an einer akuten Venenentzündung mit Thrombose litt, ins Basislager mußte und ausschied. Norman Dyhrenfurth, als Leiter ohnehin schon genug belastet, mußte auch noch für Doody als Kameramann einspringen. Dazu kam Schneefall, der zwei Tage Verzögerung brachte. Und dennoch konnte bereits am 30. April Lager 6 (8370 m) bezogen werden. Die zwei kleinen Zelte beherbergten James W. Whittaker, mit seiner Körpergröße von 196 cm bekannt als ‹Big Jim›, und Sherpa Nawang Gombu sowie Norman Dyhrenfurth und Sherpa Ang Dawa, eine Seele von einem Menschen, den ich acht Jahre später kennenzulernen das Vergnügen hatte.

1. Mai, 6.30 Uhr: Big Jim und Nawang Gombu gingen los. Etwas später auch Norman Dyhrenfurth und Ang Dawa, um zu filmen und den Rückzug zu decken.

11.30 Uhr: Big Jim und Nawang Gombu betraten den Südgipfel. Sturm tobte. Aber der Riese aus Amerika drängte weiter. Kurzer Abstieg in die Scharte zwischen Süd- und Hauptgipfel, grauenhafte Schneewächten, der vereiste ‹Hillary-Kamin›, zuletzt windgepreßter und verblasener Schnee...

«Du zuerst, Gombu!» schrie der Riese im Sturm dem kleinen Sherpa zu.

«Nein, Ihr geht als Erster!» rief Nawang Gombu.

«Gehen wir zusammen!»

Und sie gingen...

13.00 Uhr: James W. Whittaker und Nawang Gombu waren auf dem Gipfel; erster Amerikaner, zweiter Sherpa, fünfte Besteigung (die Chinesen von 1960 mitgerechnet). Für die rund 560 Meter benötigten die beiden sechseinhalb Stunden.

Auf dem höchsten Punkt rammte Jim eine Aluminiumstange ein, band die amerikanische Fahne daran, suchte nach Mao Tse-tungs Gipsbüste, ohne Erfolg.

Dyhrenfurth und Ang Dawa mußten bei 8600 Meter zurück, ihre Sauerstoffreserven hätten für den Gipfel nicht gereicht. Norman Dyhrenfurth wurde auf diese Weise immerhin ‹höchster Expeditionsleiter› (was ich freilich nie aus seinem Munde hörte; aber da manche Chefs die Unternehmungen ihrer Leute oft nur vom sicheren Basislager aus beobachten, darf dies ruhig einmal vermerkt werden, meine ich).

Ein Bericht über den Abstieg könnte allein ein dramatisches Buch füllen. Leere

Sauerstoff-Flaschen, Wächtenbruch, Sturz, Erschöpfung. Um 17.30 Uhr – zurück im Lager 6 – waren die schlimmsten Gefahren überstanden.
Ein Gipfelerfolg war gebucht, gesichert – jetzt wurde die Fleißaufgabe aktuell.
4. Mai: Fast alle Bergsteiger waren im Basislager. Dann wurde auf der Westgrat-Route Lager 4 (7650 m) errichtet; Lager 3 (7250 m) war schon im Rahmen der Vorbereitungen erstellt worden.
Nacht vom 16. auf 17. Mai: sechs Männer in zwei Zelten. Sturm, Orkan. Die Zelt-Halteseile lösten sich. Die Zelte rutschten gegen den 2000-Meter-Abgrund, immer schneller – wie durch ein Wunder blieben sie an einer Felskante hängen. Fast das gleiche Teufelsspiel wiederholte sich am nächsten Morgen. Lager 4 war ein Wrack, trostlos.
Rückzug.
Er war ein Leidensweg, ein Schreckensweg. Sturm, der die Männer ständig in den Abgrund zu schleudern drohte. Nebel, Schneefall, miserable Sicht. Erschöpfung. Taumelnd kamen sie zum Lager 3. Westgrat? Die ganze Situation war übel. Die Chancen für einen Erfolg sanken auf den Nullpunkt.
Aber die Amerikaner waren nicht so schnell kleinzukriegen. Und auch gutes Wetter stellte sich ein.
Am 21. Mai bezogen B. C. Bishop und L. G. Jerstad auf der Südroute Lager 6 (8370 m). Ihre beiden Sherpa Pemba Tensing und Nyima Tensing, die das notwendige Material geschleppt hatten, stiegen wieder zum Südsattellager (7986 m) ab.
Die Westgrat-Männer hatten bereits am Tag zuvor erneut Lager 4 erreicht und instand gestellt. Die Zeit drängte, denn All India Radio hatte gemeldet, daß sich die Monsun-Stürme dem Everest näherten.
Jetzt oder nie!
Denn im Monsun ist am Berg alles verloren.
21. Mai: Allen C. Auten, ein 36jähriger Elektroingenieur aus Denver, und James Barry Corbet, 26 Jahre alt, Bergführer aus Jackson/Wyoming, verließen am Morgen das Westgrat-Lager 4. Anstrengende Spurarbeit nach oben. Eineinhalb Stunden später folgten dieser Spur Unsoeld, Hornbein, Emerson und fünf Sherpa. Steile Schneecouloirs, dazwischen Dachziegelplatten, verschneit, vereist, gefährlich. Die große Steilrinne heißt heute ‹Hornbein-Couloir›. Am Beginn des Hornbein-Couloirs war der 38jährige Richard M. Emerson, Dr. phil. und Soziologie-Professor an

der Universität Cincinnati (Ohio), am Ende seiner Kräfte. Er blieb zurück, während sich die anderen bis 8300 Meter hochrauften. Beginn des ‹Gelben Bandes›, über dem das Gipfelmassiv aufgebaut ist. Eine lächerlich kleine Terrasse wurde gefunden: höchstens 50 Zentimeter breit und 2½ Meter lang. Auf ihr entstand das Westgrat-Lager 5, ein echtes Sturmlager. Willi Unsoeld und Tom Hornbein bezogen es, die anderen stiegen zurück.

22. Mai, 4.00 Uhr: Beißende Kälte, aber gutes Wetter. Die beiden hatten eine gute Nacht.

5.00 Uhr: Am Südostgrat in Lager 6 sind Jerstad und Bishop mit der Zubereitung des Frühstücks beschäftigt. Plötzlich ein Knall – der Gaskocher war explodiert! Jerstads schönen Bart versengten die Flammen, Bishops Sauerstoff-Plastikmaske verbrannte. Erstickender Rauch im Zelt, Flucht ins Freie, in die Kälte. Und das auf 8370 Meter Höhe!

Endlich konnten die beiden Geplagten um 8.00 Uhr ihr Lager verlassen – Richtung Gipfel. Jerstad war ständig an der Spitze. Bishop fühlte sich nicht in Hochform. Großartig, wenn jeder in der Lage ist, die Führung zu übernehmen. Auf dem Südgipfel (8760 m) gönnten sich die beiden eine Rast. Der Schlußgrat. Um etwa 15.30 Uhr sahen sie die amerikanische Flagge auf dem Gipfel, die seit drei Wochen dort flatterte. Gepackt von dem Anblick, überwanden sie die letzten Meter gemeinsam. Unendliche Begeisterung, die sie aber nur mit wenigen Worten zum Ausdruck bringen konnten.

Barry C. Bishop, 31 Jahre alt, Lichtbildner und Geograph der ‹National Geographic Society›, Washington; Luther G. Jerstad, 26, Sprachlehrer und Bergführer, Eugene (Oregon): nüchterne Angaben über zwei Männer, die den höchsten Gipfel der Erde erreichten.

Photo- und Filmarbeiten bei klarster Sicht, fünfundvierzig Minuten lang. Blick hinab in Richtung Westgrat. Aber Unsoeld und Hornbein waren nicht zu sehen. Bishop und Jerstad mußten mit dem Abstieg beginnen.

Unsoeld und Hornbein?

Sie waren vom Westgrat-Lager 5 (8300 m) um 7.00 Uhr, also eine Stunde vor ihren Kameraden am Südostgrat, aufgebrochen. Aber die Schwierigkeiten waren ernst. Das Hornbein-Couloir war bald kein Couloir mehr, sondern ein enger Felsriß, steil und schwierig und brüchig dazu. Ohne guten Standplatz. An Ausruhen war nicht zu denken. Immer wieder mußten die Handschuhe ausgezogen werden, um überhaupt im brüchigen Fels notdürftige Griffe zu finden – in über 8500 Meter Höhe! Plattenzonen, Sturm an der Westgratkante. Der Fels wurde so schwierig, daß sogar Steigeisen und Überschuhe abgenommen werden mußten. Endlich folgten vier Seillängen – etwa 150 Meter – mit festem Fels. Schwierig zwar und sehr ausgesetzt, aber griffig, sicher. Rechts kam der Südgipfel in Sicht. Vor ihnen nur noch ein Schneehang – darüber die US-Fahne.

Auch sie gingen die letzten Schritte gemeinsam, kein Wort fiel.

18.15 Uhr: Thomas F. Hornbein, 32, Dr. med. aus San Diego (California), und William F. Unsoeld, 36, Dr. phil. und Universitätsprofessor aus Corvallis (Oregon), Vater von vier Kindern. Im Glanz der letzten Sonnenstrahlen umarmten sie sich. Aber sie konnten nicht lange bleiben, die Zeit drängte.

Die erste Überschreitung des Mount Everest näherte sich ihrer Vollendung. Aber die beiden dachten nicht an solche Begriffe, an Sieg und Ruhm. Denn noch waren sie in der lebensfeindlichen Welt unterwegs, zwischen Tag und Nacht, zwischen All und Erde, Grenze zwischen Glanz und Finsternis.

Das wußten Unsoeld und Hornbein. Die Spur ihrer beiden Kameraden Bishop und Jerstad hinab zum Südgipfel glich einem Weg in die Geborgenheit. Aber Sicherheit war noch weit entfernt. Noch bevor sie den Südgipfel erreichten, ging die Sonne unter, gerade als sie im Hillary-Kamin nach unten kletterten. Und noch vor dem Südgipfel kam die Dämmerung, die sich schnell in Nacht verwandelte.

Da hörte Hornbein plötzlich ein starkes Zischen. Entweichender Sauerstoff! Hornbein erschrak. Gebrochener Regulator? Nur eine kleine Regulatorpanne – ein Glück.

In der Dunkelheit die Spuren ihrer Kameraden zu finden, war schwierig. Der Lichtkegel ihrer Batterielampen wurde immer schwächer. Die Lage wurde fast von Minute zu Minute ernster. Denn sie kannten sich hier nicht aus, waren auf die Spuren angewiesen. Unsoeld und Hornbein begannen zu rufen, zu schreien. Tatsächlich bekamen sie von unten Antwort: von Bishop und Jerstad. Aber um die beiden stand es auch nicht viel besser. Schon auf dem Südgipfel hatten sie schwere Erschöpfung verspürt. Also mußte ganz vorsichtig und langsam abgestiegen werden. In 8625 Meter Höhe hatten sie oben Licht entdeckt: 20.00 Uhr. Warten. Zwei endlose Stunden lang. Endlich waren alle vier beisammen. Ein Zusammentreffen auf dem Gipfel wäre symbolische Vollkommenheit gewesen. Aber solche Idealvorstellungen waren auf

dem stockdunklen Südostgrat keinen Cent mehr wert. Gemeinsamer Nachtabstieg. Ohne Licht, bedenklich erschöpft.
Einige kleine Stürze, die gut ausgingen, machten den vieren die ernste Gefahr wieder bewußt. Zur Erschöpfung kommt in diesen Höhen meist auch grenzenlose Gleichgültigkeit hinzu, eine Art Erschöpfungstrance.
Sie erkannten die Aussichtslosigkeit ihres Nachtabstiegs.
Ein kleines Felsband auf etwa 8530 Meter, nahe der Gratkante, wurde ihr Biwakplatz. Das ‹höchste Biwak der Welt›, ohne Zelt, ohne Schlafsäcke – ohne Sauerstoff! Und dazu auch noch 28 Grad Celsius Kälte. Unter solchen Bedingungen und in dieser Höhe hat wirklich noch kein Bergsteiger biwakiert. Und auch für die vier Amerikaner hätte die Nacht den sicheren Tod bedeutet, wenn die Chomolongma, die Göttin-Mutter des Landes, nicht gütig und gnädig gewesen wäre. Im richtigen ‹Everest-Wetter› hätte keiner die Nacht überlebt.
Das Morgenlicht des 23. Mai 1963 verkündete die Rettung. Abstieg zum 160 Meter tiefer gelegenen Lager 6 (8370 m), wo Dr. David L. Dingman, einer der Expeditionsärzte, und Sherpa Girmi Dorje warteten – mit Sauerstoff, heißen Getränken, Begeisterung.
Zwei Tage später, als die AMEE mit 275 Trägern, die das übriggebliebene Material schleppten, am 25. Mai in Richtung Kathmandu aufbrach, tobte der Schneesturm des Monsuns.
Am Berg muß man auch Glück haben.
Die ‹Amerikanische Mount Everest Expedition 1963› unter Norman G. Dyhrenfurth war das bisher großartigste und erfolgreichste Unternehmen an der Chomolongma: fünfte und sechste Gipfelbesteigung über den Südostgrat, siebente Besteigung mit zugleich erster Begehung des Westgrates und erster Überschreitung des Berges: Westgrat-Gipfel-Südostgrat. Ein Unternehmen, das seiner Zeit um Jahre voraus war.
Stand der Everest-Buchhaltung: 7 Gipfelbesteigungen – die chinesische mitgerechnet – durch zusammen 15 Männer; 5 Amerikaner, 4 Schweizer, 2 Sherpa, 2 Chinesen, 1 Neuseeländer, 1 Tibeter.

Flieger überm Everest «Bezwungener Himalaya»

In der Vormonsunzeit 1933 war die vierte Everest-Expedition an der Nordseite tätig. Natürlich war es wieder ein britisches Unternehmen. Diesmal unter Hugh Ruttledge. Um die gleiche Zeit, als sich Ruttledges Männer auf der schon klassischen Nordroute in Richtung Gipfel plagten, Meter um Meter, liefen auf dem Flugplatz von Purneah im Norden Indiens, rund 240 Kilometer südöstlich des Berges, die letzten Vorbereitungen der ‹Houston-Mount-Everest-Expedition› auf Hochtouren.

Der Houston-Expedition gehörten 24 Teilnehmer an. Alles Nichtbergsteiger. Piloten, Flugzeugmechaniker, Kameramänner, Photographen, Wissenschaftler. Eine Flugexpedition zum höchsten Berg der Erde. Geleitet von Flug-Kommodore P. F. M. Fellowes. Man muß sich in die Zeit vor rund vierzig Jahren zu versetzen suchen, um zu begreifen, was für eine phantastische Idee eine Überfliegung des Mount Everest bedeutete: 1927 war Charles A. Lindbergh die erste Atlantik-Überfliegung in 33,5 Stunden geglückt. Der Luftverkehr hatte überhaupt erst acht Jahre zuvor, 1919, begonnen, und erst 1935 wird er über den Pazifik aufgenommen werden – über den Nordatlantik erst 1939. Die britische Luftfahrt-Industrie und das Luftfahrt-Ministerium waren an dem Plan mächtig interessiert. Und dennoch gab es Finanzierungsschwierigkeiten; in der Vorbereitungszeit hatte die Weltwirtschaftskrise gerade ihren Höhepunkt erreicht. Da half Lady Houston, eine reiche Dame, «deren Name einen so hellen Glanz hat, wenn es um das Wohl und den guten Ruf Englands geht.»* So kam es zu dem Namen ‹Houston›-Expedition. Aber nicht nur technische und finanzielle Probleme waren zu lösen. Die politischen Schwierigkeiten waren ebenfalls beträchtlich. Galt doch Nepal noch als verbotenes Land. Aber auch diese Hürde wurde von den Briten überwunden.

Die beiden einmotorigen Westland-Flugzeuge mit Spezialausrüstung kamen schließlich im März 1933 auf dem Seeweg nach Karatschi und flogen über Delhi, wo sie vom indischen Vizekönig besichtigt wurden, zur Operationsbasis Purneah. Ein Teil der Expeditionsteilnehmer war in drei Kleinflugzeugen über Italien–Nordafrika–

* Alle Zitate sind dem Expeditionsbuch entnommen: P. F. M. Fellowes u. a., Der erste Flug über den Mount Everest, Berlin 1934.

Abb. 8. Das Gepäck der Expeditionen und Trekking-Gruppen wird vielfach auch von Frauen getragen; die Traglasten wiegen durchschnittlich 30 kg. ▷
Abb. 9. Reißende Wildbäche werden auf wackeligen Hängebrücken überschritten. Deshalb können hier keine Tragtiere eingesetzt werden. ▷
Abb. 10. Riesige Gebetssteine mit tibetischen Schriftzeichen gehören im Land der – buddhistischen – Sherpa zum täglichen Bild. ▷

Persien angereist; ihr Bericht darüber liest sich wie ein Abenteuerroman. Dann war «der große Siegespreis dicht in die Nähe gerückt», denn der «Sieg über den Everest stand nahe bevor». Aber es mußten einige Voraussetzungen gleichzeitig erfüllt sein: wolkenfreier Himmel, um die Photo- und Filmarbeit nicht zu gefährden; kein zu starker Wind durfte herrschen, damit die Flugzeuge nicht von der geplanten Route abtrieben, wodurch eine längere Flugdauer mit Gefährdung der Brennstoffreserven heraufbeschworen worden wäre.

3. April 1933: Endlich waren alle Voraussetzungen gegeben. Die Piloten Clydesdale und Melntyre und Beobachter Blacker und Bonnet saßen in den schweren Westland-Maschinen, «mit einem Hurra und einem Händewinken ging es los in das große Abenteuer». Die Maschinen schraubten sich durch den Tieflandnebel hinauf in die klare Atmosphäre. In 4000 Meter Höhe, bereits über Nepal, «erschien die nackte Majestät des Everest: ein winziges weißes Dreieck, so weiß, daß es zu leuchten schien». Sie sahen Makalu, Kangchendzönga, Gyachung Kang. Dann wurden die Männer in den Flugzeugen nervös, denn sie «merkten, daß vom Gipfel des Everest ostwärts zu dem Schwestergipfel Makalu jene gewaltige ‹Feder› wehte, ein Zeichen dafür, daß über der höchsten Spitze ein heftiger Sturmwind tobte». Mit hundertachtzig Stundenkilometer ging es dem Giganten aus Fels und Eis entgegen: «Der Riese... bot mit seinen gewaltigen düsteren Klippen, die sich von der schimmernden Weiße des Makalu abhoben, einen Anblick, der sich unvergeßlich einprägen mußte», berichtet L. V. Steward Blacker als Beobachter und Photograph. Und plötzlich hatte er «das fast ergreifende Gefühl, daß wir durch den Raum in die Tiefe stürzten. Der Boden des Flugzeuges sank unter uns weg. Ich griff nach einer Rumpfstrebe und warf durch meine Brille einen Blick auf die Nadel des Höhenmessers. Sie glitt, stürzte fast, vor meinen staunenden Augen einige sechshundert Fuß die Skala hinab... das Flugzeug fegte zur Tiefe – auf einen gewaltigen, mit dreikant gezackten Klippen umrandeten Gipfel zu, den Südgipfel des Massivs [Lhotse]... Aber der Schrecken war nur von kurzer Dauer», der Motor konnte den mächtigen Abwind bezwingen. Dann «näherte sich unser Flugzeug dem gekrümmten meißelförmigen Gipfel des Everest und flog über ihn hinweg, nur um Haaresbreite von der drohenden Spitze entfernt... ich erwartete fast, daß der Schwanzschlitten den Gipfel streifen würde... und es begann eine Etappe fürchterlichster Anstrengungen.» Photo- und Filmarbeiten mit schweren, unförmigen Apparaten, gegen die heutige Kameras wie Spielzeuge wirken.

◁◁ Abb. 11. Der Mount Everest von Norden – von Tibet aus – in der Vormonsunzeit, wo es am Berg nur wenig Schnee gibt. Links der Nordostgrat, auf dem alle britischen Ersteigungsversuche scheiterten.
◁◁ Abb. 12. Chinesisches Lager IV (etwa 6400 m) auf dem Ost-Rongphu-Gletscher (Tibet) gegen Everest-Nordostgrat und Nordflanke; rechts der Hauptgipfel und Nordsattel (unten).

◁ Abb. 13. E. F. Norton 1924 auf der Norton-Traverse der Everest-Nordflanke. Blick zum Gipfel aus 8540 m Höhe. T. H. Somervell photographierte.
△ Abb. 14. Mount Everest von Südwesten. Rechts von Südwestwand und Südostgrat das nicht weniger mächtige Massiv des Lhotse (8511 m).

«Drei Gipfelrunden wurden gedreht, um das photographische Programm zu erfüllen. Die erste Runde erfolgte von beiden Maschinen um 10.50 Uhr. Nach ungefähr einer Viertelstunde, die einem vielleicht dank der erstaunlichen Erlebnisse wie ein ganzes Menschenleben vorkam und die dennoch allzu kurz war, kehrten wir um.» Eine knappe Stunde später, um 11.25 Uhr, war mit der reibungslosen Landung das Everest-Flugabenteuer überstanden: «... glücklich in dem Bewußtsein, daß wir in Regionen vorgedrungen waren, die noch nie ein Mensch erreicht hatte» (Clydesdale). An König Georg V., den Prinzen von Wales und Lady Houston wurden Briefe geschickt, «die den Everestgipfel umrundet hatten». Am 4. April starteten die Maschinen nochmals. Diesmal wurde der Kangchendzönga (8598 m), dritthöchster Berg der Erde, überflogen und photographisch erfaßt. Schließlich glückte am 19. April die zweite Überfliegung des Mount Everest.

Die Houston-Expedition war nicht nur fliegerisch ein voller Erfolg. Auch die photographische Ausbeute, die neues Wissen über die mehr oder weniger unbekannte Everest-Südseite vermittelte, war sehr bedeutend. Über die Flugexpedition entstanden ein abendfüllender Film und ein 300-Seiten-Buch.

Die beiden ersten Everest-Flüge wurden von den Zeitungen der Welt als eine wahre Sensation, verziert mit Schlagzeilen wie ‹Bezwungener Himalaya› oder ‹Besiegter Everest›, gebührend herausgestellt.

Nur neun Monate nach diesem Sieg, am 15. Januar 1934, wurde Nepal von einem gewaltigen Erdbeben heimgesucht. Wohnhäuser stürzten zu Tausenden ein, auch Maharadscha-Paläste. Nur die Tempel blieben verschont. Für die Tibeter und Nepali war das natürlich kein tektonisches Beben, sondern eine Strafe der Göttinmutter, weil sie, die Chomolongma, von Menschen frevelhaft überflogen worden war.

Neun Jahre nach dem ersten Everest-Flug wurde die Chomolongma erneut in ihrer Ruhe gestört. Aber die Überfliegung des Gipfels durch den amerikanischen Luftwaffenoffizier Robert L. Scott im Frühjahr 1942 war ganz anders geartet. Das Unternehmen paßte ganz in jene Zeit, als die halbe Erde im Zweiten Weltkrieg brannte. Scott unternahm vom Flugplatz Cooch Behar im indischen Assam mit einer neuen Kampfmaschine einen Versuchsflug, raste in Richtung Kangchendzönga, den er umkreiste, weiter zum Makalu, den er fast streifte, hinweg über Lhotse, seine Kamera gegen den nahen Everestgipfel gerichtet, kurz darauf schnellte er selbst wie ein Pfeil über den Berg, hinein nach Tibet und hinauf bis über 11 000 Meter, zurück, 3000 Meter

über den Everest hinweg – und hatte schließlich, wegen der überzogenen Flugdauer und der Grenzverletzungen, einen harten Rüffel einzustecken.
Das fliegerische Lausbubenstückl kommentierte der Himalaya-Chronist G. O. Dyhrenfurth so: «Ein ahnungsloser Junge, der ‹zum Spaß› über dem Himalaya herumgondelte.»
Eine neuerliche Strafe der Göttin-Mutter blieb allerdings aus – der Weltkrieg war entsetzlich genug!
Am 16. Juni 1945, fünf Wochen nach Beendigung des Zweiten Weltkrieges in Europa, waren es der Neuseeländer C. G. Andrews und der Engländer C. Fenwick, die von Alipore bei Calcutta in einer De Havilland Mosquito zum rund 650 Kilometer entfernten Everest starteten. Der unvergleichlich größere Aktionsradius macht die Entwicklung auf dem Gebiet der Flugzeugtechnik deutlich. Der Makalu wurde überflogen, der Everest ganz nahe umkreist; das Abenteuerliche eines Everest-Fluges gehörte der Vergangenheit an.
Ebenfalls ohne Zwischenfall verlief am 27. März 1947 der Everest-Flugbummel des 21jährigen englischen Militärfliegers Kenneth Neame in einer Spitfire; auch ihm glückten einige bemerkenswerte Everestbilder.
Zwanzig Jahre nach dem ersten Everest-Flug führte die Indian Air Force ihr großangelegtes Unternehmen durch: Am 6. Juni 1953, acht Tage nach der Erstbesteigung durch Hillary und Tensing, startete ein neunköpfiges Team unter Flugkapitän A. E. Paul, darunter zwei Photographen und zwei Kameramänner, in einer viermotorigen Liberator-Transportmaschine von einem Flugplatz in Bihar zum Everest. Das ganze Massiv wurde umkreist, alle Flanken und Grate wurden photographisch hervorragend gut aufgenommen, und schließlich wurde der Gipfel überflogen. Es entstanden die besten und eindrucksvollsten Luftbilder vom Mount Everest.
Sicherlich sind auch in der Folge Luftabstecher zum Everest unternommen worden, aber die reichsten und wertvollsten Bilddokumente brachten die Engländer 1933 und die Inder 1953.
Heute, dreißig Jahre nach dem britischen Everest-Sieg in den einmotorigen Westland-Maschinen, kann den ‹Mountain Flight› buchstäblich jedermann erleben – jeden Tag, wenn gutes Wetter herrscht. In einem zweistrahligen Jet der Royal Nepal Airlines, eine Stunde lang für umgerechnet etwa 50 Mark. Zwar wird der Everest nicht überflogen, aber immerhin sieht man die Himalaya-Hauptkette aus etwa 6000 Meter Höhe

in 20 Kilometer Entfernung. Von Dhaulagiri und Annapurna im Westen über Cho Oyu, Everest und Makalu bis zum Kangchendzönga im Osten kann man jeden der hohen und markanten Gipfel des Nepal-Himalaya deutlich erkennen.
Der Mountain-Flight-Gast bekommt sogar einen 75 cm breiten Panorama-Prospekt, auf dem die wichtigsten Berge gekennzeichnet sind, in die Hand gedrückt, um später seine photographische Ausbeute besser identifizieren zu können.
Auch wer als Nichtbergsteiger Nepal besucht, sollte sich dieses außergewöhnliche Flugerlebnis nicht entgehen lassen.

Romantiker auf verbotenen Wegen
Mehr Glück als Verstand

Daß der höchste Berg der Erde irgendwann auch leichtfertige Abenteurer und Phantasten anziehen würde, war wohl unvermeidlich. Den Mount Everest zu viert oder gar allein besteigen zu wollen, dazu auch noch ohne richtige Ausrüstung und ohne alpinistische Erfahrung, ist etwa mit dem Versuch einer Atlantik-Überschwimmung zu vergleichen. Da war jene Eiger-Nordwand-Durchsteigung zweier Schweizer, die vom Bergsteigen kaum eine Ahnung und statt eines Biwaksackes ihre Wintermäntel dabei hatten, ein hoffnungsvolles Unternehmen, verglichen mit den mehr als fragwürdigen Unterfangen der Everest-Versuche solcher Himalaya-Romantiker. Natürlich mag der Gedanke, so hopplahopp auf den Mount Everest zu spazieren und die bereits gescheiterten Expeditionen mit einem Gipfelrekord zu übertrumpfen, verlockend sein. Aber nur dann, wenn man die Probleme und Gefahren nicht kennt.
Der Engländer Maurice Wilson kannte sie nicht. Als Captain der britischen Armee hat es Wilson, der sein Everest-Abenteuer 1933 startete, an Mut und Entschlossenheit sicherlich nicht gefehlt. Aber mit Mut und Entschlossenheit allein ist am Everest nichts auszurichten. Nichts. Freilich hatte Wilson noch etwas: ein Kleinflugzeug. Mit ihm wollte er irgendwo am Berg, möglichst hoch oben, landen, um schließlich das letzte Stück bis zum Gipfel doch noch zu Fuß zu überwinden. Tatsächlich flog Wilson in seiner kleinen Maschine nach Indien – damals noch ein abenteuerliches Unternehmen –, aber in Indien stieß der unternehmungslustige Engländer auf taube

Ohren. Niemand wollte von seinem Plan etwas wissen. Man versuchte ihn über die Gefahren und Schwierigkeiten aufzuklären. Und man warnte ihn, Nepal oder Tibet zu betreten. Wilson gab den Plan seines Everest-Luftangriffs zwar auf, ließ sich aber nicht abschrecken, den Berg zu versuchen.

Das Flugzeug wurde verkauft, bei Darjeeling erfolgte die Überwinterung in äußerst bescheidenen Verhältnissen. Dann kam es Ende März 1934 zum Aufbruch. Der englische Captain hatte sich kleidungsmäßig in einen Tibeter verwandelt. Mit einem Pony, dem das ‹Expeditionsgepäck› aufgeladen wurde, und drei Sherpa ging es schwarz über die Grenze nach Tibet. Auf den verbotenen Wegen entwickelte Wilson mit seinem Gefolge ein außergewöhnliches Eiltempo, denn schon am 18. April wurde das Rongphu-Kloster an der Everest-Nordseite auf 4970 Meter erreicht. Bald war auch der Platz von Lager 3 (6400 m) früherer Everest-Expeditionen erreicht. Da erst war es den Sherpa klargeworden, daß Wilsons Plan ernstgenommen werden mußte. Aber sie machten nicht mehr mit. Sie protestierten gegen den Aufstieg zum Everest-Nordsattel (Chang La, 6990 m), gingen zurück in ihre Heimat. Auch das war für Maurice Wilson noch kein Grund, den wahnwitzigen Plan aufzugeben. Er harrte aus, versuchte den Giganten allein zu bezwingen... Wilson blieb verschollen. In den Boulevardblättern tauchten bald Berichte auf, daß Wilson vielleicht doch den Everestgipfel erreicht haben könnte. Aber die Schreiber jener Berichte wußten über die Unmöglichkeit einer Alleinbesteigung des Mount Everest noch weniger Bescheid als der Optimist Wilson, dessen Leiche 1935 von der nächsten britischen Expedition nahe Lager 3 gefunden wurde. Kälte und Erschöpfung brachten ihm, der laut Tagebuch mehrere Versuche unternommen hatte, den Tod. Er hat sein Leben einer wirklichkeitsfremden Idee geopfert.

Der nächste romantische Außenseiter war 1947 der in Südafrika lebende Kanadier Earl L. Denman. Auch er verkleidete sich als Tibeter, marschierte im April in Gewaltmärschen auf verbotenen Wegen ins verbotene Land Tibet. Begleitet von zwei Sherpa, die später großartige Leistungen vollbrachten und berühmt wurden: Tensing, der 1953, zusammen mit Hillary, den Everest erstmals bestieg, und Ang Dawa, der 1963 mit Norman Dyhrenfurth am Südostgrat 8600 m erreichte. Denman brachte mit seinen beiden Sherpa zwei normale Tagesetappen jeweils an einem Tag hinter sich. Vom Rongphu-Kloster ging es in Richtung Nordsattel. Mit einer kümmerlichen Proviantmenge, ohne Hochgebirgskleidung, ohne Schlafsack! Dafür hatte Denman viel Begeisterung und noch mehr Phantasie, denn in seinem 255seitigen Buch ‹Alone to Everest›, das 1954 erschien, schreibt er, daß er «bis etwa 23000 ft» (7160 m) gekommen sei, aber er hatte nicht einmal den Chang La (Nordsattel, 6990 m) erreicht. Das ganze Everest-Abenteuer dauerte fünf Wochen. Aber Denman kam wenigstens wieder lebend nach Darjeeling zurück. Würden solche Ausflüge phantastischer Geister nicht auch andere Menschen gefährden und die zuständigen Behörden nicht noch skeptischer machen, könnte man darüber lächeln.

Der nächste Akteur kam bereits vier Jahre nach dem Kanadier. Klaus Becker-Larsen aus Dänemark, aus dem flachsten Land Europas. Becker-Larsen hatte noch nie in seinem Leben einen richtigen Berg bestiegen. Am Mount Everest wollte er seine erste Bergbesteigung erleben. Am 31. März 1951 verließ er mit vier Sherpa Darjeeling. Nach dreiundzwanzig Tagen kam er nach Namche Bazar; der Ort auf 3440 Meter wird heute von allen westlichen Everest-Expeditionen berührt. Damals war eine Everest-Südroute so gut wie unbekannt. Auch der Däne hat seinen Vorstoß in Richtung Khumbu-Gletscher schnell wieder abgebrochen. Also wollte er sich auf der bereits bekannten Nordseite versuchen. Von Namche Bazar wanderte er nordwestlich hinauf zum etwa 35 Kilometer entfernten Nangpa La (5716 m). Über den Hochpaß an der nepalisch-tibetischen Grenze zogen bis zur chinesischen Besetzung Tibets Yak-Karawanen mit Salz und anderen Handelsgütern. Bis zum Nordsattel des Everest waren es von hier noch rund 65–70 Kilometer. Aber auch Becker-Larsen hat den Nordsattel, die eigentliche Ausgangsbasis für Everest-Besteigungen über den Nordostgrat, gar nicht erreicht. Die Sherpa hatten genug Strapazen hinter sich, machten nicht mehr mit. Denn unter der ‹Ausrüstung› befand sich nicht einmal ein Primuskocher. Bemerkenswert sind die Marschleistungen des Dänen – auch die Tatsache, daß über seinen ‹Angriff auf den Everest› kein Buch erschien.

Der nächste Everest-Abenteurer dagegen ‹bereicherte› die Himalaya-Literatur mit einem 245-Seiten-Buch: ‹Vier gegen den Everest›. Tatsächlich ist die Lektüre für einen Bergsteiger – auch ohne Himalaya-Erfahrung – ein wahres Amüsement, wenn auch ein fragwürdiges. Zunächst die Tatsachen: Der 43jährige amerikanische Philosophie-Professor Woodrow Wilson Sayre von der Tufts-Universität in Medford (Massachusetts) bei Boston, ein Enkel des demokratischen Präsidenten der Vereinigten Staaten (1913–1921) Woodrow Wilson, wollte mit seinen Landsleuten Norman C. Hansen, einem 36jährigen Rechtsanwalt aus Boston, und Roger Alan

Hart, Geologiestudent im Alter von 21 Jahren, sowie mit dem 24 Jahre alten Basler Schullehrer Hanspeter Duttle den Everest über den Nordostgrat bezwingen. Also auch wieder auf verbotenen Wegen durch das bereits chinesisch besetzte Tibet wollte man den Berg erreichen. Aber nicht über den Nangpa La (5716 m), sondern über den höheren und auch schwierigeren Nup La (5985 m), der sich allerdings näher am Everest-Massiv befindet: zirka 17 Kilometer Luftlinie nordwestlich des Everestgipfels und 4,5 Kilometer südlich des damals noch unerstiegenen Gyachung Kang (7922 m), achtzehnthöchster Berg der Erde, 1964 von Japanern erstmals bestiegen. Dieser schwierige Siebentausender war das offizielle Ziel der Sayre-Gruppe, aber nur weil über ihn die nepalisch-tibetische Grenze verläuft, sozusagen als Alibi, um in den Grenzbereich vorstoßen zu können. «Es begann mit einem Traum – einem Traum vom Wandeln auf dem First der Welt», schreibt Sayre. Dieser Traum hatte den Amerikaner ständig verfolgt. Bis er sich entschloß, den Traum zu verwirklichen. Ich hatte einmal einen Traum vom Le-Mans-Rennen, aber ich hatte – im Traum – noch keinen Führerschein. Ich fuhr nach Le Mans – im Traum –, da wachte ich auf. Und wußte, daß ich längst einen Führerschein besaß, aber das Le-Mans-Rennen habe ich doch nie mitgemacht. Bei Woodrow Wilson Sayre war das anders. Der Philosoph hoffte, auf der Reise zum Everest bei einem Zwischenaufenthalt «...in der Schweiz das uns fehlende Training in der Schnee- und Eistechnik nachholen zu können. Ich hatte von schweizerischen Bergsteigerschulen gelesen, in denen man die Grundbegriffe der verschiedenen Techniken erlernen konnte». Aber Sayre stellte dann Anfang März 1962 in der Schweiz fest, «daß dies die ungünstigste Jahreszeit fürs Bergsteigen» ist. Man entschloß sich «für die einzige Alternative: nach Zermatt zu gehen und dort Ski zu fahren». Beim Skifahren in Zermatt wurde der vierte Mann für den Sayre-Bund entdeckt und für den Everest begeistert: Hanspeter Duttle aus Basel. Nach einer mehrstündigen Bedenkzeit machte er sofort mit. Die vier Mann hatten «zwei Zelte, zwei Kochapparate, zwei Garnituren Kochgeschirr, zwei Seile und anderes mehr». Natürlich keinen Sauerstoff. Über Sauerstoff hatte der Professor ganz eigene Ansichten. Daß keiner mitgenommen wurde, dafür waren nicht zuletzt auch «ästhetische Gründe maßgebend», denn «man fühlt irgendwie, daß der Sauerstoffgebrauch weit mehr gegen die Ethik des Bergsteigens verstößt als der Gebrauch aller übrigen Hilfsmittel. Ist es denn überhaupt möglich, den Everest ohne Sauerstoffgebrauch zu ersteigen?» fragt Sayre und gibt sofort die Antwort: «Man kann diese Frage ohne Vorbehalt bejahen... Es wird kaum noch viel Zeit vergehen, bis man dieses Experiment unternehmen wird. Die erfolgreiche Durchführung wird unbezweifelbar als die größte Tat in die Geschichte des Bergsteigens eingehen.» Auch das Thema Tibet ohne Einreisegenehmigung war für Sayre denkbar einfach. Für die Begehung der klassischen Nordostroute, die ja nur über Tibet erreicht werden kann, «brauchten wir die nepalesische Erlaubnis natürlich nicht... Herrscher in Tibet waren die chinesischen Kommunisten... Es bestand daher keine Aussicht, eine gültige Bewilligung zu erhalten... so beschlossen wir denn, ganz einfach ohne Erlaubnis zu gehen.» Ganz einfach.

Sayre hatte zu guter Letzt auch über die Sherpa-Frage nachgedacht und sich darüber eine eigene Meinung gebildet. Er kam zu dem Schluß, daß Sherpa «nur allzuoft eher eine Belastung als eine wirkliche Hilfe gewesen waren... Meiner Ansicht nach sollten nur jene Leute zu Berg gehen, die sich dazu berufen fühlen... die Sherpas, mit nur wenigen Ausnahmen, wie z. B. Tensing, sehen keinen höhern Sinn in ihrem Tun.» Und das, nachdem allein bis zur Sayre-Odyssee (1962) acht Sherpa auf Achttausendern standen und am Mount Everest fünf Sherpa für ihre Sahibs den Bergtod starben (bis Ende 1973 insgesamt 14 am Everest). Schließlich: «So nahmen wir uns denn vor, ohne Sauerstoff, Sherpas und Erlaubnis zu gehen. Das waren unsere wichtigsten Entschlüsse.» Und: «...ohne ärztlichen Beistand auszukommen.»

Das waren wirklich wichtige Entschlüsse, alle. Als Sayre dann erstmals aus dem Flugzeug die Himalaya-Kette, das Ziel seiner Träume, sah, fühlte er «plötzlich, wie kläglich und unzureichend unsere Vorkehrungen waren. Wie konnten wir je hoffen, auf einen dieser Riesen zu gelangen? Es erschien mir einfach absurd.»

Aber das war nur ein kurzer Gedankenblitz der Vernunft. Weiter gingen die «Vier gegen den Everest».

Den Rest kann man kurz halten, denn es genügt, daß Sayre 245 Buchseiten veröffentlichen konnte: Insgesamt sechsundzwanzig der verpönten Sherpa schleppten 21 Tage lang das Material von Kathmandu bis zum Basislager (ca. 5000 m) auf dem Ngozumpa-Gletscher, der noch zu Nepal gehört. Überwindung des Eisbruchs zum Nup La (5985 m), Entlassung der Träger. Denn hier begannen die verbotenen Wege, über 40 Kilometer vom Everest-Nordsattel entfernt. Tatsächlich wurde am 29. Mai 1962 der Nordsattel (6990 m) erreicht, nach einundzwanzig Tagen vom Nup La. Nach einer Kette von Zwischenfällen, Pannen und Stürzen, die man nur mit mehr Glück als Verstand überlebt. Die «Vier gegen den Everest» hatten mehr Glück...

Ab Nordsattel, wo es eigentlich erst richtig losgeht, «...waren außer dem Problem, die Kraft zum Weitersteigen aufzubringen, praktisch keine Schwierigkeiten vorhanden.»
Zwei Tage später waren dem Grat, der «praktisch keine Schwierigkeiten» bot, bescheidene 300 Höhenmeter abgerungen. Woodrow Wilson Sayre und Roger Hart setzten nach einer einzigen Nacht im höchsten Zeltlager, «...in einer Höhe von wenig über 7300 Meter, den Schlußstrich unter unseren Traum. Seltsamerweise spürte ich kein Bedauern. Auch Emotionen verbrauchen Energie.»
Und Sayre hatte viele Emotionen: «...man fühlt, daß man sich völlig ausgegeben hat und erschöpft ist.»
Auf 7300 Meter Höhe, gut 1500 Meter unterm Everestgipfel. Am 3. Juni 1962 war es nur noch «Einer gegen den Everest», W. W. Sayre. Er glaubt und schreibt zwar, daß er «auf etwa 7750 Meter stand», aber an jenem Tag hatte er viele Trugbilder gesehen.
Er war erschöpft. Da entschloß er sich, «auf einem kleinen Schneefeld von etwa 10 bis 12 Meter Länge einen Versuch zu machen», um den Abstieg rutschend zu verkürzen. Es wurde eine 200-Meter-Rutschpartie, nach der Sayre «wieder einmal» von seinem «unglaublichen Glück überrascht» war: «eine Rißwunde am Kopf, ein blutig geschundener linker Arm und die Schockwirkung des Aufpralls».
Der weitere Abstieg und Rückmarsch über den Nup La nach Nepal war ein Weg des Leidens.
Woodrow Wilson Sayres «Traum» kostete total über 50000 Mark und konnte nur mit seinem «unglaublichen Glück» beendet werden. Mehr Glück als Verstand.

Everest-Skiabenteuer «Schußfahrt vom Dach der Welt»

Wenn am Berg gar nichts mehr an sensationsträchtigen alpinistischen Möglichkeiten offengeblieben ist, dann müssen irgendwann die Ski herhalten – irgendwie. Das war und ist in den Alpen so und beginnt sich auch in den Bergen der Welt abzuzeichnen. Gewiß kann eine Abfahrt über die Steilflanke irgendeines Berges zum faszinierenden

Abenteuer werden. Aber es gibt nur ganz wenige ‹Steilwand-Skifahrer›, deren Unternehmungen ernstzunehmen sind. Zum Beispiel die des Südtiroler Schornsteinfegers Heini Holzer, der sich mit seinen Brettern in Steilflanken wagt – und sie auch tatsächlich *befährt*–, die im Sommer selbst für gute Alpinisten ernsthafte Anstiege sind. Heini Holzer erlebt diese Abenteuer sozusagen unter Ausschluß der Öffentlichkeit, allein für sich, vollkommen ohne Sensationsmache, oft ohne Begleiter oder Beobachter. Aber Heini Holzer ist nicht nur ein erstklassiger Skifahrer, wie es sie zu Tausenden gibt, sondern auch ein hervorragender, erfolgreicher Alpinist, einer der besten unserer Zeit. Auch wenn ihn vorwiegend nur sein großer Freundeskreis kennt.
Das Befahren von Steilflanken auf Ski ist fast so alt wie der moderne Alpinismus. Nur hat man früher, in den dreißiger Jahren, keine Sensation daraus gemacht. Bereits 1935 wurde in der Glocknergruppe die Fuscherkarkopf-Nordwand mit Ski befahren. Die Aufzählung der inzwischen erfolgten Steilabfahrten in aller Welt würde Bände füllen – allerdings auch mit peinlichen Feststellungen. Wenn man sich – um nur ein Beispiel zu nennen – die ‹todesmutige› Erstbefahrung der Westflanke des berühmten Eigers genauer anschaut, dann kommt man sehr bald auf den Kern der Sache: daß man versuchte, für irgendwelche Firmen der Skibranche eine Sensation zu inszenieren. Die Eiger-‹Abfahrt› dauerte an die drei Stunden. Für den Aufstieg braucht ein flotter Geher dreieinhalb Stunden. Für den Abstieg im Winter benötigten einige Freunde und ich einmal eine Stunde. Eine Abfahrt vom Eigergipfel dürfte also höchstens 15–20 Minuten dauern – eine Abfahrt.
Anders war es im Mai 1970 mit der ‹Schußfahrt vom Dach der Welt›, wie sie in den großen Illustrierten der Welt betitelt wurde. Genau: die sogenannte Skiabfahrt des japanischen Profis Yuichiro Miura aus einer Höhe von 7700 Meter am Südosthang zwischen Genfersporn und östlicher Begrenzung der Everest-Südwestwand. Eine Strecke von 2,1 Kilometer Länge mit einer Durchschnittsneigung von 34 Grad. Im ‹Stern› liest sich das so: «Eine japanische Expedition erkletterte den höchsten Berg der Welt und brach alle Rekorde. Ein Jahr dauerten die Vorbereitungen, nach 23 Tagen war der 8848 Meter hohe Mount Everest-Gipfel erreicht, von einem Lager, das sich nur 110 Meter unterhalb der Bergspitze befand. Für den Abstieg benötigte der Japaner Yuichiro Miura nur wenige Minuten: Er raste auf Skiern vom Dach der Welt.» (Dazu eine Anmerkung: ‹Dach der Welt› hat mit Everest oder Himalaya nichts zu tun – es ist die Übersetzung des kirgisischen Wortes Pamir. Das Pamir-

gebirge befindet sich in der Dreiländerecke Sowjetunion [Kirgisien]–China–Afghanistan. Sein höchster Berg – Kongur Tagh [7719 m] – ist rund 1800 Kilometer nordwestlich vom Everest entfernt.)

Wenige Monate nach dem Ereignis lernte ich Yuichiro in Europa kennen. Ein cleverer junger Mann, der sein Geschäft als Skiprofi glänzend versteht. Was war am Everest wirklich geschehen?

Seine Expedition war geleitet von Akira Takabashi. Keiner der 22 Teilnehmer erreichte den Gipfel. Es ging um einen Film für die Weltausstellung in Osaka. Miura befuhr zwar die erwähnte Strecke, aber schon nach vier Sekunden zog er die Reißleinen seiner beiden Brems- beziehungsweise Stabilisierungsfallschirme: «Mit 150 Stundenkilometern raste der tollkühne Skiläufer den Mount Everest hinunter. Nach fast drei Kilometer Schußfahrt über Gletschereis und Geröll zog er die Reißleine des großen Fallschirms» (Stern). Tollkühn war das siebenstellige Honorar, das Miura kassierte. Man könnte ihn darum beneiden. Nicht jedoch hinsichtlich der übrigen Bilanz dieser Everest-Skiexpedition: ein Sherpa starb an Erschöpfung, sechs Sherpa wurden im Khumbu-Eisfall von einstürzenden Eismassen erschlagen. (Die Wahl der sehr gefährlichen Route durch den Khumbu-Eisfall hatte man allein den Sherpa überlassen.) Eine traurige Bilanz: Das Everest-Filmgeschäft brachte die größte Katastrophe auf der Nepalseite des höchsten Berges der Erde. Im Sherpaland ist man auf die ‹Schußfahrt vom Dach der Welt›, tolerant formuliert, gar nicht gut zu sprechen.

Für den international geschätzten Himalaya-Chronisten G. O. Dyhrenfurth war der ‹Weltrekord-Skifilm› schlicht und einfach «...eine Propaganda, die man sowieso niemals ernstnehmen konnte.»

Everest-Skiabenteuer? Ja, es gab eines. Ein wildes, verrücktes – ein wirkliches Abenteuer. Ohne Sensation, ohne Film, ohne Buch. Im Rahmen der ‹Internationalen Himalaya-Expedition 1955› (IHE 55), die sich unter Norman Dyhrenfurth die Erstersteigung des Lhotse (8511 m) zum Ziel gesetzt hatte, befuhren am 22. September 1955 der Schweizer Bruno Spirig und der Österreicher Erwin Schneider den gefürchteten und äußerst gefährlichen Khumbu-Eisfall mit Kurzski. Allein der obere Abbruchrand und eine dreißig Meter lange Spaltenstrecke zwangen die beiden, ihre Ski abzuschnallen. Man braucht den Khumbu-Eisfall nur auf Photos zu betrachten – ein flüchtiger Blick genügt – und schon wird einem klar, daß hier wirklich ein Skiabenteuer bestanden wurde. Freilich, der Everest wird nie ein Skiberg sein.

Direttissima
Eiger-Nordwand des Himalaya

Nachdem bis 1965 insgesamt elf Everest-Gipfelbesteigungen von zusammen vierundzwanzig Menschen aus sechs Ländern über die drei großen Grate – Nordost-, Südost- und Westgrat – geglückt waren, lag es in der Luft, daß neue Ziele und Möglichkeiten ins Gespräch kamen. Alle Achttausender waren bezwungen, einige bereits auch auf verschiedenen Routen. Also war die Zeit reif, daß auch an den höchsten Bergen der Welt die großen Flanken und Wände angegangen wurden.

Expeditionen, die eine chinesische Erlaubnis nicht zu erwarten haben, ist seit der chinesischen Besetzung Tibets am Mount Everest allein die 2200 Meter hohe Südwestwand zugänglich. Eine Art Eiger-Nordwand am höchsten Berg der Erde. Ihr Wandfuß liegt bei etwa 6600 Meter. Insgesamt hat sie eine Länge von 3 Kilometer. Auf den ersten 1900 Meter Länge, bis etwa 8000 Meter Höhe, beträgt die Neigung 44 Grad; die restlichen 1100 Längenmeter haben eine Neigung von 58 Grad, die Durchschnittsneigung der ganzen Wand liegt bei 49 Grad. Im obersten Westbecken des Khumbu-Gletschers bildet eine breite Steilflanke aus Eis und Fels den Wandvorbau. Ab 7000 Meter verjüngt sich die Flanke in eine breite, zunehmend steilere Rinne, die schließlich auf etwa 8000 Meter an einem rund 400 Meter hohen, fast senkrechten Felsriegel endet. Dieser Steilabbruch bildet das klettertechnische Hauptproblem, das Stellen des V. und VI. Schwierigkeitsgrades erwarten läßt. Die restlichen 400 Meter bis zum Gipfel bestehen aus dem Gelben Band (Yellow Band), nicht sehr schwierig, aber sehr brüchig, und schließlich aus einer etwa 150 Meter hohen Zone mit kurzen, aber sicherlich schwierigen Felssteilstufen. In der erwähnten Steilrinne bis etwa 8000 Meter mußte man mit Steinschlag rechnen. Eine faszinierende Wand, ein Problem, das jeden aktiven Alpinisten begeistern mußte.

In den dreißiger Jahren und ganz besonders nach dem Zweiten Weltkrieg war in den Alpen das Direttissima-Zeitalter angebrochen, die Eroberung der höchsten und schwierigsten Steilwände auf der ‹Linie des fallenden Tropfens›, auf Direkt-, auf Direttissima-Routen. Ungeachtet der Schwierigkeiten, mit denen die Direktlinien sich zur Wehr setzten. Sogar der Eiger-Nordwand wurde ihre Direttissima aufgezwungen. Mitten im Winter, 1966. In vielen anderen und berühmten Wänden, deren bestehende Routen im Zickzack oder in vielen Kurven verlaufen, waren Direttissima-Anstiege

eröffnet worden. Nicht nur in den Alpen. Auch in den Bergen Nordamerikas, in den Anden, im Hindukusch, Kaukasus, Pamir. Am Nanga Parbat (8125 m) war 1962 die Diamirflanke und 1970 die Rupalflanke bezwungen worden. An der Annapurna I (8091 m) fiel 1970 die unerhört steile und schwierige Südwand.
Also war auch am Everest eine Direttissima ‹fällig›.
George H. Leigh Mallory, seit 1924 auf der Everest-Nordseite verschollen, hatte nach der ersten Everest-Expedition vom Jahre 1921 geschrieben: «Es ist kein Ende sichtbar oder auch nur denkbar für dieses Königreich des Abenteuers.» Mallory war seiner Zeit um Jahrzehnte voraus.
Während in den Vereinigten Staaten bereits der Plan für eine Everest-Direttissima gereift war, und zwar in Norman G. Dyhrenfurth, Leiter der erfolgreichen AMEE 1963, machten sich im Herbst 1969 an der Südwestwand schon die ersten Bewerber zu schaffen. Es war eine kleine japanische Bergsteigergruppe, die gleich auf Anhieb bis auf 8050 Meter gelangte. Sie bezwang also den ganzen Wandvorbau und die erwähnte Steilrinne bis in die Nähe der 400 Meter hohen Steilwand. Die Japaner trafen ausgezeichnete Verhältnisse an: viel und festen Schnee, so daß der ganze Aufstieg mit Steigeisen bewältigt werden konnte. Die Route war klar, die Erkundung ein Erfolg. Und für die Vormonsunzeit 1970 war die Südwestwand bereits den Japanern reserviert worden.
Im Frühjahr 1970 gab es am Everest buchstäblich eine japanische Invasion. Die Ski-Expedition mit ihren 22 Teilnehmern war in Richtung Südcol unterwegs, und auch die Großexpedition des Japanese Alpine Club unter Hiromi Ohtsuka hatte sich auf dem Khumbu-Gletscher etabliert: 23 Bergsteiger, 7 Wissenschaftler, 9 Kameraleute und Journalisten, zusammen also 39 Teilnehmer und 52 Sherpa. Es galt der Südwestwand-Direttissima. Hatte man noch vor etwa zwanzig Jahren nur selten von außergewöhnlichen Leistungen japanischer Bergsteiger vernommen, so gehört Japan heute zu den rührigsten Bergsteigernationen der Erde. Man sagt, daß es dort über fünf Millionen Bergsteiger gebe. Seit Jahren entsendet Japan die meisten Expeditionen in die Hochgebirge der Erde.
Wenn man von den chinesischen Massenaufmärschen auf der Nordseite absieht, handelte es sich bei der japanischen Mannschaft um die bisher größte und aufwendigste Everest-Expedition. Neben der Südwestwand stand auch die Normalroute über Südcol und Südostgrat auf dem Programm. Auf diese Weise wollte man wenig-

stens eine ‹normale› Gipfelbesteigung sicherstellen. Und sie glückte gleich zweimal: die zwölfte und dreizehnte, durch drei Japaner und einen Sherpa (siehe Tabelle der Everest-Expeditionen). Insgesamt standen nun in der rund fünfzigjährigen Everest-Erschließungsgeschichte achtundzwanzig Menschen auf dem Gipfel.

Neben den beiden Gipfelerfolgen hatten die Japaner aber auch Unglück: K. Narita erlag in Lager 1 (6100 m) einem Herzschlag, und der Sherpa Kyak Tsering verunglückte im Khumbu-Eisfall tödlich. In der Südwestwand konnten zwar drei Hochlager errichtet werden, aber Iwao Kano und Hiroshi Sagano mußten am 10. Mai 1970 in etwa 8050 Meter Höhe aufgeben. Im Gegensatz zum Vorjahr lag 1970 wenig Schnee, was außergewöhnliche Steinschlaggefahr zur Folge hatte. Fast ohne Unterlaß schlugen die Felstrümmer neben den Bergsteigern auf. Wie durch ein Wunder wurde keiner lebensgefährlich getroffen.

Die Japaner mußten ohne Direttissima-Erfolg abziehen, die Chomolongma hatte sich wieder einmal gewehrt.

Aber längst standen die nächsten Direttissima-Bewerber auf der Warteliste. Im Frühjahr 1971 war die ‹Internationale Himalaya-Expedition› (IHE 71) an der Reihe. Das liest sich hier ganz einfach in einem Satz. Für den Leiter einer Everest-Expedition gibt es da aber viele Probleme zu bewältigen, die an seinen Nerven zerren. Ganz abgesehen davon, daß es ein Organisationskunststück ist, das Geld für eine Großexpedition aufzutreiben – die IHE verschlang rund eine Million Mark –, sitzt der gute Mann wie auf Kohlen, lange bevor es am Berg zum Angriff geht: Da müssen zunächst 10000 Nepal-Rupien (etwa 4000 DM) als Royalty – Abgabe an den König – nach Kathmandu überwiesen werden, sozusagen als Eintrittspreis für den Everest; andere Berge über 7925 Meter kosten 8000 Rupien, Berge unter 7925 Meter nur noch 6000 Rupien. Erst dann wird die Genehmigung erteilt. Aber man muß immer noch abwarten, was sich bis zum Start am Berg ereignet. Was dann, wenn den Japanern die Südwestwand gelingen sollte? Gewiß gönnt man jeder Expedition ihren alpinistischen Erfolg, aber auch Bergsteiger sind nur Menschen...

Die Nachricht über den Rückzug der Japaner war für Norman Dyhrenfurth das endgültige Startsignal, die Südwestwand-Direttissima am Everest anzugreifen.

Die IHE 71 mit 32 Teilnehmern aus 13 Nationen war bestens vorbereitet, stand aber bald nach dem Start am 28. Februar in Kathmandu unter einem schlechten Stern. Schon beim Anmarsch gab es unliebsame Überraschungen: mehrere Trägerstreiks,

die den Ablauf des Unternehmens verzögerten; ein Obmann der Lastenträger verschwand mit dem Geld seiner Leute; Schneefall bereits vier Tagesetappen vor dem Basislager. Am 22. März wurde das Basislager (5400 m) auf dem Khumbu-Gletscher errichtet. Die IHE 71 hatte sich neben der Südwestwand als Hauptziel auch die Erstbegehung des direkten Westgrates vorgenommen (1963 war es ja einer Gruppe aus N. G. Dyhrenfurths AMEE gelungen, einen Teil des Everest-Westgrates zu begehen, wobei allerdings nach links in die Nordflanke ausgewichen wurde). Die Westgrat-Gruppe hatte zwei Aufgaben: erstens, den direkten Westgrat erstmals zu begehen; zweitens, den Westgrat für den Abstieg des Südwestwand-Teams zu sichern. Das Präparieren der Route durch den rund 700 Meter hohen Khumbu-Eisfall war schwierig, gefährlich, zeitraubend: Erst am 3. April konnte Lager 1 (6100 m) am oberen Ende des Eisfalls errichtet werden. Es gab Expeditionen, die den Eisfallweg schon nach wenigen Tagen präpariert hatten; natürlich bei besseren Verhältnissen. Es mußten einige Kubikmeter Holz verbaut, rund ein Dutzend Aluminiumleitern angebracht und viel Seilmaterial fixiert werden, bevor der Lastentransport beginnen konnte. Am 15. April war Lager 2 (6550 m) als ‹Vorgeschobenes Basislager› richtig installiert; der Lastentransport begann sich einzupendeln. Die Vorstöße in der Südwestwand und am Westgrat hatten begonnen. Der Österreicher Wolfgang Axt und der Inder Harsh Bahuguna waren am 16. April in Richtung Westgrat aufgestiegen, um auf rund 6900 Meter Lager 3-West mit Hilfe von zwei Sherpa zu errichten. Am 17. April stiegen Axt und Bahuguna weiter gegen den Westgrat bis etwa 7300 Meter auf. Am folgenden Tag verlegten die beiden das zu tief aufgestellte Lager 3-West 150 Meter aufwärts.
Im Abstieg, bei starkem Schneesturm, entstand folgende Situation: An einem maximal 40 Grad geneigten Steilstück befand sich ein anfangs horizontales, dann schräg nach unten führendes Seilgeländer mit mehreren Eishaken. Axt ‹hantelte›, ohne einen Brustkarabiner einzuhängen – Klettergürtel und Karabiner hatte er im Lager oben gelassen –, über das Steilstück hinab, wartete auf Bahuguna, der offenbar nicht mehr im Vollbesitz seiner Kräfte war und sich mit einem Karabiner in das Geländerseil eingehängt hatte. Das Umhängen des Karabiners an jedem Eishaken war für Harsh, der dabei auch noch einen Handschuh verloren hatte, anstrengend. Axt, der am unteren Ende dieses Steilstücks fast eine Stunde gewartet hatte, sah Harsh hinter dem letzten Vorsprung winken, dachte, daß alles in Ordnung sei, stieg nach Lager 2

ab, wo er mit leichten Erfrierungen eintraf. Sofort stiegen Odd Eliassen, Michel Vaucher, Don Whillans, Pierre Mazeaud, Carlo Mauri, Ian Howell und Dr. Peter Steele Harsh Bahuguna entgegen, den alle bereits im Abstieg wähnten. Aber Bahuguna hing noch immer oben an dem Geländerseil, von dem er sich nicht mehr befreien konnte, erschöpft, halb erfroren. Als die Rettungsmannschaft Harsh Bahuguna erreichte, war alles zu spät.

Norman Dyhrenfurth schrieb im offiziellen Bericht der IHE 71 (‹Alpinismus› 2/72): «Die Rettungsmannschaft befand sich selbst in allergrößter Lebensgefahr. In ihrer verzweifelten Lage war sie schließlich gezwungen, den Sterbenden seinem Schicksal zu überlassen. Halb erfroren und völlig erschöpft, erkämpfte sie sich den Rückzug... Die Tragödie Bahuguna wurde zum Wendepunkt im Expeditionsgeschehen. Toni Hiebeler, dem das Unglück sehr nahe ging, schrieb mir einen durchaus freundschaftlichen Abschiedsbrief: ‹...ich bin seelisch am Boden. Ich kann keinen Schritt mehr in Richtung Berg unternehmen – verzeih. Ich muß nach Hause, weil ich sicher bin, daß ich in München Dir und der IHE mehr dienlich sein kann als hier... Lieber Norman, ich werde den Gipfel nicht betreten, aber ich habe in Dir einen lieben Menschen entdeckt, und ich empfinde Dich als meinen Freund – das ist schon sehr viel. Herzlichen Dank für alles...!›»

Ja, richtig, ich war auch dabei – einer der zweiunddreißig IHE-Teilnehmer – doch das ‹dabei› heißt nicht: als ein Hauptakteur. Denn es war mir am Berg nicht gut gegangen.

Am Morgen des Todestages von Harsh Bahuguna war ich in Richtung Basislager aufgebrochen; neun Tage zwischen 6100 und 6600 Meter lagen hinter mir: Tragen, Markierungsarbeit. Erholung war fällig.

Erst am 19. April, 9.00 Uhr, zwei Tage nach Harshs Tod, wurde die Tragödie im Basislager bekannt. Störungen des Sprechfunkverkehrs hatten die frühere Übermittlung verhindert.

Zwei Tage nach Eintreffen der Schreckensnachricht war ich nicht nur «seelisch am Boden», sondern auch physisch. Zwei Tage lang hatte ich kaum Nahrung oder Flüssigkeit zu mir genommen – es ging rapide bergab, wie man so sagt.

Meine Tagebuch-Eintragung vom 19. April: «Gegen 9.00 Uhr hörten wir ein Funkgespräch zwischen Lager 1 und Lager 2, daß Harsh Bahuguna, dieser wunderbare Mensch und Kamerad, tot sei, aber Genaues wisse man noch nicht – Details könne

Abb. 15. Kloster Tengpoche (3867 m), nur noch zwei bis drei Tagesmärsche vom Fuß des Mount Everest entfernt. Im Hintergrund die Amai Dablang (6856 m). ▷

man erst um 12.00 Uhr erfahren. Tiefste Niedergeschlagenheit unter allen, die sich im Basislager befinden. Die Sherpa entfachten ihr religiöses Rauchwerk, begannen zu beten. Leo Schlömmer und ich saßen im Messezelt, rauchten, weinten, denn wir liebten ihn, Harsh, der im ganzen IHE-Leben nur durch Güte und Freundlichkeit auffiel; er war ein lieber Mensch. Im Moment fühle ich mich so niedergeschlagen, daß ich am liebsten auf den ganzen Everest verzichten und nach Hause reisen möchte. Denn unter einer solchen seelischen Belastung glaube ich nicht die innere Kraft und Begeisterung zu haben, ein ernstes bergsteigerisches Unternehmen auszuführen. Es gibt wichtigere Aufgaben in meinem Leben...»

Tagebucheintrag am Morgen des 21. April, zwei Tage nach Bekanntwerden der Tragödie: «Ich war noch wach, als es draußen schon hell wurde, trotz der fünf Schlaftabletten, die ich nach und nach eingenommen hatte... immer kreisten meine Gedanken um Harsh... Alles ist ein Jammer... Es wird für diese Expedition schon aus Zeitgründen keinen Erfolg mehr geben.»

Aber was denkt, sagt und schreibt man in einer solchen Verfassung nicht alles! Leo Schlömmer aus Österreich, dem ich mit aller Deutlichkeit sagte – seit vier Tagen waren die Männer in den Hochlagern von uns abgeschnitten und das Wetter war nach wie vor hoffnungslos –, daß es keinen Erfolg mehr geben könne, sagte nur: «Meinst du?»

Ich hatte über dreißig Bergsteigerjahre hinter mir – immer tat ich genau das, was ich von innen her tun mußte. Noch nie hatte einer meiner Kameraden bei einem gemeinsamen Unternehmen am Berg ernste Verletzungen davongetragen, geschweige denn das Leben verloren. Harsh Bahuguna war der erste.

Acht Tage nach seinem Tod, am 25. April, schrieb ich an Norman Dyhrenfurth meine Abschiedszeilen und ging. Mit aufrichtigen Gedanken an alle, die in den letzten Wochen mein Leben geteilt hatten. Denn zu allen bestand ein gutes Verhältnis.

Von einer Südwestwand-Direttissima konnte bereits nicht mehr gesprochen werden. Man hatte sich entschlossen, den großen Felsriegel oberhalb 8000 Meter in einer großen Rechtsschleife zu umgehen. Es ging also um eine Wandroute im klassischen Sinne, entlang den jeweils geringsten Schwierigkeiten. Bei der Erstdurchsteigung einer absolut unbegangenen Wand ist das immer die logische Lösung. Gleichwohl ging es um eine ‹Direttissima›, um die kürzeste und somit direkteste Route auf den Everest-Gipfel.

Abb. 16. Khumbu-Himal von Südwesten. Deutlich ist zwischen Everest und Lhotse der Südsattel (7986 m) zu erkennen; die meisten Sechstausender sind noch nicht erstiegen.

Taboche SO
6542
Jobo Lhaptshan
6440
Taboche NW
6367
5939
5675
Kangtega
6685
Tramserku
6608
5190
L E T S C H E R

◁ Abb. 17. Anmarschlager Lobuche (4930 m), nur noch 8 Gehstunden vom Everest-Basislager entfernt. Hinten der noch unerstiegene Taboche (6542 m) mit seiner 1200 m hohen Nordostwand.

Den Ausgang des Unternehmens beschreibt der Himalaya-Chronist G. O. Dyhrenfurth kurz und nüchtern: «Katastrophale Wetter- und Schneeverhältnisse, Schwierigkeiten des Nachschubes trotz aller Organisation, das Unglück Bahuguna, kleine Epidemie einer Virus-Krankheit, Rivalitäten zwischen Stars verschiedener Nationen, Differenzen über Routen- und Zielfragen usw. [Die «Rivalitäten» und «Differenzen» waren nach meinem Abgang entstanden, erst als ich bereits wieder in München war, habe ich davon Kenntnis erhalten.] Trotz allem wurde auf der Südwestwand-Route eine Höhe von 8350 Meter erreicht, knapp fünfhundert Meter unter dem Hauptgipfel des Mount Everest. Es war kein Gipfelsieg, aber eine ganz große Leistung, auch wenn das Ideal einer ‹Weltseilschaft› nicht verwirklicht werden konnte.» (‹Alpinismus› 12/72.)
Das Erlebnis Everest wird bis zuletzt in meinem Leben Teil meiner glücklichsten Erinnerungen sein. Besonders der Weg zum Berg, wie ihn jedermann erleben kann.
Auch die zweiundzwanzigköpfige ‹Europäische Everest-Expedition›, geleitet von dem Tiroler Felix Kuen*, mußte im Frühjahr 1972 in der Südwestwand unverrichteter Dinge den Rückzug antreten. Doug Scott, einer der britischen Teilnehmer, schrieb in der englischen Bergsteigerzeitschrift ‹Mountain› (Nr. 22/72): «In bezug auf Planung, Führerschaft und Stimmung ließ die Expedition viel zu wünschen übrig. Trotz fast anhaltend gutem Wetter, sehr wenig Krankheit und der Tatsache, daß mindestens acht leistungsfähige Bergsteiger zu gegebener Zeit für einen endgültigen Vorstoß bereitstanden, war das Verhältnis so schlecht, daß sich die Mitglieder der Expedition durch Eifersucht und Verdächtigungen in zwei Lager gespalten hatten. Das britische Trio stieg angewidert talwärts, und die anderen haben ihren Versuch ein paar Tage später aus sehr fadenscheinigen Gründen abgebrochen.»
Wieder Streit – nicht einmal die ‹Europäische Seilschaft› konnte verwirklicht werden. Schade. Aber hier ist nicht der Platz für alpinistische Schmutzwäsche. Wo Menschen unterwegs sind, da menschelt es halt. Auch am Mount Everest.
Im offiziellen Bericht der Expedition heißt es über die erreichte Südwestwand-Höhe, daß man bis «8350» gekommen sei. Dazu G. O. Dyhrenfurth: «Die Österreicher scheinen bis etwa 8250 Meter gekommen zu sein. Daß Kuens Höhenmesser 8350 Me-

* Felix Kuen beging im Januar 1974 Selbstmord.

ter zeigte, ist kein entscheidendes Argument. Welche Seilschaft – die Briten (IHE 71) oder die Tiroler – ein paar Meter höher gekommen ist als die andere, scheint mir im übrigen belanglos.» (‹Alpinismus› 4/73.)

Im Herbst des gleichen Jahres 1972 kämpfte eine britische Expedition unter Chris Bonington um die Südwestwand. Die besten britischen Bergsteiger gehörten der zwölfköpfigen Gruppe an, auch Doug Scott, Hamish MacInnes und Dougal Haston, die sich in der Südwestwand bestens auskannten. Aber auch die Briten hatten kein Glück. MacInnes und Haston gelangten zwar bis in eine Höhe um etwa 8300 Meter (27200 ft.), aber dann machten orkanartige Stürme alles zunichte.

Dougal Haston, der nüchterne Schotte, dessen Können und Sachlichkeit ich seit vielen Jahren schätze, schilderte mir in einem Kurzbericht die letzten Tage so: «Am 16. Oktober aber begann es erstmals ernst zu werden. Es gab keinen Sturm, sondern horizontal angewehte Gischt, die den Eindruck vermittelte, daß es sich um Schneesturm handelte. Wir dachten nicht an Rückzug. Wir wollten halten, was wir hatten. Unsere Hauptaufgabe bestand darin, unsere Lager zusammenzuhalten. Im Camp 3 (ca. 7000 m) und 4 (ca. 7470 m) wurden Zelte zerrissen, zerstört. Dann begann es ernsthaft zu schneien, gefolgt von einem viertägigen Sturm. In dieser Zeit fielen im Western Cwm etwa vier Meter Schnee. Als das Wetter wieder klar wurde und wir die Verwüstung behoben hatten, waren schließlich zwei Wochen vergangen. Der Wind war ständig unser Begleiter... An dem Tag, als wir loszogen, um im Lager 6 (27200 ft., ca. 8300 m) zu bleiben, nahm der Sturm neue Dimensionen an. Zum Glück für unser Vorwärtskommen blies er nur stoßweise. Hätte er ununterbrochen getobt, wäre jede Bewegung unmöglich gewesen. Bevor uns ein Windstoß traf, ging ein stark krächzender Lärm vom Westgrat her voran, was uns wiederum ein paar Sekunden Vorwarnung gab, uns an allem, was wir hatten, festzuhalten, bis der Windstoß vorbei war. Wir konnten nur dank unserer Fixseile weitermachen. Doug Scott ist einmal, unvorbereitet von einem Windstoß überrascht, hochgehoben und zwei Meter weit geschleudert worden. Er wiegt 90 Kilo, trug zwei volle Flaschen Sauerstoff! Hamish MacInnes mußte umkehren, als seine Sauerstoffausrüstung einfror. Schließlich erreichten Mick Burke, Scott und ich den Lagerplatz 6.

Der Wind tobte nun ununterbrochen. Später erfuhren wir, daß es sich um Windgeschwindigkeiten von 200 km/h gehandelt hat. Es war unmöglich, ein Zelt aufzustellen, unmöglich weiterzusteigen, und es hatte keinen Sinn, länger am Berg zu bleiben. Wir beschlossen den Rückzug. Der Everest war für uns dahin. Es bleibt die Frage: Ist es wert, einen hohen Gipfel in der Nachmonsunzeit anzugehen? Hier habe ich große Zweifel. Der Sturm scheint erst oberhalb 7550 Meter ernst zu werden. Aber dann wird er in dieser Zone zu einem sehr, sehr ernsten Hindernis, mit dem man fertigwerden muß. Bis zu dieser Höhe scheint es eine ideale Zeit zu sein. Gewöhnlich ist dann das Wetter klar, und es scheint, als klettere man unterhalb der Windgrenze, und eine schöne Bergsteigerzeit darf erhofft werden. Für uns war es ein erfolgloses Unterfangen, aber im Hinblick auf neue Bergsteiger-Erfahrungen sehr nützlich. Man sieht sich selbst und seine Kameraden in einer neuen Perspektive, wenn man unter so feindlichen Bedingungen arbeitet. Wenn wir auch den schärfsten Waffen der Natur ausgesetzt waren, war es doch eine glückliche Expedition.»

Eine glückliche Expedition! Das ist viel. Denn am Ende ziehen die Bergsteiger ja nicht aus, nur um höchste Gipfel oder schwierigste Wände zu erobern, sondern auch, um Erinnerungen an glückliche Tage mit nach Hause zu bringen. Freilich: Erfolg *und* solches Glück bedeuten eine Art Vollendung – auch sie gibt es.

Neben dem Mißerfolg am Berg hatten die Briten, fast am Ende des Unternehmens, auch noch ein Menschenleben zu beklagen: Der Australier Tony Tighe wurde beim Rücktransport des Materials von den Hochlagern im obersten Teil des Khumbu-Eisfalls von einstürzenden Eismassen erschlagen. Tragischerweise gehörte Tighe nicht einmal der Expedition an. Er hatte lediglich einen Bergausflug zum Basislager unternommen und sich dort der Expedition für Trägerdienste zur Verfügung gestellt. Das zweiundfünfzigste Opfer der Chomolongma, das zehnte im Khumbu-Eisfall.

Fünf Expeditionen haben bis Ende 1972 am Everest um die Südwestwand gekämpft. Aber die letzten rund fünfhundert Höhenmeter sind Neuland geblieben. Zweifellos wird auch das letzte Stück irgendwann erobert, denn Chomolongma kann auch gnädig sein.

Und Bergsteiger, die auf die Südwestwand-Eroberung warten, gibt es genug. Die Mount Everest-Warteliste liegt bereits bis 1980 fest!

Ziele der Zukunft
Ein neues Kapitel im Himalaya-Bergsteigen

Am Mount Everest gibt es bald nicht mehr viel Neuland zu erobern. Vielleicht ist die Südwestwand bereits beim Erscheinen dieses Buches bezwungen. Und eine Direktroute über den Westgrat wäre nur teilweise neu, eine Art Riesenvariante. Denn das unterste und oberste Stück wurde ja schon 1963 von den AMEE-Teilnehmern bezwungen. Bleiben am Everest, außer der Südwestwand und einer echten Südwestwand-Direttissima, also nur noch folgende Möglichkeiten für neue Eroberungen übrig:

- der markante und sicherlich interessante Südpfeiler des Südgipfels (8760 m), etwa 1700 m hoch, vorwiegend Fels;
- erste vollständige Begehung des gesamten Westgrates vom Lho La (6006 m) über Westschulter (7205 m), insgesamt 6,1 km lang mit 27° Durchschnittsneigung;
- die 2650 m hohe Nordostwand, vom Zentral-Rongphu-Gletscher aus, 3,8 km lang, 44° Durchschnittsneigung, kombiniertes Gelände (Fels, Schnee, Eis);
- Ostflanke vom Kangshung-Gletscher aus, 3350 m hoch, 5,8 km lang, 38° Durchschnittsneigung;
- erste Begehung des vollständigen Nordostgrates vom Raphü La (6510 m) aus, 6,5 km lang, 23° Durchschnittsneigung.

Aber zur Zeit sind allein die ersten zwei Möglichkeiten für China nicht genehme Alpinisten aktuell, denn die übrigen drei Ziele können nur von der tibetischen Seite aus erreicht werden.

Und dennoch meine ich, daß die Zeit des wirklich interessanten Himalaya-Bergsteigens erst kommt, wenn an den Achttausendern die wichtigsten Eroberungen von Großexpeditionen ausgeführt sind. Dann werden viele kleine Bergsteigergruppen mit interessanten Besteigungen zu alpinistischen Ehren kommen, zumal sich die Geldquellen für bergsteigerische Großexpeditionen irgendwann erschöpfen werden, die Gönner sind heute schon reichlich müde. Angesichts der heutigen Verkehrsverbindungen ist es kein Problem mehr, seine vier oder fünf Wochen Ferien im Himalaya zu verbringen. Die hohen Sechstausender und niederen Siebentausender, viele von ihnen noch vollkommen unberührt, können auch von vier- bis sechsköpfigen Mannschaften mit Erfolgschancen angegangen werden. Bei guter Organisation kann man von Europa aus in vier bis fünf Tagen mitten im Everestgebiet sein und einen der vielen Berge im alpinen Stil versuchen, ohne Hochlagerkette, mit nur wenigen Sherpa. Allein die Sechstausender im Khumbu-Gebiet sind für mehrere Jahre interessante Ziele.

Greifen wir einen der vielen Khumbu-Sechstausender als Beispiel heraus: Taboche (6542 m), nur 7 Kilometer Luftlinie nördlich des Klosters Tengpoche. Ein außergewöhnlich schöner Berg, von Osten dem Petit Dru ähnlich. Die Hillary-Expedition drang 1963 zwar bis 50 Meter unter den Gipfel vor, aber noch ist er nicht erstiegen, und die 1400 Meter hohe Ostwand kann sich ihrem Aufbau nach gut und gern mit der Dru-Westwand messen, die 1600 Meter hohe Nordwand ist eine wahre Droites-Nordostwand großen Stils. Ziele für Viererseilschaften. Flug Europa–Kathmandu in eineinhalb Tagen, am dritten Tag Flug nach Luklha (2830 m) oder gar nach Khumjung (3790 m). Zwei bis vier Tage Anmarsch, unterstützt von acht, höchstens zehn Sherpa, über Namche Bazar, Kloster Tengpoche zu der Sommersiedlung Pheriche (4243 m) in einer begeisternd schönen Hochgebirgslandschaft, nur eine gute Stunde von Dingpoche, jener letzten, ganzjährig bewohnten Sherpa-Siedlung (etwa 4200 m) entfernt. Ein geradezu komfortables Basislager mitten im Grünen kann hier errichtet werden. Eine Woche Akklimatisation, die mit dem Materialtransport bis zum Wandfuß und mit anderen lohnenden Ausflügen ausgefüllt werden kann. Zehn bis zwölf Tage für die eigentliche Bergbesteigung – nach dem Anmarsch läßt sich die Zahl der Sherpa bis auf drei verringern –, eine halbe Woche für Rückmarsch und Heimflug. Insgesamt fünf Wochen. Kostenpunkt: höchstens 5000 DM pro Kopf. Kein Transportproblem. Die normale Westalpenausrüstung braucht nur etwas ergänzt zu werden. Und vor allem kein Sauerstoffproblem. Die Hauptaufgabe eines solchen Unternehmens besteht aus Bergsteigen, nicht aus Materialtransport wie bei Großexpeditionen.

Der Beginn dieses neuen Kapitels im Himalaya-Alpinismus ist nur noch eine Frage der Zeit. Da gibt es noch herrliche Ziele für viele Bergsteiger-Generationen, nicht nur im Everest-Gebiet, sondern im ganzen Himalaya.

Erlebnisse zwischen Kathmandu und Everest

Everest für jedermann

Ein schlimmer Titel. Ich weiß. Provozierend, anmaßend. Die Himalaya-Kämpen, die erst von Erlebnissen und Taten sprechen, wenn sie sich oberhalb sechstausend Meter Höhe abspielten, diese Männer werden mit finsteren Nordwandgesichtern, gezeichnet von den Himalaya-Höhenstürmen, von Abenteuern und Entbehrungen, ihre kritische Stimme erheben: Everest für jedermann – wo gibt's denn so was!
Aber auch ich war vor einigen Jahrzehnten ein bergbegeisterter ‹Jedermann›. Beim Lesen der Berichte und Bücher über die ersten Expeditionen zu den Bergen der Welt, zum Mount Everest, verspürte ich stets diesen heißen Wunsch: einmal diese Berge und ihre Menschen kennenzulernen, zu erleben! Vor einigen Jahrzehnten lag dieser Wunsch buchstäblich im utopischen Bereich – ein Wunschtraum. Aber vor einigen Jahrzehnten hätte man die Voraussage, daß in den siebziger Jahren unseres Jahrhunderts Menschen auf dem Mond herumspazieren werden, auch nur mitleidig lächelnd zur Kenntnis genommen.
Heute ist das alles anders. Heute kann jeder gesunde Mensch, der *einmal* in seinen drei- oder vierwöchigen Ferien etwas wirklich Außergewöhnliches erleben will, zum Mount Everest wandern, pilgern. Ja, eine Pilgerfahrt zum höchsten Berg der Erde könnte man diesen Gang durchs Sherpaland zum Fuße der Chomolongma nennen. Ein Weg für jedermann, für jeden naturbegeisterten Menschen, dem täglich vier bis sechs Gehstunden mit leichtestem Gepäck nichts ausmachen. Und keinem gesunden Menschen macht das etwas aus. Wenn er nicht total unsportlich ist. Aber vollkommen unsportliche Leute kommen gar nicht auf die Idee, haben gar nicht den Wunsch, ein fremdes Bergland kennenzulernen, den Mount Everest zu sehen.
Natürlich muß sich jedermann für eine solche Pilgerfahrt zur ‹Göttin-Mutter des Landes› vorbereiten. Man steigt als Segelneuling ja auch nicht aufs nächstbeste Boot, um gleich das Mittelmeer zu überqueren. Ein wenig Konditionstraining genügt: zwei bis drei Wochen vor dem Start täglich fünfzehn bis zwanzig Minuten Dauerlauf (Wald, Park, Wiesen) oder Skilanglauf an den Wochenenden oder Radfahren oder auch nur Belastung am Heimtrainer; ausgedehnte Wanderungen, möglichst mit großen Höhenunterschieden. Jeder nach seinen Möglichkeiten, seinem Alltagsrhythmus entsprechend. Wer nicht weiß, wie er größere Höhen verträgt, sollte sich unbedingt in den Alpen testen. Es gibt in den Alpen viele Möglichkeiten, per Bahn

hafte Veranstalter wird dafür sorgen, daß Sauerstoffgeräte für den Notfall mitgeführt werden.
Die drei Opfer, von denen hier berichtet ist, sollten Warnung genug sein.

Kathmandu
Sterbende Stadt im Himalaya

Mitte Februar. Die Alpen waren weiß, als wir sie überflogen. Winter. Kälte.
Flugplatz von Kathmandu, eine Rollbahn, Hangar, ein bescheidenes Abfertigungsgebäude im Allerwelts-Stil. Letztes Pfeifen der Triebwerke. Betriebsamkeit um die Royal-Nepal-Airlines-Maschine. Ein warmes Lüfterl weht uns auf der Gangway entgegen. Frühling. Grün, blühendes Land.
Fahrt in die Stadt. Pulsierendes Leben, auf den ersten Blick ein gigantischer Wirrwarr. Betriebsam, laut, fröhlich. Erste Eindrücke, die einen fast betrunken machen.
Hotel Shanker, im Norden der Stadt, ehemaliger Maharadscha-Palast, einen Steinwurf vom königlichen Palast entfernt.
Man sehnt sich nach Ruhe. Aber es drängt einen, die Stadt zu erobern. Wie sie angeordnet ist, wußte ich schon in München. Auch ihr Aussehen glaubte ich zu kennen. Aus Filmen, Vorträgen, Büchern, Artikeln. Aber alles Wissen, alle Vorstellung verblaßte, war in einem Augenblick weggewischt.
Was ich sah, war Kathmandu, das keiner zu beschreiben vermag. Wie sollte es mir möglich sein? Ich merke es hier, an diesen Zeilen – es muß beim Versuch bleiben.
Kathmandu ist in den mir bekannten Büchern eine einzigartig verherrlichte Stadt. Eine der letzten Kulturstätten Asiens – eine Faszination, die jeden in ihren Bann schlägt, bezwingt, jeden.
Kathmandu?
Eine unglaubliche Stadt, es macht Mühe, Einzelheiten zu ordnen, klaren Überblick zu gewinnen.
Festtag... Sie haben viele Festtage, die Nepali, diese fröhlichen, munteren Menschen. Zusammenhanglose Gruppen mit dumpfen Trommeln, mit schrillem Tschin-

darassa, unerhörtes Tongebräu. Bittende, warnende, erboste Quietschtöne handbetriebener Gummihupen der Rikscha-Radfahrer, die bereits zur Oberschicht der Rikscha-Gesellschaft Asiens gehören, denn in Calcutta zum Beispiel sieht man die Rikscha-Männer noch vorwiegend bloßen Fußes vor ihrem Zweiradgefährt dahintrippeln. In allen Nuancen tönendes Klingeln der anderen Radfahrer, die oft in atemberaubendem Slalom sich durch das unberechenbare Gewühl schlängeln. Ohrenbetäubende Hornsignale von Motorkutschen jeglicher Provenienz, vom alten Opel P 4, klappernd und quietschend, über Volkswagen, Mercedes bis zum protzigen Buick, der sich wie ein Eisbrecher durch die zähe Verkehrsmasse schiebt. Und dann steht plötzlich eine heilige Kuh wie ein lebendes Mahnmal in diesem pulsierenden und doch wieder schier unbeweglichen Fluß. Obschon es kein Verkehrszeichen dafür gibt, ist sofort klar: Heilige Kühe haben ‹Vorfahrt›. Kein Geschrei, kein Ärger, verstummte Hupen – nur die hinteren im Stau, die nicht wissen, daß vorne eine heilige Kuh den Verkehr beherrscht, lassen ihrer Nervosität freien Lauf –, der nächstbeste Rikschamann steigt vom Sattel, tätschelt die Kuh zur Seite, alles kommt wieder in Bewegung. Dazwischen das unüberhörbare Klingeln eines Straßenverkäufers, im tragbaren Glaskasten sein Zuckerwerk, das er an den Mann zu bringen sucht. Am Straßenrand sitzend ein uralter Mann, Geschichten erzählend, vier Zuhörer, ebenfalls sitzend. Um diese fünf Männer wie ein Zauberkreis unendlicher Ruhe, fast sichtbar, greifbar, als säßen sie mitten in der Wüste. Zwischen allem streunende Hunde, schleichende Katzen, gelangweilt herumstehende Kälber, Rinder. Und überall Träger in fast europäischer Hast; Menschen, die alles Tragbare tragen: Holz, Geschirr, Stroh, Altmetall, Autoreifen, Lumpen, Bausteine, Dreck, Kohle; Flüssiges in riesigen Tonkrügen oder Metallkesseln; Weizen, Mais, Reis oder Salz in Säcken; Lasten auf dem Rücken, auf hölzernem Traggestell oder vom Kopftragriemen gehalten; Lasten an den beiden Enden einer dicken Bambusstange, in spitzem Winkel auf einer Achsel liegend; Lasten auf dem Kopf. Alle Träger haben eines gemein: einen schnellen, fliehenden Schritt unter vorgebeugtem Oberkörper – Frauen, Mädchen, Jungen, Männer. In wunderbarem Rhythmus, fast beschwingt, beinahe symbolisch für dieses Land und Volk: im Eiltempo einer scheinbar besseren Zukunft entgegenzulaufen. Dort ein blinder Bettler, groß, dünn und steinalt, von Tür zu Tür tastend; sein ganzes Hab und Gut ist ein kleiner Blechnapf. Erhält hier ein bißchen Tee, dort ein paar Löffel Brei, auch einmal eine Münze – eine Viertelstunde lang verfolgen ihn meine

Augen. Ein Bettler, einer von vielen. Detail im pausenlos abrollenden Monumentalfilm, der das Gewissen, das sich rühren will, mit neuen Bildern überspielt.
Ein Junge, vielleicht dreizehn oder vierzehn Jahre alt, zupft mich am Hemd: «Gurkha-knife, Sir?» fragt er, schlägt ein zerschlissenes Stofftuch auf, darin liegen drei altgemachte Khukri, die berühmten Krumm-Messer der einst gefürchteten Gurkha-Kämpfer. Verneint man kopfschüttelnd, dann zeigt sich der junge Mann schwer beleidigt. Greift man zu, dann hat einen bereits ein anderer im Auge: «Change money, Sir?» Allein das Registrieren dieser Frage genügt, daß man gleich auch seinen Kurs erfährt. Der Geldschwarzhandel ist zwar verboten, aber er wird dennoch intensiv und ganz offen betrieben, die Regierung ist völlig machtlos dagegen. Auf einem einstündigen Stadtbummel wird man bestimmt drei- bis fünfmal angesprochen. Den Devisenschwarzhandel in einem Bericht über Kathmandu zu verschweigen, käme einer frommen Lüge gleich. Jeder Nepal-Tourist bekommt es schnell zu wissen, daß der Schwarzkurs für den Dollar bis zu sechs Rupien höher liegt als der offizielle Wechselkurs der Banken. Außergewöhnlich, daß man für große Scheine mehr bekommt als für kleine. Weil die Noten auf irgendwelchen Wegen über den Himalaya in das chinesisch besetzte Tibet geschafft werden...
Und so geht es weiter: der dritte betreibt Handel mit alten Münzen aus Tibet – oder von Tibetflüchtlingen nachgeprägten und auf alt hergerichteten; der nächste fragt, ob man eine Thangka* – natürlich «very old» – brauche; ein anderer weiß, wo es echte, alte «tibetan»-Teppiche gibt, – sie werden zehn Kilometer südlich von Kathmandu geknüpft; an der übernächsten Ecke wird Haschisch zu niedrigsten Preisen geboten. Paradies der Hippies. Sie sitzen auf den Stufen der aus dem 17. Jahrhundert stammenden Taleju-Pagode, am Hanuman-Dhoka, dem schönsten Tempelplatz, mitten in der Stadt, das grüne Kraut rauchend, fern der verabscheuten westlichen Welt, stets auf der Suche nach der blauen Blume menschlicher Glückseligkeit. Mit verklärten Augen schauen sie hinab auf das Treiben zu ihren Füßen, als wollten sie einen letzten Blick auf das alte, glückliche Asien erlangen.
Unten, auf einem breiten Steinsockel, kniet eine Frau, wohl bald gegen die Siebzig, neben einem Mann in hohen Jahren, der dasitzt wie einst Buddha, mit nacktem Oberkörper, das Antlitz gegen die Sonne gerichtet, sich massieren läßt. Neben beiden eine

* Eine Art Rollengemälde, sozusagen Ikonen auf Stoff, mit buddhistischen Motiven, vorwiegend gemalt, aber auch gestickt.

Batterie von Fläschchen und Töpfchen, deren Inhalt in geheimnisvoller Folge auf des Mannes Haut verrieben wird.

Auf Körperpflege wird hier großer Wert gelegt: Keine zwanzig Schritte daneben, auf einem anderen Steinsockel, junge Mädchen im Buddhasitz; bieten ein Häuflein kleiner Kartoffeln und ein wenig Grünzeug zum Kauf an, aber jede Verkaufspause wird mit wahrlich gekonnten Läusejagden ausgefüllt – das Schauspiel gehört zum Bild jeder Straße.

Am Straßenrand ein Schneider, der gerade einem Kunden die Maße abnimmt, vor seinem winzigen Arbeitsraum. Ein paar Meter weiter unten haben die Herren Barbiere ihren Arbeitsstammplatz: sie selbst in Hockstellung auf dem Randstein des schmalen Gehsteigs, sozusagen auf dem Rang, die Kunden davor im Parterre der Straße, ebenfalls in Hocke, eifrig parlierend, unter herrlicher Sonne; die letzten paar Klingenstriche sind die wichtigsten, – die schmale, kurze Stoppelzierde knapp über der Oberlippe muß sich gegen die Mundwinkel hin bis zu einem kaum erkennbaren Strich verjüngen; da wird die Arbeit zum feierlichen Zeremoniell.

Dahinter läuft der asiatische Coca-Cola-Reklame-Siegeszug auf Hochtouren. Davor bettelnde Kinder. Vier kleine Jungen, alle an den Rand eines riesigen Basttellers geklammert, rennen auf jeden zu, der irgendwie fremd oder wohlhabend aussieht, schreien «Paisa, Paisa!» (1 Rupie = 100 Paisa). Fliegt endlich eine Paisa oder gar Rupie in den Teller – fröhliches Bubengeschrei, wüste Keilerei, ein großer Spaß auch für sie, die nicht aus nackter Not betteln, man sieht es an ihren runden Backen, sondern ganz einfach zur Gaudi. Aus der nächsten Seitengasse kommt ein Leichenzug, der in das Riesengemälde nicht Ruhe zu bringen vermag, sondern noch mehr Buntheit aufpinselt. Sechs Männer in hellen Kleidern an der improvisierten Bahre, auf ihr der Leichnam, in ein Tuch gehüllt, bedeckt von bunten Blumen. An der Spitze des Leichenzugs ein junger Mann, barfüßig wie alle, mit einem riesigen Strohballen für die Verbrennung auf dem Rücken. Das Bild währt keine Minute, vorbei, ohne daß jemand von ihm Notiz nahm. Zehn Minuten von hier entfernt, auf dem großen Platz beim Stadion, Militärparade vor dem König, Polizeiketten, Musik, Festhektik, Menschen aller nepalischen Volksgruppen, Rassen, Religionen und Kasten.* Schöne

* Der durch Geburt erworbene, erbliche Berufs- oder Gesellschaftsstand – die Kastenordnung, im 14. Jahrhundert durch die Malla-Könige streng nach hinduistischer Regel in 64 Kasten eingeteilt – wurde in Nepal zwar 1963 abgeschafft, aber im Verborgenen lebt die Tradition fort.

Menschen, interessant, viele mit edlem Antlitz. Aber auch andere, Gesichter mit Pockennarben, halben Nasen, gespaltenen Lippen. Schmuck in allen Variationen: schon die Babies, je nach Wohlhabenheit der Eltern mit bis zu fünf dünnen oder dicken Silberringen am Fußgelenk des linken Beinchens. Manche Kinder tragen in der oberen Rundung der rechten Ohrmuschel einen kleinen Goldring. Mädchen mit knallrot eingefärbter Kopfhaut entlang dem Haarscheitel; Mädchen mit winzigem Diamant, eingeschraubt in den linken Nasenflügel – und natürlich Mädchen, oft bildhübsch, in bunten, wallenden Saris, die ungemein aufreizend angeordnet werden können.

Abends und bis spät in die Nacht auf dem Markt – da erreichen die dunklen Geschäfte, im Schein der Kerzen, einer vereinzelten Petroleumlampe oder in finsterem Abseits, ihren Höhepunkt. Khukri und Geldhandel und Haschisch sind da nur noch kleine Fische. Hier wird mit stärkeren Geschützen aufgefahren. Das Geschäft mit der Liebe hat auch in Kathmandu zu blühen begonnen: «Very important girl, Sir!» flüstern einem grüne Jünglinge zu.

Banale Beobachtungen und Notizen, gewiß. Aber sie kennzeichnen oder signalisieren das Ende einer Vergangenheit. Man sieht sich ganz plötzlich am Ende des Mittelalters eines asiatischen Landes, über das man vor rund einem Vierteljahrhundert bei uns so gut wie nichts wußte. Damals waren die Menschen hier noch vollkommen eingebettet in ihre religiöse Geborgenheit. Aber mit der Öffnung der Grenzen – ab 1951, als Folge der chinesischen Besetzung Tibets – begann der grauenhafte Imitationstrieb im Talkessel von Kathmandu zu wüten.

Noch sieht der Besucher ein altes Stück Asien, noch ist das Bild der drei Königsstädte im Kathmandu-Tal einigermaßen erhalten. Noch hört man Tag für Tag die mahnenden Trommelschläge der Rotmützen-Mönche vom zweitausend Jahre alten Stupa* von Swayambhunath, westlich über der Stadt, herabdröhnen. Und auch die Töne der langen Baßhörner, ähnlich denen des Alphorns, sind noch Widerhall des religiösen Lebens, die von den zur Ehelosigkeit verpflichteten Gelbmützen-Mönchen in der Exilkirche des Dalai Lama in Bodnath, östlich der Stadt, zum Betruf benutzt werden. Wie lange noch? Man wird bald die Jahre zählen können. Die modernen Conquistadores unserer Technik sorgen dafür. Es ist fast wie vor einem halben Jahrtausend

* Eine Art Pagode, mit einem Reliquien-Kultraum in Halbkugelform, von einem Zaun mit reich geschmückten Toren umgeben.

in den Städten indianischer Hochkultur. Die portugiesischen und spanischen Konquistadoren zerstörten direkt, unmittelbar. Im Tal von Kathmandu geht die Zerstörung indirekt, mittelbar vor sich. Allein Kathmandu besitzt, wie es heißt, 24 Hauptpagoden, 120 ehemalige buddhistische Klöster; Patan 32 Haupttempel, 167 Klöster; Bhatgaon 22 Haupttempel, 24 Klöster. Über 2500 Heiligtümer im ganzen Tal, das heute von mehr als einer halben Million Menschen bewohnt wird – soweit man es überhaupt als Wohnen bezeichnen kann. Die Einwohnerzahl von Kathmandu selbst vergrößert sich explosionsartig. Im Jahre 723 gegründet, hatte die Stadt 1960 etwa 105000 Einwohner, Anfang 1973 waren es bereits 250000–280000 Menschen. Die Landbevölkerung stürzt wie eine Lawine gegen die Hauptstadt, in der es die meisten Fremden gibt. Und wo Fremde sind, gibt es viele Möglichkeiten, im Umbruch Nepals bequemer zu Geld zu kommen. Auf einem Quadratkilometer leben rund 19000–20000 Menschen. Im Vergleich dazu Manhatten: 9000 Einwohner pro Quadratkilometer. So ist es einleuchtend, daß sich mehr oder weniger alles auf der Straße abspielt.

Als König Tribhuvana 1951 aus seinem indischen Exil wieder an die Macht kam, öffnete er – nach hundertvier Jahren Isolationspolitik der Rana-Herrscher – die Grenzen für jedermann. Nicht zuletzt mit dem Ziel, aus Nepal ein modernes Land zu machen. König Tribhuvana wollte Geräte, Werkzeuge, Maschinen, Elektrizität, Telefon. Dazu Straßen, Brücken, Flugplätze. Schulen, Lehrer, Krankenhäuser, Ärzte. Alles kam, nicht im Überfluß zwar, aber immerhin: Autos fahren, Flugzeuge starten. Nepal soll ein modernes Land werden. Es befindet sich in der totalen Umschichtung. Plärrende Transistorradios vor der gewaltigen Kulisse des Himalaya. Reklameschilder und Neonröhren vor den Silhouetten der Pagoden und alten Wohnhäuser, zwischen deren Holz- und Ziegelbauten sich mehr und mehr graue Zementfassaden eindrängen. Die Konsumgesellschaft treibt ihre Blüten, deutlich, schnell. Deshalb muß man es noch sehen, dieses uralte Stück Asien, bald, denn unsere Kindeskinder werden es vielleicht nur noch in Büchern oder Filmen überliefert finden.

Der heutige König Birendra Bir Bikram Shah Dev, den ich im Februar 1971 als sechsundzwanzigjährigen Kronprinzen, ein knappes Jahr vor dem Tod seines Vaters, in Kathmandu kennenlernte, hat ein schweres Erbe angetreten. Sein Reich liegt im Sterben, besonders seine Stadt. Nepal stirbt aufrecht, ohne Trauer. Denn es will wiedergeboren werden. Freilich weiß es noch nicht, als was. Und die Mächtigsten des

Landes wissen vielleicht gar nicht, daß es stirbt. Geht es doch überall aufwärts, scheinbar. Die Macht der Menschen über Maschinen verdrängt die Macht der Mächtigsten über die Menschen. Und auch die Macht der Religionen, des Glaubens.

Der englische Historiker Arnold Toynbee, jahrzehntelang Direktor der Abteilung zum Studium internationaler Beziehungen im britischen Außenministerium, formuliert das so: «Der isolierte Kultursplitter, der in einen fremden Sozialkörper hineinkommt, hat die Tendenz, die übrigen Bestandteile des Sozialsystems, von dem er getrennt wurde, nach sich zu ziehen und unübersehbare Zerstörungen anzurichten.»*

Noch spielen die Heiligtümer im Leben vieler Nepali eine bedeutende Rolle. Aber die alten Wohnhäuser mit ihren einzigartigen Holzschnitzereien, die Pagoden und Klöster sterben, sind ihrem Verfall preisgegeben. Fäulnis im Gebälk übereinandergetürmter Dächer, Gras im Ziegelsteinwerk, Gras auf den Dächern. Holzschnitzereien, die im Wechsel zwischen Monsunregen und Sonne verrotten, im Staub des modernen Verkehrs ersticken. Was Regen, Sonne und Staub an Vernichtung nicht schaffen, besorgen die Menschen des Landes. Plötzlich wissen sie, daß ihre Heiligtümer nicht nur religiösen Wert, sondern auch ganz beträchtlichen Marktwert haben. Was nicht absolut fest und noch einigermaßen von Menschenkraft zu tragen ist, wird abmontiert, gestohlen, an Antiquitätenhändler oder direkt an den Fremden verkauft. Fast jeder Tourist sucht nach seinem Mitbringsel. Und jedes Jahr steigert sich die Zahl der Nepal-Touristen um 25–45%. Der Bedarf an wertvollen Stücken ist groß, steigt im gleichen Maß.

Im Parterre der Souvenirläden, wo sich meist der offizielle Verkaufsraum befindet, wird Edelkitsch feilgeboten. Gebetstrommeln aus Blech, primitiv gegossene und auf alt frisierte Buddhafiguren, Schnitzwerk mit gut gemachter Wurmstichigkeit; Thangkas, deren prächtigbunte buddhistische Darstellungen noch wunderbar nach frischer Farbe riechen.

Wenn man all dieses Zeug beiseite geschoben hat und Anstalten macht, wieder zu gehen, dann wird man in den ersten Stock gelotst. In einem kleinen Zimmer öffnen sich Truhen, Vitrinen, Schatullen. Die Imitationen sind bereits besser; man muß

* A. J. Toynbee, Die Welt und der Westen, Zürich 1953.

Abb. 18, 19. Die Yetispur im Erdreich (oben) photographierte der bayerische Bergsteiger Dietrich von Dobeneck im Westen Nepals; unten eine Kopie mit den zeichnerisch hervorgehobenen Fußkonturen. ▷
Abb. 20. Mount Everest von der Kala-Pattar-Seite mit Südwestwand, Südostgrat (rechts) und Westschulter (7205 m). Rechts die erschreckende Westwand des Nuptse (7879 m). Unten der Khumbu-Gletscher. ▷▷

schon genauer hinschauen. Der clevere Bursche ist dann sehr beeindruckt, wenn man ihm nachzuweisen versteht, daß seine Ware nichts oder nicht viel taugt; da wird einem sogar eine Camel-Filter angeboten. Den Kopf ein wenig zur Seite gekippt, die Augen nach oben verdreht: Komm, gehen wir nach oben! heißt das. Enge, steile, knarrende Holztreppe, zweiter Stock. Erneut beginnt das Spielchen, nur etwas geheimnisvoller, nervöser, hastiger. Im dritten Stock schließlich, fast eine Hühnerleiter, über die man hinaufgelangt, zwei versperrte Türen, die beinahe schon in einem Ritual geöffnet werden, beginnt es ‹heiß› zu werden. Unerschwingliche Dollarbeträge werden genannt für winzige Visvarupa-, Yamantaka- oder Shiva-Figuren aus dem 18. oder gar 17. Jahrhundert, die einst das Innere eines Tempels zierten; an der Rückseite die Abbruchstelle, deutlich zu erkennen, trotz des dunklen Metallstaubs, mit dem die Bruchstelle verrieben wurde.

Und wir werden es wohl noch erleben, daß auch die ungewöhnlichen holzgeschnitzten Rati-lílá-Szenen eines Tages abmontiert werden. Besonders in unserer sexbetonten Zeit. Denn Rati-lílá heißt ‹intimes Liebesspiel›.

Hörte ich vor einem Tempel, bekannt für seine hölzernen Liebesspiel-Szenen, einen Touristen bajuwarischer Herkunft zu seinem Freund sagen: «Schau amol nauf da – narrisch, glei drei hat der Kerl, oder san's viere? Mei, de miassn's früha triebn ham!» Der Freund schaute auch hinauf zu den farbigen Schnitzereien, zu den Darstellungen nepalischer Erotik und gab ebenfalls einen deftigen Kommentar ab. Spätestens nach dem ersten Kathmandu-Bummel flüstern sich Touristen solche oder ähnliche Bemerkungen über das Gesehene zu. Auch die Tempel in Patan, Pokhara oder Bhatgaon sind mit erotischen Darstellungen geziert. Europäer, von ihren Illustrierten starken Tabak auf dem Gebiet Sex gewohnt, bestaunen die Liebesspiele an Nepals Tempeln verständnislos und ziehen für ihr Bild über das Land und seine Geschichte entsprechende, und das heißt falsche Schlüsse. Schade, daß die Leiter der immer häufiger auftauchenden Reise- oder Expeditionsgruppen darüber keine vernünftigen Erklärungen abzugeben vermögen. Auch in den wenigen deutschsprachigen Reiseführern ist über diesen Tempelschmuck nichts zu finden. Das Werk des Italieners Tucci jedoch gibt darüber erschöpfend Auskunft.*

* G. Tucci und L. Prinz: Rati-lílá, Studie über die erotischen Darstellungen in der nepalesischen Kunst, München 1969.

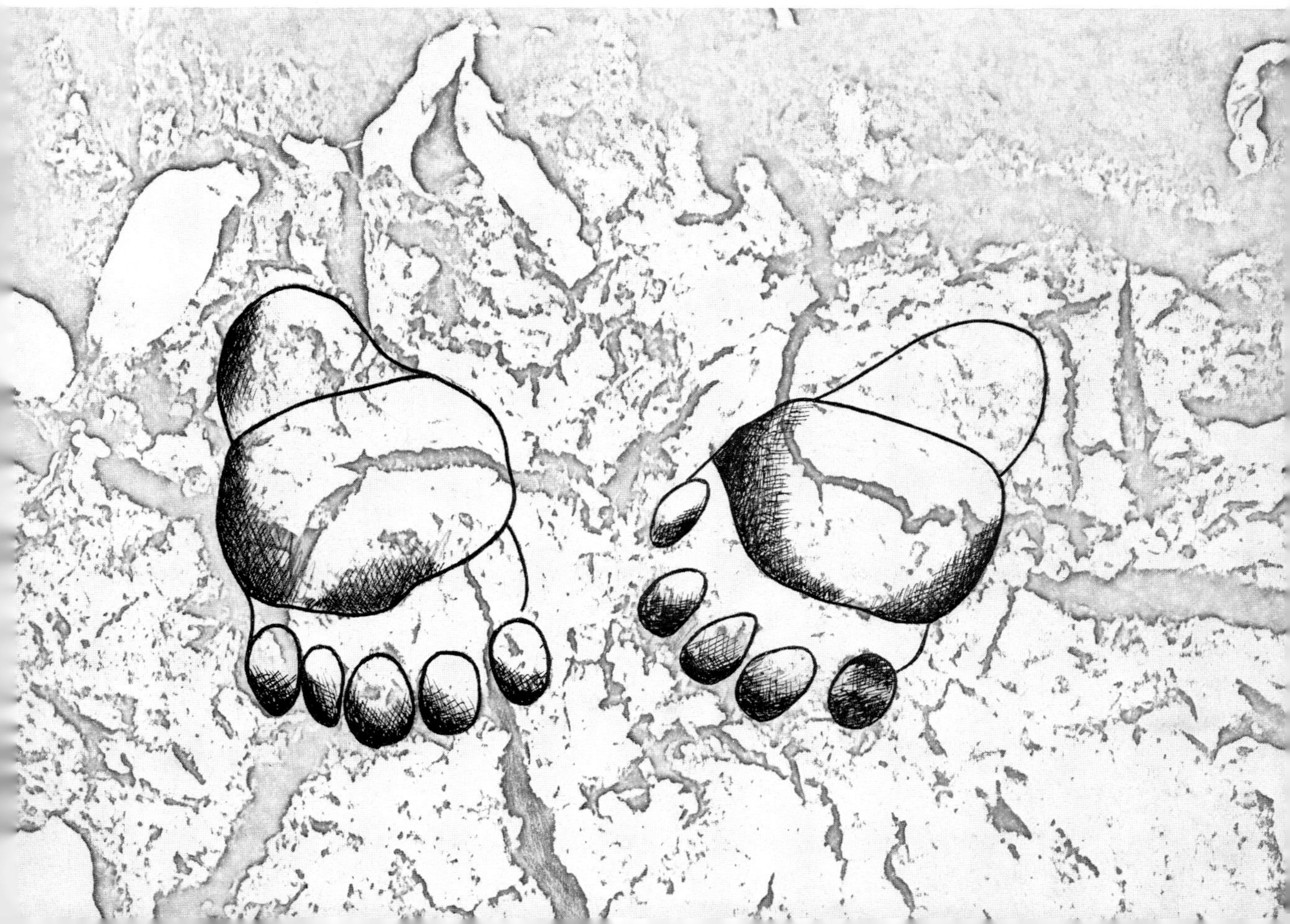

◁ Abb. 21. Blick von der Pumo-Ri-Seite gegen die Westabstürze von Mount Everest (links), Lhotse (8511 m, Mitte), dazwischen der Südsattel (7986 m), rechts der Nuptse (7879 m). Links der wildzerklüftete Khumbu-Eisfall.

Tucci macht die Hintergründe der beiden großen Religionen – Buddhismus und Hinduismus – für jedermann verständlich und gibt zu den erotischen Darstellungen folgende Erklärung: «Die Sexualbeziehungen sind in diesem Zusammenhang nicht so sehr Ausfluß lüsterner Begierde, als vielmehr Funktionen im Rahmen kosmologischer Sondervorstellungen und im Gefüge einer eigenartigen Liturgie, die sich die Sicherstellung der Erdfruchtbarkeit und Bannung der tödlichen Gefahr der Sterilität zum Ziele setzt. Es wird so begreiflich, wie seit Urzeiten die Darstellung der Geschlechtsorgane gewissermaßen zum Zentralgedanken der volksreligiösen Ikonographie werden konnte.»
Seit «Urzeiten», schreibt Tucci. Hoffentlich kann man diese kultischen Kunstwerke in Nepal wenigstens noch einige Jahrzehnte bewundern. Alles verfällt oder verschwindet, buchstäblich vor den Augen Zehntausender von Besuchern. Natürlich gibt es bereits Bemühungen zur Erhaltung und Restauration. Aber, grob gesehen, scheitert alles am Unverständnis der Menschen dieses Landes, die bereit zu sein scheinen, ihre eigene Kultur zugunsten einer Imitation westlicher Lebensformen und -güter aufzugeben. Das archäologische Amt der Königlichen Regierung kämpft mit unzureichenden finanziellen, personellen und gesetzlichen Mitteln einen aussichtslosen Kampf – die Pagoden sterben, mit ihnen eine Geschichtsperiode, die zeitlich ins Mittelalter gehört, um des sogenannten technischen Fortschritts willen. Was bleibt von Kathmandu? Von Nepal? Man muß es laut in die Welt hinausrufen, deutlich und immer wieder: Rettet Nepal, rettet Nepal! Noch ist es nicht zu spät.
In Nepals Nationalhymne heißt es:
«Lasset Gott die Hindernisse, Feinde und Krankheiten in unserem Lande vernichten und den König vor ihnen schützen! / Lasset die Menschen ein Loblied singen auf den König. / Und der König herrsche über die Menschen friedvoll und mutig. / Lasset die Menschen Nepals inständig beten für sein Werk zu Gott!»
Die Hymne könnte heute geschrieben worden sein. Man müßte sie nur mit einer Zeile ergänzen: «Gott gebe dem König die Kraft, sein sterbendes Land zu retten!»

Vom Affentempel zum heiligen Stier Nandi
Je Khukrihieb ein fallender Kopf

Im Hotel. Auch hier vergilbende Pracht, abbröckelndes Stuckwerk. Aber dennoch heimelig. Aus jeder Ecke spricht Vergangenheit zu uns. Etwas Muffigkeit im Speisesaal. Dafür bunte Farben, prächtige Ornamente. Und flitzende junge Kellner in fast weißem Leinen, mit schwarzen oder farbigen Nepalkäppis; sie lesen einem förmlich jeden Wunsch von den Augen. Rest aus britischer Zeit: Beim Kommen und Gehen salutieren sie mit Flachhand an der Stirn und fast horizontal ausgestemmten Ellenbogen. Man muß ihnen immer wieder verständlich machen, daß man nicht eine Speisen-Vertilgungsmaschine ist. Ebenfalls englisch und ganz wundervoll: Morgens um sechs steht plötzlich der Zimmerdiener vor einem, Tee und Süsses, kaum daß man die Augen aufmacht. (Als unverbesserlicher Teetrinker hatte ich mir vorgenommen, diese wunderbare Sitte auch in München einzuführen, aber weder Frau noch Kinder schaffen das, weil ich auch noch ein unverbesserlicher Frühaufsteher bin, und einen Diener kann ich mir immer noch nicht leisten.) – Abends das Pfeifkonzert Hunderter von Fledermäusen im Hotelpark.

Unterwegs. Zunächst: Man braucht ein Rad, und es gibt denn auch mehrere Fahrradverleiher. Für eine ganze Woche bezahlt man zwei oder drei Dollar; meist sind es gute Räder. Radelnd den Talkessel von Kathmandu zu erobern, allein oder zusammen mit Freunden, macht Spaß, vermittelt bleibende Eindrücke, köstliche Erlebnisse, bringt einem Land, Menschen und Geschichte etwas näher. Natürlich auch radelnd durch Kathmandu selbst, sonst schafft man es gar nicht, denn ständig spürt man – bei kurzen Ferienwochen – die Zeitnot im Nacken.

Fahrt nach Patan im Südosten. Fünf Kilometer leidlicher Asphalt, auf dem ganz Asien unterwegs zu sein scheint. Klapprige Lastwagen in halsbrecherischem Tempo (ich wurde zuweilen von Zweifel befallen, ob ich wohl je noch zur Chomolongma kommen würde). Vollgepferchte Linienbusse wie rasende En-gros-Sardinenbüchsen.

Patan. Älteste Siedlung Nepals am heiligen Fluß Bagmati. Einstige Residenzstadt der Malla-Könige. Tempel, Pagoden, Statuen. Hinreißend schöne Toreingänge, begeisternde Schnitzarbeiten an Dachstützen und Fensterbalken. Viel aus dem 19. Jahrhundert. Aber auch ganz Altes: der vergoldete Tempel Hiranya-Varna-Mahavihar, buddhistisch, aus dem 12. Jahrhundert.

Patan hat vorwiegend Newar-Bevölkerung. Die Newar sind unübertreffliche Kunsthandwerker, Holzschnitzer, Silber- und Goldschmiede, Metallgießer, und glänzende Könner in der Aus-Neu-mach-Alt-Technik. Ihre ‹alten› Buddhafiguren hätte selbst Gautama ein halbes Jahrtausend vor Christi bewundert. Man kann sich guten Gewissens eine erstehen, als kleine Erinnerung an Patan, dessen Zerfall fast mit jeder Stunde verfolgt werden kann. Adieu Patan, du Kleinod Asiens, unverdorben nur noch der Glanz der Himalaya-Eisriesen im fernen Hintergrund.
Fünf oder zehn Radminuten weiter im Südwesten liegt das tibetische Flüchtlingsdorf Jawalakhel, mit Schweizer Hilfe errichtet. Hübsche Arbeiten: Teppiche nach alten tibetischen Mustern.
Die Rückfahrt sollte nicht mehr über den Wellblechasphalt führen, sondern quer durchs Land. Aber ich komme, ganz allein unterwegs, vom Regen in die Traufe. Der schmale Fahrweg wird schmäler und schmäler. Endlich ist es nur noch eine höchstens siebzig Zentimeter breite Wegspur auf einer ebenso schmalen, dammartigen Erhebung, immer etwa einen Meter über der Ackerfläche, die von diesen niedrigen Wällen eingefaßt ist, wie ein Becken, bereit für die Bewässerung. Wahre Radakrobatik, Maßarbeit. Baumstämme sind als Brücken über kleine Bäche gelegt. Zweistündige Odyssee, vorbei an winzigen Häusergruppen. Die Newar staunen und lachen und schwatzen über den komischen Fremden. Bis ich meiner Sache nicht mehr ganz sicher bin. «Kathmandu?» rufe ich bei den nächsten Leuten, und zwar mit besonders starker Betonung des Fragezeichens. Sie schauen sich an, reden, schauen mich an, schütteln den Kopf. Natürlich kann diese Frage auf tausend Arten gedeutet werden. Alle Möglichkeiten – ob sie, die Leute, in die Stadt wollen oder was auch immer – scheinen sie zu bedenken. Nur daß *ich* nach Kathmandu will, kommt ihnen einfach nicht in den Sinn. Endlich forsche ich im Führer nach passenden Vokabeln und radebreche es mühsam heraus: «Kathmandu jane bato yahi ho ki?» – «Ist dies der Weg nach Kathmandu?» «Ho, ho, Kathmandu, ho!» sagen sie (ho = ja) und deuten genau in die Richtung, aus der ich mich zwei Stunden lang durchgeschlagen habe. Ich geb's auf, fahre in die falsche Richtung und komme nach einer Stunde doch nach Kathmandu. (Wenn man nicht sehr viel Zeit hat, sollte man Ackerwege meiden.)

Norman Dyhrenfurth, der sich als Expeditionsleiter sogar um die banalsten Probleme seiner Freunde kümmert, erwartet mich bereits ungeduldig. Auf meiner Liste für

persönliche Kleidung, die jeder mitzubringen hatte, ist ein Posten noch nicht abgehakt: Sportshorts für besonders heiße Tage auf dem Weg zum Everest. Shorts habe ich wegen meiner dünnen Beine nur als Bub getragen, ich besitze keine. Und mitten im Winter waren in ganz München keine Shorts aufzutreiben. «Aber du brauchst sie wirklich», sagt Norman. Fahrt in die Stadt. Zwei verschiedene Stoffe für zwei Shorts werden gekauft, kein Problem. Und Schneider gibt es ja an jeder Straßenecke.
«No time», sagt der erste.
«Einer der wenigen, die hier keine Zeit mehr haben», sagt Norman.
«No time», sagt der zweite, der dritte, vierte, fünfte.
«Die spinnen», sagt Norman.
Aber Norman hat viele Freunde in Kathmandu, unter ihnen einen Russen; Besitzer des exklusiven Restaurants ‹Yak und Yeti›. Der Mann kennt jeden Winkel Kathmandus und natürlich auch Schneider, die Zeit haben. Ein Drink, zwei Drinks. Gespräch über Schneider. Mit persönlicher Empfehlung des ‹Yak und Yeti›-Chefs fahren wir zu dem Auserkorenen.
«No time», sagt er, die sechste Hoffnung.
Die Shorts werden zum Expeditionsproblem – wir geben es auf. (Über die Stoffe freute sich später meine Tochter Antoinette. Kaufen Sie schon im Sommer vor dem Everest-Start Ihre Shorts!)

Affentempel nennen ihn die Touristen deutscher Zunge. In der Landessprache heißt er Swayambhunath, ein paar Kilometer westlich der Stadt aufragend. Carlo Mauri, mein italienischer Freund, begleitet mich: Wunderbar, wie lange Freundschaften unter Bergsteigern dauern können. Genau vor zwanzig Jahren haben wir uns in den Dolomiten kennengelernt. Unser erstes gemeinsames Erlebnis war eine schwierige Kletterei an den Drei Zinnen, dazu eine entsetzliche Biwaknacht bei Sturm und Regen und Schnee. Solche Stunden kitten Menschen zusammen. Oft sind wir uns dann noch begegnet. Carlo Mauri wurde einer der besten Bergsteiger Italiens. Und einer der verrücktesten Abenteurer unserer Zeit. Abenteuer ist sein Beruf. Er war in Grönland, am Südpol, in der Wüste, im Dschungel. Zuletzt mit Thor Heyerdahl auf den Papyrosbooten RA I und RA II. Bald marschieren wir gemeinsam zum Everest. Während ich diese Zeilen schreibe, ist Carlo schon wieder ein Jahr unterwegs. Auf den Spuren Marco Polos, hoch zu Roß.

Swayambhunath. Zu Füßen des Hügels mit dem zweitausend Jahre alten buddhistischen Tempel ein alter Mann, der verträumt auf seiner uralten Sarinda fiedelt. Auf den vier Spiel- und elf Resonanzsaiten überm fellbespannten Korpus zaubert er mit primitivem Streichbogen herrliche Melodien hervor. Sarinda-Fiedler sieht man in der Stadt an jeder Straßenecke, mit neuen Geräten, die gleich an Touristen verkauft werden. Der Sarinda-Fiedler am Affentempel ist von anderer Art. Gebannt bleiben wir stehen, hören zu. Der Mann sieht das, spielt weiter. Wir treten näher. Ich gerate ganz aus dem Häuschen beim Anblick dieses wunderbaren Instruments, wie ich es in keinem Asienmuseum Europas gesehen hatte. Heute ist diese Sarinda in München. Sie ist immer noch schön. Aber bei ihrem Anblick bewegt mich stets ein wenig Traurigkeit – auch wenn der Mann sehr viel Geld bekam, das ihn für Monate aller Sorgen enthob –, denn ihre wunderbaren Melodien sind nicht mehr zu hören. Wenn ich wüßte, daß ich den alten Mann bei meinem nächsten Kathmandu-Besuch wieder träfe – ich würde ihm die schöne Sarinda schenken...
Am Affentempel tummeln sich wirklich sehr viele Affen. Sie bringen Leben in das zeitlose Bild. Neben dem Tempel ein gewaltiger Stupa, der das Tal von Kathmandu beherrscht. Im Innern des Tempels eine überlebensgroße Buddhastatue in Gold, vor ihr sind Rotmützen in ihr Ritual versunken. Auch als Nichtbuddhist spürt man hier die Kraft dieser Glaubenslehre wirken. Und wieder möchte man es rufen: Erhaltet es, rettet es vor der Gleichmacherei der Technik!

Bodnath. Zu mehreren sind wir da, vier Kilometer nordöstlich der Stadt, hübsche Radfahrt – immer Sonnenschein, hemdärmelig, Frühling. Schon von weitem sieht man ihn, diesen mit fast 40 Meter höchsten und grandiosesten Stupa Nepals. Diese gewaltige Halbkugel, auf fünffachem Unterbau ruhend, mit ihrem viereckigen Goldturm, dreizehnstufig, Symbol für den ‹Weg der Erleuchtung›, mit dem allen vier Himmelsrichtungen mahnend zugewandten Antlitz Buddhas. An die 2500 Jahre alt – aus einer Zeit, in der sich bei uns noch die wilden Germanenstämme bekriegten. Rund um den Unterbau eine Reihe von zweihundert Gebetstrommeln, fest montiert, gut gelagert, mit papiernen Gebetsrollen im Innern. Unaufhörlich werden sie von den vorbeigehenden Buddhisten in Bewegung gebracht – für ‹Sönam› im nächsten Leben. Rings um den Stupa, der alles beherrscht, Häuser, Bazare, ein Kloster der Gelbmützen, die für das Heil des Dalai Lama und das Heil dieser Welt beten.

Aber die Gebete und das Geräusch der Gebetstrommeln werden bereits übertönt von den Caterpillars, die sich fünfzig Meter von dem Stupa entfernt durchs Land fressen, den Damm einer Straße hinter sich lassend.
Betet weiter, lauter, damit es die ganze Welt hört.

Pashupatinath. Östlich der Stadt, am heiligen Fluß Bagmati, noch näher als Bodnath. Man könnte es auf der Fahrt nach Bodnath oder auf dem Rückweg ‹mitnehmen›. Aber um es zu betrachten, braucht man Stunden. Um es auf sich einwirken zu lassen, einen Tag – oder ein Leben?
Ein Tag in Pashupatinath, dem ‹Benares von Nepal›, vermittelt Hinduismus in denkbar lebendigster, konzentriertester Form. Und wenn man das Glück hat, daß dieser Tag auch noch einer der vielen hinduistischen Festtage ist, ist man am Ende trunken vor Eindrücken.
Hier kam von eh und je und hier kommt heute alles auf engstem Raum zusammen: Glanz und Elend, reich und arm, blühendes Leben und der Tod. Hier wurden Könige gekrönt, eingeäschert, ihre Asche in das träge dahinfließende Wasser des Bagmati gestreut. Hierher pilgern Kolonnen von Hindus, die in tagelangen Märschen, ihr kleines Bündel Habseligkeiten auf dem Kopf tragend, aus den Ebenen Südnepals oder Nordindiens kommen, um sich in Pashupatinath reinigend auf ihr späteres Dasein vorzubereiten. Im Fluß stehen sie zu Scharen, um mit wunderbaren Messinggefäßen das Wasser zu schöpfen und über sich zu gießen, Frauen und Männer, Mädchen, Greise. Viele entblößen sich, um ganz in den Bagmati einzutauchen, meditierend, versunken in ihre eigene Welt, verbunden mit ihren Heilandgottheiten Vishnu oder Shiva. Eine Bucht, von bewaldeten Höhen umgeben, bildet die Szenerie, allein schon landschaftlich ein außergewöhnliches Bild und Erlebnis.
Rechts des Flußes, ganz nahe am steingefaßten Ufer, an dem die Verbrennungen stattfinden, ein Gebäude auf zweitausend Jahre alten Grundmauern, mit vielen Kammern, in denen kranke und alte Hindus auf ihre Erlösung warten. Unmittelbar daneben, auf dem großen Platz, geschäftiges Treiben. Edelkitsch, selbst schon farbiger Plastikschmuck wird feilgeboten. Unweit davon sieht man emsige Holzverkäufer, die mit den Angehörigen von Sterbenden oder Verstorbenen über den Preis verhandeln. Sprießelwerk zum Anfeuern, dazu mittlere und große Scheite. Die Ärmsten unter den Armen können sich nur wenig Holz leisten...

Der Brief an André wird vollendet. Es bleibt dabei: Hier gibt es keine Affen...
Letzter Abend in Kathmandu. Morgen geht's endlich los, dem Everest entgegen. Carlo Mauri und ich gehen schon früh zu Bett, um ausgeruht zu sein. Da kommt eineinhalb Stunden vor Mitternacht Herr Kradolfer aufs Zimmer, mit seinem Affen, an den ich schon Tage nicht mehr gedacht habe.
«Ich habe mir die Sache überlegt», sagt der freundliche Schweizer, «denn Sie haben den Kleinen ja vom ersten Augenblick an in Ihr Herz geschlossen – hier, Sie können ihn haben!»
Ich springe aus dem Bett, lange Dankesrede, Bezahlung des Selbstkostenpreises – fünfzig Dollar –, Fragen der Pflege, des Umgangs, der Nahrung. Alles kein Problem, meint Herr Kradolfer.
Ob er denn schon rein sei, will ich wissen. «Noch nicht ganz, aber das dauert nicht mehr lange.»
Und ob er, Kradolfer, glaube, daß Höhe und Strapazen dem Kleinen was machten.
«Der? Dem macht die Höhe bestimmt nichts – vielleicht kommt er sogar vor Ihnen auf den Gipfel!»
Die erste Affenbesteigung des Mount Everest! Also muß der Affe einen richtigen Namen haben: «Ab jetzt heißt du Khumbu, mein Lieber, klar!?»
«O dio mio!» stöhnt Mauri und meint, daß ich ja auch noch einen Yeti mit nach München bringen könnte.
Kaum daß der freundliche Schweizer weg ist, gehen auch schon die Khumbu-Probleme los. Khumbu will nicht nur «ein wenig Körperwärme», wie Kradolfer erwähnte, sondern im Bett partout auf meinem Arm liegen. Und erst als ich endlich den Schlafanzug, der Khumbu offenbar ein Dorn im Auge ist, ausziehe, gibt er sich zufrieden, kuschelt sich an mich, wie ein Kind an die Mutter. Und ich bin verurteilt, still auf dem Rücken zu liegen, ausgerechnet so, wie ich einfach nicht schlafen kann, weder sonst, noch mit Khumbu. Stunden der Schlaflosigkeit. Vorsichtig drehe ich mich endlich auf die andere Seite. Khumbu wird wach, leise Quietschtöne, die seinem Unmut Ausdruck verleihen, ein Satz, und schon kuschelt sich Khumbu auf der anderen Seite ein. Und daß Khumbu «noch nicht ganz» sauber ist, sollte ich auch bald zu spüren bekommen: an beiden Seiten, von oben bis unten.
Am Morgen komme ich mir selbst schon fast wie ein Affe vor. Und zu allem auch noch

liebenswürdige Kommentare von Carlo Mauri. Bald aber wächst mein Besitzerstolz wieder, denn beim Frühstück gibt es großes Hallo wegen Khumbu. Alle lachen, sind begeistert – fast alle. Die Kameramänner sehen Khumbu bereits im Rucksack beim Gipfelsturm dabei; das schönste Maskottchen, das je eine Expedition hatte, meinen sie. Norman Dyhrenfurth, der den Nepal-Himalaya kennt wie nur wenige, ist über Khumbu weniger begeistert, berät sich mit dem Amerikaner Duane Blume, Dr. phil., Höhenphysiologe, 37jährig, Vater von acht Kindern, aus Bishop in Kalifornien und Konstrukteur unserer Sauerstoffgeräte. Der gemütliche Duane, ein Pfeifenraucher vor dem Herrn, inspiziert Khumbu, der vergnügt auf meinem Schoß sitzt, und sagt: Khumbu sei schon nach wenigen Tagen des Todes, weil er weder Kälte noch Höhe vertrage. Khumbu muß in Kathmandu bleiben, heißt es.

«Schau, daß du ihn los wirst», sagt Norman, «in einer halben Stunde starten wir.»

Ein Geschöpf, mit dem man eine ganze Nacht im gleichen Bett verbrachte, Haut an Haut, muß man innerhalb weniger Minuten loswerden. Diese lieblosen Menschen – was wissen sie von echter Affenliebe!

Die Motoren der Jeeps und Kleinbusse laufen schon, Khumbu klammert sich immer noch an meine Brust. Endlich bitte ich den Chef der Reception, er möge Khumbu zu sich nehmen, Kradolfer anrufen und ihm sagen, daß ich am Ende der Expedition Khumbu abholen würde, natürlich gegen Ersatz des Kostgeldes. Aber der Mann an der Reception fürchtet sich vor Khumbu – ein Hindugläubiger. Auch die Diener sind Hinduisten. Niemand will Khumbu berühren, geschweige übernehmen. Eine wahre Tragödie: Verzweifelt nehme ich die Leine von Khumbus Halsband, hebe den schweren Tisch in der Hotelhalle, fädle die Leinenschlaufe über ein Tischbein, renne hinaus, wo alle warten, hinter mir Quietschtöne des Jammers, armer Khumbu.

Start.

Noch am ersten Anmarschtag schreibe ich Herrn Kradolfer einen Brief über den ganzen Sachverhalt. Und daß ich Khumbu nach drei Monaten abholen würde.

Kurz vor dem Start erzählte ich die Khumbu-Geschichte aufs Tonband, begleitet von Khumbus noch vergnügtem Quietschkonzert – da ahnte ich nicht, daß Khumbu nicht zum Everest durfte. Das Tonband war drei Tage später in München; Freude und Aufregung im Hause Hiebeler. Es wurde mit dem Direktor des Münchner Tierparks Hellabrunn telefoniert und alles für Khumbus München-Leben vorbereitet.

Wochen später, bereits im Basislager am Fuß des Everest, erreicht mich eine Nachricht von Herrn Kradolfer: daß er Khumbu geholt habe, der aber wenige Tage darauf verschwunden sei, spurlos. Unglückliche sind unberechenbar, dachte ich.
Knapp acht Wochen nach der schmerzlichen Trennung war ich wieder in Kathmandu. Natürlich setzte ich mich nicht mit Herrn Kradolfer in Verbindung, denn Khumbu war ja weg.
Daheim in München gab es Tränen, André und Antoinette waren tief enttäuscht. Dann schrieb mir Herr Kradolfer: Warum ich ihn in Kathmandu denn nicht besucht hätte – Khumbu sei dann doch noch zurückgekehrt, was er denn jetzt machen solle. «Kaufen Sie dem Khumbu die besten und größten Bananen – bis die fünfzig Dollar aufgebraucht sind», schrieb ich... Aber der Menschen- und Affenfreund Kradolfer hat sich noch mindestens ein Jahr lang mit dem Khumbu-Problem herumgeschlagen, fragte jeden deutschen Expeditionsbergsteiger, dessen er habhaft werden konnte, ob er nicht ‹Hiebelers Affen› mit nach München nehmen könnte. Keiner konnte oder wollte. Und es ist auch gut so...

Die Chinesen-Straße
Die ersten Autos kamen zu Fuß

Letzter Februartag, zu Hause herrscht noch klirrende Winterkälte. Wir aber sitzen in leichtester Kleidung in offenen Jeeps, in luftigen Kleinbussen. Ein buntes Bild: Jeder bekam vor dem Start die traditionelle Blumenkette umgehängt, dünn, vorwiegend mit gelben Blumen, bis zur Gürtellinie hinabhängend. Ein Geschenk des Hotelchefs. Der Blumenschmuck ist schon reichlich lädiert, denn die letzten Minuten waren turbulent. Erwartungsvolle Gesichter, es wird nicht viel gesprochen, jeder hängt seinen Gedanken nach. Vorbeiziehende Hügellandschaft, Bhatgaon, das wir vor Tagen besucht hatten, holperiger Asphalt. Die Chinesen-Straße. Amtlicher Name: Arniko-Highway.
Die Chinesen-Straße führt zunächst nach Osten, über den Sangla-Paß in das Tal des Sun Kosi, den mächtigen Fluß entlang aufwärts nach Norden zur Grenze zwischen Nepal und Tibet. Bis zum Grenzort Kodari sind es etwa 110 Kilometer, bis nach

Lamsangu, dem Beginn des eigentlichen Anmarschweges, rund 80 Kilometer. Die Straße wurde mit chinesischen Mitteln erbaut, auch unter chinesischer Aufsicht, und 1967 fertiggestellt. In Hanglagen, besonders im Sun-Kosi-Tal, ist die Straße durch Erdrutsche bereits beschädigt und bedenklich schmal, aber immerhin, man kann fahren. Bis 1967 mußten alle, die von Kathmandu zum Everest wollten, dieses Stück zusätzlich marschieren. Der Anmarsch dauerte damit fast eine Woche länger, war mühsamer. Heute denkt man schon gar nicht mehr daran: Da ist die Chinesen-Straße, man fährt in Richtung Everest. Bis Ende 1972 war dies überhaupt Nepals längste Straße. Seit Anfang 1973 ist auch die rund 200 Kilometer lange Straße von Kathmandu nach Pokhara im Westen befahrbar, ebenfalls mit chinesischen Geldern und unter chinesischer Aufsicht erbaut. Für das Befahren braucht man eine Bewilligung, und an verschiedenen Schlagbäumen muß eine geringe Mautgebühr entrichtet werden; auch auf diesem Gebiet Nachahmung der westlichen Welt.
Überhaupt ist die Geschichte des Autos in Nepal noch sehr jung. Als Nepal 1952 die Flugverbindung mit Indien aufnahm, kannten die Nepali noch kein Auto. Das Auto kam erst nach dem Flugzeug. Bis ins Jahr 1956 war das Kathmandutal nicht per Auto erreichbar. Ein Saumpfad über zwei Pässe bildete die einzige Verbindung zwischen Kathmandu und Indien. Dennoch sah man bereits vor 1956 einige hundert Autos auf den Straßen Kathmandus. Sie waren buchstäblich ‹zu Fuß› in das Tal der Hauptstadt gekommen, und zwar nicht etwa in Einzelteile zerlegt, sondern fertig montiert, auf den Schultern von dreißig bis vierzig Trägern. Fährt man heute von der indischen Grenz- und Bahnstation Raxaul in wenigen Stunden nach Kathmandu, so dauerte vor 1956 der Auto-Fußmarsch mehrere Wochen. Kein Wunder also, daß in den Siedlungen der Hochtäler im Norden des Landes noch vor zehn Jahren Streichhölzer unbekannt waren; Feuer wurde mit Stein und Zunder geschlagen.
Bewältigte Rückständigkeit? Das ist die Frage. Ich lasse sie im Raum stehen. Man wird sehen..., bei der Wiedergeburt Nepals, vielleicht.
Entlang der Chinesen-Straße sieht man bereits Signale, die allerdings nur wenig Zweifel lassen, wie das Fragezeichen aufgelöst werden wird: Menschen, die aus ihrer Ruhe gerissen sind, mit ratlosem, fragendem Blick. Herumsitzend, an der Straße, unter primitiven Bastgeflechten, rauchend, in Dreck und Lumpen, auf die Zukunft wartend. Auf die Zukunft, die besser sein wird, – wie es jeder Nepali überall hört.

Lamsangu – ‹Lange Brücke›, auch Barabise –, das ziemlich große Dorf am Sun Kosi, nur 700 Meter hoch gelegen, ist unsere Endstation. Viele Menschen, die sich um Traglasten raufen, Geschrei, Hektik.
Wir sind froh, dem Tumult zu entrinnen und endlich gehen zu können – endlich dem Everest entgegen. Gleich nach der Hängebrücke, die tatsächlich lang ist, beginnt der Weg, steil und steinig. Gegen diesen Weg sind die meisten Alpenvereinswege in den Ostalpen wahre Promenaden. Die Gruppe beginnt sich aufzulösen; allein oder zu zweit, wie man sich gerade zusammenfindet, geht's aufwärts. Auch die Lastenträger haben sich in kleine Grüppchen zusammengetan; der befürchtete Massenauflauf findet nicht statt.

Nach Teulo Pakha
Omas Arztweg

Ist der Weg von Lamsangu am Sun Kosi hinauf ins Hochland schon landschaftlich ein bewegendes Schauspiel, so verschaffen die Begegnungen unterwegs auch noch Kurzweil dazu, daß man die Anstrengung des Steigens bald vergißt. Man sieht nicht nur stämmige Männer die 30-Kilo-Lasten unserer Expedition schleppen, die ganze Last am breiten Kopftragriemen hängend, sondern auch Jünglinge von vierzehn oder fünfzehn Jahren, Mädchen und Frauen, viele Frauen. Nicht selten sieht man ganze Familien, die Kisten und Säcke schleppen. Auch Babies sind dabei; im Handkorb liegend, getragen von der Mutter, die sich ohnehin mit einer Last zu plagen hat. Wir überholen kleine Trägergruppen, die gar nicht zu uns gehören, sie befördern keine ‹IHE›-Lasten, die deutlich gekennzeichnet sind, sondern alles, was man sich nur denken kann: riesige Sperrholzplatten, übergroße Glasscheiben, Türen, gehobelte Bretter und Balken, Bettgestelle, Zentralheizungskörper, Drahtrollen, Bauplatten aus Preßholz, Plastik und sonstigem Material. Erst nach einigen Tagen erfahren wir, daß oben in Khumjung (3790 m), im größten und einem der höchsten Sherpadörfer, von einer japanischen Gesellschaft ein Hotel gebaut wird. Zwölf bis vierzehn Tage dauert der Marsch von Lamsangu – je nach Last und Stärke des Trägers. Ein Firstclass-Hotel entsteht auf dem Rücken der Menschen! Ein Plan, der vermutlich nur in japanischen

Köpfen reifen kann. Die Träger bekommen für jede in Khumjung abgelieferte Last 120 Rupien (etwa DM 43.–), gleichgültig, ob man nach zwölf oder vierzehn Tagen das Ziel erreicht – oder schon nach zehn Tagen, wenn man sich vom ersten bis zum letzten Tageslicht durch die Gegend schindet. Und fast alle sind barfüßig unterwegs. Wir müssen Schuhe mit ziemlich festen Sohlen tragen, um den steinigen Weg nicht in den Fußsohlen zu spüren. Aber unsere besten Gummiprofilsohlen erscheinen, verglichen mit den Natursohlen der Träger, als kümmerliches Machwerk. Wirklich: Jede Gummisohle ist nach vier oder fünf Marschwochen fast vollkommen abgenützt, während die Hornhaut der Natursohlen fester und fester wird – es geht nichts über Natursohlen. Das weiß ich aus eigener Erfahrung: In den ersten Nachkriegsjahren, als es noch keine Kletterschuhe zu kaufen gab, kletterte ich in vielen Wänden barfüßig. Heute käme ich keinen Kilometer weit. Aber das ist nur eine Frage der Gewohnheit.

Nach halb- oder einstündigen Wegstrecken stößt man auf typische Rastplätze oder Raststationen.

Die Rastplätze: An der Bergseite, direkt neben dem Weg, eine aus Steinen zusammengefügte Mauer mit eingebauter Abstellfläche, einer Bank ähnlich, in Hüfthöhe. Die Träger stellen sich rücklings an diese praktische Einrichtung, stellen ihre Last auf die Abstellmauer, machen eine kleine Kniebeuge – schon sind sie von der Last befreit, um sich für einige Minuten zu erholen. Dann geht's weiter, denn auch hier ist Zeit bereits Geld.

Die Raststationen: Meist eine Bretterbude, Tische und Bänke davor, oder auch nur ein Verschlag aus Bastmatten. Buttertee, Reis, gebratener Mais und Eier werden angeboten. Herumsitzende Grüppchen, eifrige Gespräche, Lachen, munteres Treiben; freundliche Blicke, wenn man als Fremder vorbeigeht. Oft sind die Raststätten in der Nähe kleiner Siedlungen, bescheidener Pagoden oder Stupas, an Bächen.

Apropos Bäche und Wasser. Alle wissen es, aber manche glauben es nicht: Besucher aus der westlichen Welt müssen jegliche Art ungekochten Wassers meiden. Kann man bei uns in den Alpen aus jedem Bergbach, an dem noch keine Siedlungen liegen, bedenkenlos trinken, so ist es hier anders. Selbst gleich unterhalb der Quelle eines Bergbaches sollte man das Wasser nicht ungekocht trinken. Auch ich wollte das nicht glauben – bis ich es einen Tag später katastophal zu spüren bekam. Ich habe mich mehrmals mit unseren Ärzten darüber unterhalten: Dieses Wasser enthalte bestimmte

Bakteriengruppen, gegen die wir keine Abwehrstoffe haben, die damit aufwachsenden Einheimischen jedoch immun seien.
Plötzlich eine außergewöhnliche Begegnung. Ein ganzer Familientrupp kommt uns entgegen, Kinder, zwei junge Frauen, ein Greis, ein junger Mann, auf seinem Rücken eine uralte, vollkommen eingefallene, offenbar kranke Frau. Sie muß zum Arzt. Die Oma ist bereits seit vier Tagen unterwegs. Der nächste Arzt ist in Kathmandu. In einem oder in zwei Tagen wird sie dort sein – auf dem Rücken ihres Sohnes oder Schwiegersohnes.
Es gibt zwar schon Düsenflugzeuge, Helikopter, Straßen und Autos in diesem Lande, aber das Gesundheitswesen ist immer noch ein ungelöstes Problem. Man sagt, daß in Nepal ein Arzt auf etwa 60000 Einwohner kommt. In Mitteleuropa kommen auf einen Arzt etwa 650–700 Einwohner. In den wenigen Krankenhäusern Nepals gibt es auf etwa 15000 Einwohner ein Bett; in Mitteleuropa kommt ein Krankenbett auf etwa 50 Einwohner. Das einzige Krankenhaus im Bergland Ostnepals befindet sich in Khumde bei Khumjung auf 3750 Meter Höhe. Es wurde auf Initiative des neuseeländischen Everest-Erstbesteigers Sir Edmund Hillary errichtet, mit Geldern der neuseeländischen Lions-Sektion. Aber die Menschen im Bergland wissen, daß jede Expedition und auch die meisten Trekkinggruppen von einem oder mehreren Ärzten begleitet werden. Und sie wissen auch ohne Telefonverbindung ganz genau, wann die Expeditionen oder Wandergruppen durchs Land ziehen. Die Kranken kommen von ihren Hochtälern herab, lassen sich von den Ärzten behandeln.
Nach guten zwei Stunden kommen wir in lieblicheres Bergackerland. Die von Generationen in mühsamster Arbeit mit den Händen angelegten Ackerterrassen, oft nur einen Meter breit, und hier bis auf etwa 2600 Meter hinaufreichend, beherrschen in der Folge das Bild. Reis, Gerste, Mais, Weizen und Kartoffel gedeihen hier. Die Bestellung der Äcker erfolgt noch wie bei uns im Mittelalter: mit dem Holzpflug.
Der Weg wird breiter, freundlicher, weniger steinig. Vergnügtes Wandern durch eine ständig wechselnde Landschaft, die jeden Natur- und Bergfreund begeistert. Ein müheloser Paß, 1840 Meter hoch und von einer Chorte* geschmückt, schon sieht man dahinter das bereits vom Vortrupp erstellte Lager für die erste Nacht. Ein herrliches Plateau auf 1800 Meter mit spärlichem Wiesenboden. Ganz in der Nähe einige Chor-

* Chorte: wie Stupa ein Reliquien-Heiligtum in der kleineren Form einer Art Wegkapelle.

Abb. 22. Marsch gegen den 700 m hohen Khumbu-Eisfall, gefährlichster Abschnitt der Everest-Normalroute. ▷
Abb. 23. Im Khumbu-Eisfall und im ‹Tal des Schweigens› müssen zur Überwindung von Gletscherspalten oft komplizierte Seilmanöver ausgeführt werden. ▷
Abb. 24. Eiskletterei im Khumbu-Eisfall. Jede Expedition muß die Route für die Hochträger gangbar machen. ▷

ten, die wie Wächter aufragen. Überall kleine, verstreute Häusergruppen: Teulo Pakha. Die Lagerplätze sind für alle, die auf diesem Weg zum Everest gelangen wollen, mehr oder weniger immer die gleichen.
Der Sherpa-Sirdar (Sirdar = Leiter, Führer) teilt einem das Zelt zu, das einem dann für die Dauer der Expedition zur Verfügung steht. Alles hat seine Ordnung, die bereits in Kathmandu festgelegt worden ist. Pro Zelt, in dem genügend Platz auch für drei Personen wäre, zwei Mann. Aber unsere Teilnehmerzahl geht nicht genau auf: Ein Mann muß ein Zelt allein bewohnen. Ich erklärte mich bei der Einteilung in Kathmandu dazu bereit. Innerhalb weniger Minuten beginnt es wie aus Kübeln zu gießen. Vor meinem Zelt eine aufgeregte Stimme mit bittendem Unterton: Jerzy Surdel aus Polen ist es. Was der bloß will, ausgerechnet in dem Regen, denke ich, reiße den Eingang auf – Jerzy hechtet herein, triefendnaß, mit Sack und Pack. Die Rechnung mit der Zelteinteilung stimme offenbar nicht, sagt Jerzy, denn in allen anderen Zelten seien bereits je zwei Mann, also wäre er dankbar, wenn es in meinem Zelt Gastfreundschaft für ihn, einen quasi Ausgeschlossenen, gäbe. Es gibt sie. Leider kann ich aber die Dialoge zwischen Jerzy und mir nicht zitieren. Denn Jerzy spricht nur polnisch, recht gut französisch, versteht ein paar Brocken Deutsch. Ich dagegen kenne nur die polnische Nationalspeise – Bigous –, verstehe einige Brocken Französisch. Bis ich Jerzys Sorgen kapiere, vergehen aber doch nur wenige Minuten. Wie gut und schnell sich Freunde verstehen und verständigen können! Auch wenn man sich sprachlich nicht versteht. Ich kenne Jerzy seit einigen Jahren, und ich kenne seine heimatlichen Berge, die Hohe Tatra. Wir unterhalten uns über diese und jene Wand in der Tatra, über gemeinsame Freunde in Polen. Mit deutschen und französischen Erklärungen, mit Augen, Händen und Füßen. Eine herrliche Unterhaltung ist das! Jerzy Surdel, 35 Jahre alt, kommt aus Warschau, ist von Beruf Kameramann, Filmregisseur und -produzent, studierte und promovierte an der Filmhochschule in Lodz, dozierte zwei Jahre am Film- und Fernsehinstitut in Algerien; Jerzy ist einer der eigenwilligsten und erfolgreichsten Bergfilmer seit dem Zweiten Weltkrieg. Auch bei unserer Expedition ist seine Hauptaufgabe Filmarbeit. Jerzy ist ein ruhiger, überlegter Mann, der nie einen unnützen Gedanken von sich gibt. Mit Jerzy das Zelt zu teilen, ist gut.
«Schlaf gut, Jerzy.» «Gutte schlaff, Toni.»
Wir sind dem Everest einen Tag nähergekommen – es war ein schöner Tag.

◁ Abb. 25. Aufstieg im Khumbu-Eisfall. An besonders schwierigen Steilstufen müssen für die Hochträger Fixseile angebracht werden.
◁ Abb. 26. Zwei Bergsteigergruppen kurz vor dem oberen Ende des Khumbu-Eisfalls in knapp 6000 m Höhe; im Hintergrund kann man noch den Lhotse (8511 m) erkennen.

Chorten, Fahnen, Manimauern, Betmaschinen
27 Grad Wärme unterm Regenschirm

Am Morgen in Teulo Pakha beginnt alles abzulaufen, als wäre jeder Griff tausendmal eingeübt worden. Aufgeweckt wird man von einer freundlichen Stimme vor dem Zelt: «Sahib – Tee, Kaffee?» Jerzy und ich schauen uns reichlich komisch an. Verrückte Welt: Sogar auf dem Marsch zum Everest wird Tee sozusagen ans Bett gebracht. Ein Leben wie Paschas. Ich habe darüber zwar schon in Büchern gelesen, und Norman Dyhrenfurth hat uns den Service bereits in Kathmandu angekündigt, aber ich wollte das nie so recht glauben, daß diese britische Tradition auch heute noch unterwegs gepflegt wird.
Jerzy läßt sich Kaffee geben, ich Tee. Tee, wie man ihn auch in den besten Hotels Deutschlands nicht bekommt. Aber vielleicht dauert es nicht mehr lange, daß sich die Teebeutel-Barbarei auch unter den Sherpa ausbreitet! Nach dem Tee kuschelt man sich noch ein paar Minuten in den Schlafsack. Dann geht's los: Packen der persönlichen Sachen – die Zelte werden wieder von den Sherpa abgebrochen und verpackt –, Frühstück im Stehen – Camembert ist sehr gefragt –, leichtes Marschgepäck geschultert, leicht natürlich nur, wenn man nicht auf fünf Kameras, Format 6 × 6 cm, besteht – schon hat uns der Weg wieder, und wir das Vergnügen des Wanderns, Schauens.
Für die Küchen-Sherpa, deren Leistung ich täglich bewunderte, ist das alles weniger vergnüglich: Sie müssen sich am Lagerplatz, den die ungeduldigen Renner längst verlassen haben, auch noch um das Frühstück der lahmsten Trödler kümmern – und dann am Lunchplatz bereits wieder zur Stelle sein, um die ersten Renner mit Toast und Spiegeleiern zu empfangen. Wackere Männer sind das, in der Tat.
Herrlicher Weg, schönstes Wetter, im Norden glitzern die Eisriesen des Rolwaling Himal in rund 40 Kilometer Entfernung. Vorbei an Chorten, kleinen Stupas, Gebetsmauern, Gebetsfahnen, die im Wind flattern; an Häusern mit Gebetswimpeln, die man überall sieht, sogar an Tieren. Da erst wird einem die tiefe Gläubigkeit dieser Menschen bewußt. Immer noch ist ihr Lebensrhythmus weitgehend vom Glauben an Buddha, seine Lehre bestimmt, von der Hoffnung geprägt, irgendwann das Nirwana zu erreichen, erlöst von den Leiden des Lebens. Chorten sind eine Art Stupa, in denen meist buddhistische Reliquien aufbewahrt sind. Gebetsmauern sind nicht selten

hundert und mehr Meter lang, an allen Seiten kleine und große Steinplatten mit ausgehauenen Gebetsformeln in tibetischen Schriftzeichen. Jede dieser sogenannten Manimauern ist ein kleines Kunstwerk. Zu beiden Längsseiten führt ein Weg vorbei. Der Gläubige benützt immer den linken Weg, so daß die Gebetsmauer sich stets rechts befindet. Das hat natürlich seinen Sinn: Der Weg linkerhand zielt darauf ab, den Menschen seines Ego – seiner Leidenschaften, Wünsche, Bösartigkeit – zu entledigen, so daß er sich völlig mit dem göttlichen Prinzip identifizieren kann. Ist man auch nur als Gast in diesem Land und nicht Buddhist – an Gebetsmauern wird man ebenfalls den linken Weg benützen, auch wenn da und dort der rechte Weg weniger steinig ist... Ganz gleich verhält es sich mit den oft haushohen Gebetssteinen, auf denen in riesigen gemeißelten Schriftzeichen die segenversprechende Lobpreisung «Om mani padme hûm» – O du Juwel in der Lotosblume – prangt. Die Gebetsformeln auf Fahnen und Wimpeln sind mit selbstgefertigter Farbe aus Ruß und Yakbutter aufgemalt. Meist in den fünf Farben der Elemente: Blau (Himmel), Weiß (Wolken), Grün (Wasser), Gelb (Erde) oder Rot (Feuer). Wenn Sonne die Farben und Texte bleicht, wenn Regen die Schriften auf Fahnen und Steinplatten auswäscht, wenn Wind und Stürme die Fahnen und Wimpel zerfetzen, dann glaubt der Buddhist, daß die Gebete und heiligen Gedanken in der Atmosphäre, im All, im Wasser und in der Erde gegenwärtig sind. In den Häusern wohlhabender Leute, in Klöstern oder auf heiligen Plätzen sind große Gebetsmühlen installiert: riesige Holzzylinder, an eine senkrechte Achse montiert, mit aufgeklebten Gebeten und Hunderten von Gebetsrollen im Innern, mit Wasserkraft über ein Mühlrad angetrieben. Richtige Betmaschinen, die Tag und Nacht in Betrieb sind. Sieht man als nüchterner Europäer diese mechanischen Anlagen, taucht unwillkürlich die Frage auf: Warum wird mit Wasserkraft nicht Stromenergie erzeugt? Natürlich habe ich keinem Sherpa diese Frage gestellt. Sicher hätte er nur gütig gelächelt und gedacht: Du armer Mensch, was ist Stromenergie im Vergleich zu Gebeten. Glückliche Menschen, beneidenswertes Volk!

Wenn uns solcher Kult auch fremd bleiben mag und wir ihren Glauben im tiefsten kaum begreifen, dann sollten wir wenigstens ihr religiöses Denken und Handeln respektieren. Und nicht eine Madonna-Statue auf dem Gipfel der Chomolongma deponieren, wie es die Italiener anläßlich der vierzehnten Everest-Besteigung im Frühjahr 1973 taten. Eine Madonna-Statue hat auf dem höchsten Berg der Erde, in dessen nächster Umgebung Buddhisten leben, genau so wenig zu suchen wie eine Mao-Büste – oder wie eine Buddha-Statue neben dem Gipfelkreuz auf dem Matterhorn. Man sieht, es gibt viele Möglichkeiten, seiner Gedankenlosigkeit Ausdruck zu verleihen.

In jeder Siedlung, überall wo man Menschen antrifft, erfolgt eine meist andächtige Begrüßung; zusammengelegte Hände, senkrecht vor das Gesicht gehalten: «Namaste», «Grüß dich» oder auch «Auf Wiedersehen» (sprich Namastee). Kinder sagen es genau so wie alte Leute. Ob der Passant Nepale ist oder Europäer oder Japaner.

Nach knapp drei Stunden überschreiten wir den zweiten Paß, 2540 Meter hoch, verrückte Hitze, die uns alle schlaucht. Nach einer weiteren Stunde erreichen wir den Lunchplatz. Jeder verdrückt sich an ein schattiges Plätzchen.

Viele haben unterwegs ihren Regen- beziehungsweise Sonnenschirm aufgespannt. Hitze macht doch dir nichts aus, Toni, rede ich mir immer wieder ein; nicht einmal den Sonnenhut brauchst du – du bis halt ein Kerl! Vom Lunchplatz geht's über tausend Höhenmeter hinab in den Talkessel von Sera, einem kleinen Dörfchen. Vor Sera spüre ich quälenden Durst. Am Weg ein munter dahinplätscherndes Bächlein mit glasklarem Wasser, das von den Bergen kommt. Was die Ärzte nur immer über das Wasser reden, denke ich; typisch englisch und amerikanisch. Die Engländer meiden ja auch Frischobst wie die Pest – diese Engländer, verrückt, vor allem haben sie Angst. Ein Wasserl ist das wie in den Alpen, kühl und rein. Hastig und üppig lasse ich's durch die ausgetrocknete Kehle rinnen; wirklich, ein gutes Wasser ist das. Und weg ist der Durst. In Sera frage ich nach dem Platz des nächsten Camps. Sie deuten in die Richtung, wohin der einzige Weg führt. War ja auch eine blödsinnige Frage. Aber solche Fragen sind immer das Zeichen, daß man findet, für heute hätte man eigentlich genug getan. Eine Viertelstunde nach Sera: «Wenn hinter der nächsten Talkrümmung der Lagerplatz nicht kommt, dann mach' ich eine Rast», sage ich laut vor mich hin. Hinter der Krümmung ist kein Lagerplatz. Rast. Hitze. Könntest wenigstens jetzt den Regenschirm aufspannen. Im Schatten des Regenschirms messe ich 27 Grad, obwohl die Sonne schon weit im Westen steht. Weiter. Mit aufgespanntem Schirm. Nach der dritten Talkrümmung endlich der Lagerplatz in einem lichten Föhrenwald. Einige der bereits anwesenden Freunde lachen: Das Tal liegt längst im Schatten, aber ich ziehe mit immer noch aufgespanntem Sonnenschirm ein. Nach sechseinhalb

Gehstunden; insgesamt waren wir heute an die zehn Stunden unterwegs. Die Freunde laufen noch im Hemd herum, während ich mich vor Kälte in den Daunensack verkrieche. Schüttelfrost und Übelkeit befallen mich. Und das nach rund dreißig Bergsteigerjahren, wegen dem bißl Sonne, denke ich, verträgst ja wirklich nichts mehr. Ich empfehle mich, verschwinde ins Zelt. Jerzy Surdels Zeltproblem hat sich inzwischen gelöst, sein Platz ist gefunden. Ich bin allein. Es ist schon dunkel, da streckt Harsh Bahuguna, der indische Major, seinen Kopf ins Zelt herein: «Essen, Toni, du nix essen?» fragt er, der ein wenig Deutsch beherrscht.

«Nein, Harsh, danke...»

Der gute Harsh Bahuguna. Er war der einzige, der merkte, daß ich beim Essen fehlte – bei so vielen Teilnehmern ist es ja auch nicht leicht, sich zu erinnern, wer da eventuell fehlt. Nach dem Essen bringt mir Harsh Tee. Und dabei kennen wir uns nur durch einige ganz kurze Gespräche. In Harshs Gesicht sind gute Augen. Immer, wenn man mit ihm spricht, hat sein Gesicht eine Art Glanz. Harsh ist 32 Jahre alt und gehört zu den besten Bergsteigern Indiens, dessen alpinistische Geschichte ja noch sehr jung ist. Auf mehreren Expeditionen in den nordindischen Himalayabergen war er dabei. Und 1965 war Harsh im Rahmen der erfolgreichen Indischen Everest-Expedition am Südostgrat bis auf 8600 Meter gelangt. Mit der Gipfelmannschaft war er schon überm Sturmlager, da versagte einem seiner Freunde das Sauerstoffgerät. Harsh gab ihm sein eigenes, stieg ab. Dazu gehört Größe.

Als es im Lager ruhig zu werden beginnt, beginnt es in mir unruhig zu werden – eine wahre Leidensnacht.

Wie geht's?
«... gute Reise»

Sera bedeutet im Italienischen Nacht. Bei Sera verbringen wir die zweite Nacht auf dem Weg zum Everest. Nie werde ich in meinem Leben die Nacht bei Sera vergessen. Die Abstände, daß ich wie ein Gehetzter aus dem Zelt flüchten muß, werden immer kürzer. Mehrfaches Erbrechen, entsetzlicher Durchfall. Nach dem zwanzigsten Mal höre ich auf zu zählen. Am Morgen bin ich eine halbe Leiche.

Jeden Morgen fragen die Kameraden einander auf englisch, französisch, italienisch, deutsch: «Wie geht's?» Es gibt welche, denen es ebenfalls nicht gut geht, aber auch sie sagen, daß es ihnen bestens gehe. Einem Menschen, der zum Everest will, darf es einfach nicht schlecht gehen, weil solche Menschen zuweilen meinen, Übermenschen zu sein. Übermenschen sind unverletzlich und bärenstark. Ich aber komme mir vor wie ein Häuflein Elend. Dr. Peter Steele, einer unserer beiden Ärzte, sieht das, braut ein Mittelchen zusammen, sagt, daß ich bestimmt Wasser getrunken hätte. Ich aber schiebe es auf die Hitze des Vortages (was zwar sicherlich auch nicht falsch ist), um so nicht auch noch meine Dummheit in Sachen Wasser bekennen zu müssen. Und weiter: «Du mußt trinken, viel trinken, mindestens drei Liter pro Tag.» Ich trinke. Aber nach wenigen Minuten ist alles wieder aus mir heraus.
«Trink nochmal», sagt Peter. Ich trinke nochmals. Und nochmals ist nach einigen Minuten alles für die Katz. Dann gibt Peter Steele aus England, wo er vorwiegend als Chirurg arbeitet, seine ganze Medizin-Weisheit zum besten: «Gute Reise – gute Scheiße», sagt er in perfektem Deutsch und meint, daß jede Tour oder Reise nur dann gut und schön sei, wenn man auf gut deutsch einen ordentlichen Stuhlgang habe. In den folgenden Wochen, tagtäglich und bei jeder Gelegenheit, ist «Gute Reise...» einer der gängigsten Grüße und Wünsche, die gegenseitig ausgetauscht werden. «Und wenn du je einmal über unsere Reise schreibst», sagt Peter, «dann mußt du ein Kapitel der ‹Guten Reise...› widmen. Klar?»
«Klar, Peter, mach' ich.»
Hier habe ich mein Versprechen eingelöst.
Aber am Morgen bei Sera ist's mir ganz anders zumute. Ich fühle mich außerstande, meinen Rucksack zu tragen. Ich heure einen Privatträger an. Für ihn bedeutet der 12-Kilo-Sack geradezu paradiesische Arbeit: für acht Rupien am Tag (knapp drei Mark) und meine ganze Zwischenverpflegung, die ich nicht einmal sehen kann. Immer wieder muß der Arme warten, bis ich aus den Büschen zurückkomme. Die ganze Misere bekommt ihren gleichbleibenden Rhythmus: Magenkrämpfe – Verschwinden in den nächsten Busch – Erbrechen – Magenkrämpfe.
«Gute Reise...»
Gut eineinhalb Stunden schlängelt sich der Weg zum nächsten Paß hinauf.
Rast auf dem Paß. Ich will einige Notizen ins Tagebuch schreiben – es ist weg. Mit ihm mein Banknotenmäppchen mit Rupien für hundert Dollar. Auch das noch! Bis

ich meinem Träger, der kein Wort irgendeiner Fremdsprache versteht, begreiflich mache, um was es geht und bei welchem Hosenumkehrplatz das Zeug ungefähr liegen müsse, vergeht eine halbe Stunde. Alle Tücken der Welt scheinen mir gewidmet zu sein.

Nach einer Stunde kommt der Mann mit den Fundsachen zurück. Eine Träger-Tagesgage als Finderlohn läßt ihn fast einen Luftsprung machen.

Nach insgesamt fünf Gehstunden erreichen wir Namdu auf 1640 Meter Höhe, unseren dritten Lagerplatz. Zuvor haben wir den Bhote Kosi, einen herrlichen Wildfluß, auf einer wackeligen Hängebrücke überschritten. Die Freunde, denen es gut geht, stürzen sich gleich in die kühlen Fluten. Ich beneide sie.

Im Lager kümmert sich Peter Steele wieder um meinen Zustand. Wieder rührt er mir ein Mittelchen an, und wieder sagt er: «Du mußt trinken, viel trinken.»

«Aber ich kotze das Zeug doch gleich wieder heraus», sage ich halb verzweifelt.

«Macht nix, trinken, immer trinken, viel, jede Stunde.»

Der gute Peter geht mir allmählich auf die Nerven. Alles geht mir auf die Nerven. Meine Gedanken kreisen schon lange nicht mehr um den Mount Everest. Nur eines bewegt mich noch: endlich wieder ein normaler, gesunder Mensch zu werden.

Nach dem Abendessen, das natürlich ohne mich stattfindet, kommt wieder Harsh Bahuguna an mein Zelt, bringt Tee. Ich bin gerührt.

Die folgenden zwei Krankheitstage erlebe ich in einer Art Trance. Die Landschaft zieht an mir vorbei wie ein belangloser Film, der mich nicht interessiert; Begegnungen registriere ich fast nicht mehr.

Ich weiß nur, daß am dritten Tag meiner Misere Norman Dyhrenfurth und die Ärzte überlegten, ob man mich nicht von Jiri, etwas nördlich unserer Route, wo es eine Landepiste für Kleinflugzeuge gibt, nach Kathmandu in Krankenhausbehandlung transportieren lassen solle.

«Wird schon werden», sagte ich, ging weiter.

Und an eine peinliche, urkomische Situation am vierten Lagerplatz, am Sikri Khola, kann ich mich erinnern: Auf der linken Flußseite standen unsere Zelte, auf der rechten einige Häuser, am Ufer einige hundert Neugierige. Gleich nach Ankunft im Lager befielen mich schreckliche Magenkrämpfe. Weit und breit kein Busch, kein Wald, keine Hütte, hinter der ich hätte verschwinden können. In ein paar Riesensätzen hinab zum Fluß, Hinterfront gegen die vielen Gaffer gerichtet, Gelächter, das mich erst auf die

Zuschauer aufmerksam machte. Wie peinlich, zumal die von meinen Leiden nichts wissen konnten.
Erst jetzt, am siebenten Anmarschtag – dem fünften Krankheitstag – beginne ich mich ganz langsam zu erholen, so daß mein Körper wenigstens Flüssigkeit und Nahrung aufnehmen kann.
Meine hier wahrhaftig nur angedeutete Leidensgeschichte sollte wohl zur eindringlichen Warnung für jedermann genügen, deshalb vor allem, und nicht nur wegen des Versprechens an Peter Steele, habe ich sie berichtet.

Sherpa-Kinder
Schlaf im Sitzen

Aber nicht nur ich war und bin ein Leidender. Carlo Mauri und Jon Teigland, einer der beiden Norweger, hatten schon in Kathmandu an einer Magen-Darmgeschichte laboriert. Duane Blume, unser Höhenphysiologe, hatte in einem Kniegelenk eine Infektion. Und schließlich war der Engländer Ned Kelly vom Filmteam von einer Gallenkolik gepeinigt.
Wir hatten und haben unsere Sorgen. Nicht nur wegen der Wehwehchen, die es auf solchen Unternehmungen immer wieder gibt. Auch die Träger machen uns Sorgen. Sie streiken, wollen mehr Geld, bekommen es nicht, laufen fort. Auch das kommt immer wieder auf solchen Unternehmungen vor. Trägerstreiks sind schon von Expeditionen vor fünfzig und sechzig Jahren bekannt. Nur daß mit den Trägern auch einer der Träger-Obmänner, samt der Kasse für eine Woche, verschwindet, das gibt es nur selten, zum Beispiel bei uns. Norman Dyhrenfurth und Jimmy Roberts, sein Stellvertreter und zugleich Chef des Transportwesens, haben ihren Ärger. Wir Teilnehmer haben zu ihnen ein so grenzenloses Vertrauen, daß wir diese Probleme nur gerade zur Kenntnis nehmen.
Ich selbst bin überglücklich, daß ich mich im Stadium der Besserung befinde. Seit heute, dem siebten Anmarschtag, kann ich wieder meinen Rucksack tragen. Plötzlich sehe ich wieder die Landschaft in allen Einzelheiten.
Rhododendron-Sträucher und -Bäume mit teils riesigen Kronen in voller Blüte; von

einem satten Rot unter tiefblauem Himmel, im Grün der Frühlingslandschaft, oft mit Schneebergen im weiten Hintergrund. Man bleibt stehen, schaut, staunt. Dann wieder riesige Gruppen von Kakteen, schlanke, dicke, kleine und bis zu fünf Meter hohe. Dann Bambusstauden, teils an die sechs Meter hoch, die hier auch als Baumaterial Verwendung finden.

Und überall, wo kleine Siedlungen oder auch nur Einzelhäuser sind, tummeln Kinder herum, spielend, lachend, neugierig wie überall in der Welt. Man erinnere sich, daß hier eine Frau auch zwei Ehemänner haben kann. Oft wissen weder Ehepartner noch die Kinder, von wem sie abstammen. Aber das empfindet man nicht als Problem – das ist einfach so.

Mit Waschen und Sauberkeit haben es die Kinder im Sherpaland, in dem wir uns seit gestern bewegen, freilich noch nicht gar so wichtig wie wir Westler, trotz der vielen Bergbäche. Auch Sauberkeit ist relativ. Vor allem die Einschätzung, wie wichtig oder unwichtig Sauberkeit ist. Mit der Schulausbildung sieht es gleichfalls noch ziemlich mager aus. Aber ein Sherpa, will er in seinem Bergland leben, muß vor allem hart arbeiten und tragen können.

Der Besuch unserer Lunch- und Lagerplätze ist für die Kinder stets eine willkommene Abwechslung. Manche kommen mit Lebendware: auf jedem Arm ein Huhn, Frischfleisch für die Expedition. Nach dem Durchmarsch einer großen Expedition ist die Wirtschaft dieses ohnehin kargen Berglandes ziemlich durcheinandergebracht. Die Leute verkaufen so viel wie möglich, haben dann zwar einiges Bargeld, aber oft kaum mehr ein Huhn. Unserer Hauptgruppe eilt stets ein Mann voraus, der aus jedem Haus das letzte Ei herausholt. Denn Eier sind als Frischnahrung gefragt.

Da haben es unsere Träger um einiges problemloser. Nahe dem Lunch- oder Lagerplatz sitzen sie in Grüppchen beisammen, teils ganze Familien mit ihren Verwandten, um eine Kochstelle, die mit wenigen Handgriffen installiert ist: Entweder gibt es Gurr oder Tsampa oder irgendeinen Brei aus Reis. Seit die Kartoffel auch im Sherpaland heimisch ist – erst im 19. Jahrhundert brachte man sie aus Darjeeling –, essen die Sherpa mit Vorliebe Gurr: rohe, geraffelte Kartoffeln, mit Butter und Gewürzen vermischt, in Fladen auf Steinplatten gebacken, eine Art Reibekuchen, plattgedrückter Kartoffelpuffer oder Rösti. Vor dem Siegeszug der Kartoffel aß man vorwiegend Tsampa: Gerstenmehl, mit Milch angerührt; der oft teigartig feste Brei wird roh gegessen. Schon nach wenigen Minuten sind die Mahlzeiten zubereitet.

Mit dem Erreichen des Sherpagebietes Solu sieht man immer weniger Träger der nepalischen Volksgruppen aus den Tieflagen; für sie ist das Klima hier zu rauh. Nur ganz wenige Träger begleiten die Expedition auf dem ganzen Anmarschweg von Lamsangu bis zum Basislager, und das sind dann Sherpa. Auf den typischen Himalaya-Trekkings wird man dagegen fast immer von den gleichen Sherpa begleitet.
Verfolgt man den Tagesablauf der Lastenträger (‹Kuli›, wie sie auch unschön bezeichnet werden), dann plagt einen zuweilen das Gewissen: Neben ihrer 30-Kilo-Last – beim Auswiegen sind die Sherpachefs gern großzügig; über 1–2 Kilo mehr wird nicht geredet! – haben die Ärmsten unter den Armen auch noch ihr eigenes Zeug zu schleppen: Tsampamehl und sonstige Lebensmittel. Das ist zwar nur ein kleines Bündel, aber immerhin. Nach ihrem Abendessen verschwinden sie fast wie Gespenster. In nahe Siedlungen oder auch nur unter einen nahen Baum. Streift man dann nachts mit der Taschenlampe durch die Gegend, was ich leider sehr oft mußte, dann sieht man im Freien, ohne Schlafsack und Zelt, zusammengekauerte Gestalten. Der eine hat Laub auf sich geworfen, der andere schwört offenbar auf Föhrenzweige – man könnte sich gerade so gut auch mit einer weitsprossigen Leiter zudecken –, der dritte steckt in einem ehemaligen Zementsack aus Papier, wieder ein anderer sitzt in Kauerstellung auf seinen Fersen, die ganze Nacht, um auf diese Weise nur die Fußsohlen mit der kalten Erde in Berührung zu bringen.
Natürlich kennen diese Menschen kein anderes, kein äußerlich besseres Leben, noch nicht. Und jedenfalls nicht mehr, als was sie von Expeditionen oder Touristengruppen sehen. Dennoch: Wenn man sie unter ihren schweren Lasten dahinwanken sieht, schwitzend, keuchend, für Pfennige pro Tragstunde, dann kann einen wirklich das Gewissen plagen. Aber vielleicht bin ich ein zu gefühlsbetonter Romantiker, vielleicht, meinetwegen.
Ich habe auf dem Weg durch dieses Land sehr viel über Freiheit nachgedacht. Mein persönlicher Begriff von der Freiheit des Menschen ist auf dem Weg zum Everest erschüttert worden. Nach meinen vielen Reisen durch die Länder Osteuropas und den sowjetischen Teil Mittelasiens sagte ich am Ende meiner Vorträge oft: «Man kann sehr gut ohne Auto leben, auch ohne gute Kleidung und mit nur einfacher Nahrung – aber ohne Freiheit zu leben, das ist hart.»
Freiheit – was ist das ? Schon in Calcutta, auf der Anreise nach Nepal, plagte mich diese bohrende Frage. In Calcutta wie im übrigen Indien sind die Menschen frei.

Aber Tausende von Obdachlosen liegen am Straßenrand und wissen nicht, wie sie den nächsten Tag überleben können. Sie sind frei.
In allen Teilen der Sowjetunion, auch im hintersten Winkel Kirgisiens, haben die Menschen ihr Dach überm Kopf und genügend zu essen. Aber sie sind, nach unseren Maßstäben, nicht frei. Ein Sowjetbürger kann nicht von heute auf morgen in ein andres Land reisen, nicht einmal in seinem eigenen Staat. Aber die Mehrzahl der Inder und Nepali kann das auch nicht, trotz gesetzlicher Freiheit.
Auch Freiheit ist relativ...

Land ohne Rad
Wenn der Mount Everest in Tirol wäre

Im Lager Sete, nach dem siebenten Anmarschtag, gibt es den zweiten Trägerstreik. Aber irgendwie geht's weiter, dem Everest entgegen. Zunächst über den 3540 Meter hohen Lamjura-Paß. Da liegt Schnee. Die meisten Träger haben keine Schuhe, nicht einmal Turnschuhe, müssen barfuß über den Schnee, eineinhalb Stunden lang. Einen dieser Träger frage ich, ob er denn nicht an den Füßen friere. Freundliches, fast lachendes Gesicht, eifriges Kopfnicken – bei uns bedeutet es *Ja,* was hier als klares *Nein* zu verstehen ist. Gibt es tatsächlich einmal wunde Füße, besonders am Sohlenrand, dann wird Baumharz daraufgeschmiert, Medizin und Sohlenflickzeug zugleich.
Nach dem Paß sind wir erst so richtig im Solugebiet, im Land der Sherpa. Vieles ist hier anders als bisher, von den Häusern bis zu den Äckern. Waren es bisher Hunderte, Tausende mühsam angelegter Ackerterrassen – die schmalste, die ich sah, nur fünfzig Zentimeter breit –, so ziehen sich hier richtige Bergäcker die Hänge hinauf, wie man sie auch bei uns in den Alpen sieht. Erweist sich da und dort das Gefälle als zu stark, dann erst bildet eine Mauerstufe den unteren Abschluß; darunter gleich der nächste Hangacker. Sogar Heuernte, wie man sie im übrigen Nepal nicht kennt, gibt es hier. Auch die Sherpahäuser würden gut in die Alpen passen. Schindeldächer, mit Steinen beschwert.
Vom Lamjura-Paß aus sieht man auch das unglaubliche Ab und Auf unseres Weges durchs Bergland. Man muß die Wege-Situation, um sie zu verstehen, einmal auf die

Alpen projizieren: Nehmen wir an, der große Talkessel von Kathmandu liegt im Raum Bludenz-Feldkirch in Vorarlberg. Der Mount Everest ragt etwa in der Gegend des Olperers in den Zillertaler Alpen auf; das entspricht ungefähr den Entfernungsverhältnissen. Über den Arlberg führt die Chinesen-Straße (Sangla-Paß). Landeck hieße in dem Fall Lamsangu, der Inn wäre der Sun Kosi. Der Vergleich gibt ein zutreffendes Bild, denn der Sun Kosi schlängelt sich genau so dem Himalaya-Südrand entlang wie der Inn am Nordrand der Zentralalpen; von Norden münden die vielen Himalayatäler und -flüsse alle in das Tal des Sun Kosi, gleich wie die Täler der Zentralalpen von Süden ins Inntal. Der kürzeste und bequemste Weg zum Everest-Olperer wäre also, hinabzuwandern von Landeck durchs Inntal (Sun-Kosi-Tal) bis Jenbach, um dann durchs Zillertal (Dudh-Kosi-Tal) nach Mayrhofen (Namche Bazar) und schließlich durchs Tuxertal (Khumbutal) zum Olperer (Everest) zu gelangen. Der tatsächliche Wegverlauf zum Everest, wieder auf den Olperer in den Zillertaler Alpen übertragen, sieht allerdings so aus: Von Landeck über den Venetberg ins Pitztal; über ein Joch des Geigenkammes ins Ötztal; über einen Paß der nördlichen Stubaier Alpen ins Stubaital; durchs Nedertal nach Kühtai; Obertal, Sellraintal, Fotschertal, Senderstal, Lizumer Tal, Stubaital, Wipptal und schließlich, die vielen Täler der Tuxer Voralpen durchquerend, ins Zillertal.

Aber das Sun-Kosi-Tal ist eben nicht so breit wie das Inntal, sondern tief, schluchtartig, und das Dudh-Kosi-Tal ist noch viel wilder. Also muß man die vielen Hochtäler queren und stets die dazwischen aufragenden Bergkämme überschreiten. Fahrwege oder Straßen durch diese schluchtartigen Täler zu bauen, dafür gibt es in Nepal kein Geld – noch nicht. In zwanzig Jahren wird man sicherlich bis zum Khumbu-Gletscher mit dem Auto fahren können. Dann wird es wohl Volksaufläufe wie am Pasterzen-Gletscher des Großglockners geben...

Jetzt ist es noch ein Land ohne Rad (wenn man von den Wasserrädern der Gebetsmühlen absieht). Alles wird getragen. Alles. Vom Säugling bis zur Leiche. Steine, Erde, jede Art von Ernte, Wasser, Bauholz, Yakmist, der gesammelt und als Heizmaterial verwendet wird. Buchstäblich alles wird getragen. Und so funktioniert der Handel und auch der Postdienst. In Those zum Beispiel, das wir am fünften Anmarschtag im Tal des Khimti Khola berührten, gibt es Lebensmittelläden, in denen man so ziemlich alles, was man zum Leben braucht, kaufen kann: Mehl, Salz, Eisenwaren, Stoffe, Schuhe. Alles das kommt auf dem Rücken der Menschen nach Those. Die

Wege sind so steil, die Brücken so schmal und wackelig, daß sie weder von Pferden noch Yaks benützt werden können. Natürlich werden in manchen Dörfern Yaks gehalten, zum Beispiel in Namche Bazar (3440 m) oder in Khumjung (3790 m), aber aus dem Tal des Dudh Kosi nach Namche Bazar zu kommen, ist für einen Yak unmöglich, trotz der außergewöhnlichen Trittsicherheit dieser Tiere. Denn auf dem Weg nach Namche Bazar brauchen auch gute Berggeher zuweilen ihre Hände.

Vorbei an einem kleinen Kloster, kommen wir nach Junbesi (2675 m) am gleichnamigen Bach. Junbesi, zauberhafte Landschaft, ein Kloster, ein für das Bergland auffallend großer Stupa, etwa dreißig Häuser zähle ich, mit schätzungsweise 350–400 Einwohnern. Junbesi ist der Hauptort im Solu-Gebiet.

Nur Minuten von Junbesi entfernt ist unser achter Lagerplatz. Am Spätnachmittag kommen ganze Scharen von Kranken. Kleinkinder, Männer, Frauen und Lamas. Peter Steele und der Amerikaner David Peterson, die beiden Ärzte, haben Hochbetrieb: Tabletten werden verteilt, Spritzen verabreicht, Salben aufgetragen.

Nicht weit nördlich von Junbesi sehen wir in einer steil aufragenden Felswand zwei große Höhlen. In jeder ein kleiner Stupa. Jede Höhle werde von einem Einsiedler-Lama bewohnt. Einen, vor dem Stupa kniend, kann ich durch meinen lichtstarken Zeiss-Dialyt deutlich wahrnehmen. Aber wir können nur das Vordergründige wahrnehmen. Was dahinter an Glaubensvorstellungen steht, bleibt uns Fremden aus der abendländischen Welt kaum erfaßbar, auch wenn man einiges über Buddhismus gelesen hat. Die Leute von Junbesi berichten, daß die beiden Lamas in ihren Höhlen lebten, solange sie denken könnten. Nahrungsmittel und Holz zögen sie mit einem Seil zu sich hinauf.

Geliebtes Solu, glückliches Land.

Thaksindhu
«Om mani padme hûm»

Fast immer bin ich allein unterwegs. Auch im Rahmen einer so großen Gruppe, wie wir sie bilden, läßt sich das ohne weiteres bewerkstelligen. Die Möglichkeit, in dieser Landschaft alles nur Erreichbare zu sehen und zu erleben, ist mir einfach zu wertvoll, ich möchte sie nicht hergeben, um plaudernd mit einem der Freunde dahinzuwandern, so gerne ich mich auch mit jedem unterhalte.

Zauberhafter Aufstieg von Junbesi gegen den nächsten Hochpaß. Grüne Wiesen, bereits bestellte Äcker, Wald mit knorrigen Tannen und Föhren, Chorten und Manimauern als fast ständige Begleiter. Erträgliche Temperaturen, 18–22 Grad, mit zunehmender Höhe ein kühles Lüfterl. Krummholzstufen, freie Sicht.

Plötzlich bringt uns der Weg auf einen Aussichtsbuckel: Erster Blick zum Mount Everest. Wir sind begeistert. Sein Gipfelmassiv, an dem die typische Windfeder hängt, hat zwar, in dieser Entfernung, noch etwas Unwirkliches; aber jetzt, wo wir ihn sehen, wird es uns eindringlicher als bisher bewußt, daß wir auf dem Weg zum Everest sind.

Nach etwa vier Stunden der Thaksindhu-Paß (3070 m; auch Taksindu und Tragsindo La). An Schnüren, über die tiefste Einsenkung des Passes gespannt, flattern viele kleine, bunte Gebetsfähnchen im leichten Wind. Man sieht es unumstößlich: Wir sind der Himalaya-Hauptkette ein gutes Stück näher gekommen. Keine 20 Kilometer im Norden der herrlich geformte Fastsiebentausender Numbur (6954 m), im Nordosten die eindrucksvollen Gipfel der Kangtegagruppe, bereits im Khumbugebiet.

Wenige Minuten östlich, unterhalb des Passes, das Kloster Thaksindhu auf einer richtigen Aussichtsterrasse. Neben dem Hauptbau des Klosters ein wimpelgeschmückter Stupa, etwas abseits das Flachgebäude der Klosterschule, in der Kinder zu Lamas herangebildet werden. Direkt vor dem Kloster unser neunter Lagerplatz – der bisher schönste. In meiner Begeisterung renne ich umher, um ja kein Photomotiv zu verpassen. Sechs Filme allein fürs Kloster Thaksindhu mit seinem außergewöhnlich schönen Holzwerk, das sich von den schneeweißen Mauern kontrastreich abhebt.

Als ich zur Rückseite des Klosters komme, meine ich meinen Augen nicht zu trauen: Ein uralter Lama, in seine dunkelrote Kutte gehüllt, sitzt auf einem hölzernen, teppichgepolsterten Lehnstuhl, mit dem Blick gegen die Sonne, in der Rechten eine silberne Gebetstrommel, die er durch leichte Schwingungen sich drehen läßt. Er murmelt Gebete vor sich hin, versunken in seine Meditation, immer wieder ist halblaut das «Om mani padme hûm» zu hören.

Ich, der ihn unbedingt von der Nähe sehen möchte, komme mir ziemlich schäbig und als Störenfried vor, als ich immer weiter auf ihn zu gehe. Er sieht mich wohl, betet weiter, die Gebetstrommel kommt nie zum Stillstand. Zwei Meter vor ihm..., er

widmet mir einen kurzen Blick. Ich frage gestikulierend, ob ich mich setzen dürfe – er lächelt zustimmend, murmelt weiter Gebete.
Eine Stunde lang. Ich rühre mich nicht. Dann darf ich ihn sogar photographieren. In dieser Stunde sehe ich, daß der Lama genau die Gebetstrommel hat, die ich als Erinnerung an Nepal erträumt und in Kathmandu vergeblich gesucht hatte. Dieses Stück daheim haben, denke ich und kann es fast nicht mehr erwarten, daß er zu beten aufhört. Endlich ist es soweit, er spuckt zur Seite, putzt sich mit einem riesigen Tuch die Nase, die Gebetstrommel steht still, alles ist menschlich, weltlich. Der entscheidende Moment, denke ich, reibe rechten Daumen und Zeigefinger gegeneinander. Ich erinnere mich, daß das sogar Georgier und Kirgisen verstanden haben. Auch der buddhistische Lama versteht es, aber winkt gelangweilt ab...
Endlich, nach langem Hin und Her und mit sehr viel Geld, das ausreicht, sich fünf solcher Gebetstrommeln vom besten Silberschmied des Landes anfertigen zu lassen, bekomme ich sie überreicht. Typisch europäisch und keineswegs vorbildlich, ich weiß es, aber vielleicht bin ich nur einmal in meinem Leben in Thaksindhu – und eine so schöne Gebetstrommel, im Innern eine handbedruckte Gebetsrolle, würde ich bestimmt nicht mehr zu Gesicht bekommen (was auch zutraf).
Wenn ich zu Hause bin, sehe ich sie jeden Tag, und immer taucht vor mir die Gestalt des Lama auf, den ich nie in meinem Leben vergessen werde.
Faszinierende Abendstimmung. Kreisende Adler, Berge, die zu brennen scheinen. Überall kleine Feuer der Trägergruppen. Abendessen an langer Tafel im Freien, im Schein einiger Gaslampen. Lachende Stimmen, Gespräche, Freunde, glückliches Leben. Für mich einer der bisher schönsten Abende.

Chang in Namche
Münchner Weißwürste am Dudh Kosi

Der Lagerplatz Thaksindhu ist landschaftlich so faszinierend schön, daß man ihn nur ungern verläßt. Und das zeigt sich auch am Morgen des zehnten Anmarschtages. Die Versammlung am Frühstückstisch will sich einfach nicht auflösen. Bis ich den Rucksack schnappe und zu einigen Sherpa sage: «Gemma, gemma!» – «Gehen wir, gehen wir!» Wie auf Kommando antworten zwei Sherpa zugleich: «Sama ganga» – «Wir sind ja schon gegangen». Das «Gemma, gemma – sama ganga» ist irgendwann von Österreichern unter die Sherpa-Hochträger gebracht worden – und sie verstehen auch ganz genau die Bedeutung dieser Dialektworte.

Die meisten gehen jetzt. Denn gleich nach meinem «Gemma, gemma» stolperte einer gegen den reich beladenen Frühstückstisch, der unter Getöse kippte: Porridge über geplatzten Eiern, Käsestücke in Marmeladebatzen, gezuckerte Wurststückchen. Wir gehen...

Ein wahrer Knieschnacklerabstieg von 1600 Höhenmetern. Zuerst Hochwald, dann fruchtbares Ackerland. Kein Dorf, nur da und dort ein Haus. Sengende Hitze. Mittagsrast an einem Bach, noch vor Erreichen des tiefsten Punktes. Kühles Bad – da wird mir mit einem Schlag bewußt, daß ich mich auch in puncto Sauberkeit dem Land angepaßt habe: erste Waschstunde seit Kathmandu. Und dabei kam ich mir nicht sonderlich dreckig vor. Hier gibt es ja schließlich weder Fabrikschlote noch Autoabgase. Endlich sind wir im Tal des Dudh Kosi: ein rauschender Wildfluß, vergleichbar dem Inn im Engadin. Sein Wasser kommt von den großen Gletschern des Khumbu Himal, vom Cho Oyu und Everest. Obschon jeder bereits zu Hause den ungefähren Wegverlauf studiert hatte, – die Wirklichkeit sieht sehr anders aus! Dem Fluß entlang bis hinauf in die Gletscherregion – die leichteste und natürlichste Sache der Welt, denkt man. Aber der Weg führt eben nur selten am Fluß entlang.

Wieder ein Vergleich mit den Alpen. Nehmen wir an, Interlaken liege am Dudh Kosi, den wir soeben erreicht haben. Namche Bazar wäre dann Stechelberg im hintersten Lauterbrunnental. Den Lütschinenbach entlang wäre das eine gemütliche Tageswanderung, denn von Interlaken bis Stechelberg sind es nur 17 Kilometer Luftlinie. Von der Dudh-Kosi-Hängebrücke bis nach Namche Bazar beträgt die Luftlinie auch genau 17 Kilometer. Aber eben – man muß sich vorstellen: Von Interlaken ginge es erst hinauf zur Schynigen Platte, hinab nach Zweilütschinen, dann auf den Männlichen, hinab nach Lauterbrunnen, hinauf nach Mürren, wieder hinab in den Talgrund, bis man schließlich nach einem 600-Meter-Aufstieg nach Stechelberg, das heißt nach Namche Bazar, das überm Tal thront, gelangt. Auf dieser Route von Interlaken nach Stechelberg, das man sich nur 600 Höhenmeter weiter oben vorstellen muß, würde auch ein guter Geher drei bis vier Tage brauchen. Wie von der Dudh-Kosi-Brücke nach Namche Bazar.

Abb. 27. Hochlager 1 einer Schweizer Expedition im obersten Teil des Khumbu-Eisfalls (ca. 5800 m). Im Hintergrund der Pumo Ri (7145 m) ▷
Abb. 28. Im ‹Tal des Schweigens›, Nährbecken des Khumbu-Gletschers. Links Mount Everest mit Südwestwand, Mitte Lhotse und rechts ein Teil der Nuptse-Nordwand. ▷

Aufwärts. Jubing heißt das nächste Dorf, an den steilen Hang geklebt. Durchs Dorf fließt ein Bächlein. Die Bewohner der untersten Häuser holen in Krügen Trink- oder Kochwasser. Ein paar Minuten weiter waschen die Leute der obersten Häuser am gleichen Bächlein ihre Wäsche. Dieses Wasser zu trinken, wäre für uns der sichere Tod.

Am Bächlein sitzt Michel Vaucher aus Genf, ganz allein, genüßlich eine Zigarette schmauchend. Bei meiner Ankunft sagt Michel, der immer bösartige Witze auf Lager hat: «Siehst du ganz weit da oben diesen roten Punkt – das ist unser Weg!» Natürlich sehe ich den roten Punkt, aber der Michel ist ein unverbesserlicher Bösian. Roter Punkt? Natürlich kann es nur ein roter Rucksack sein. Und rote Rucksäcke haben nur unsere Leute. Alle unsere Leute müssen den gleichen Weg gehen. Auch wir, Michel und ich.

Weg durch ein riesiges Trümmerfeld, Rest eines gewaltigen Bergsturzes. Dann eine steile Felsstufe, über die garantiert kein Tragtier hinaufkommt.

Nächster Lagerplatz beim Dorf Kharikhola (etwa 2100 m). Rund 2000 Meter Abstieg und 600 Meter Aufstieg liegen heute hinter uns. Wir sind bedient. Auch Michel Vaucher, dem in den Westalpen schwierigste Unternehmungen gelungen sind, abenteuerliche Erstbegehungen, im Sommer und Winter, auch allein. Vor genau elf Jahren (1960) gehörte der damals Dreiundzwanzigjährige zu den Erstbesteigern des Dhaulagiri (8167 m). Dann war er viel mit seiner Frau Yvette unterwegs, sogar in der Matterhorn-Nordwand. Yvette ist auch hier dabei. Aber die beiden sind Teilnehmer wie alle andern; wüßte man es nicht, man würde nicht merken, daß sie Ehepartner sind. Ich beneide sie im stillen. Denn so eindrucksvolle, gemeinsame Erlebnisse geben einer Ehe beglückenden Inhalt, machen sie sturmfest.

Kharikhola ist einer unserer unkomfortabelsten Lagerplätze. Wir sind froh, am nächsten Tag weiterzukommen. Gleich am Morgen wüstes Palaver, erregt und laut: Die Träger sind sich wieder einmal über ihre Lasten nicht einig. Jeder stürzt sich auf die handlichste, bequemste. Denn es ist ein Unterschied, ob man eine kleine Kiste mit 30 Kilo oder mehrere große Schachteln zu schleppen hat, auch wenn beide Lasten das gleiche Gewicht haben. Bis hinauf zum nächsten Paß sind es wieder 1000 Höhenmeter: Khari La (3100 m). Wiesen, Äcker, Laubwald, in dem es ständig hinauf und hinunter geht. Rast nach viereinhalb Stunden auf dem Khari La. Aber für die Aussicht vom Khari-Paß wären auch zehn Aufstiegsstunden nicht zuviel. Ganz nahe im

◁ Abb. 29. Aufstieg über die sehr steile und gefährliche Lhotse-Flanke in Richtung Südsattel (7986 m).

Nordwesten ein Dutzend Sechstausender, hinten, am Horizont, der Cho Oyu in 50 Kilometer Entfernung. Kein Wort des Jammers mehr, daß der Weg nicht dem Talgrund folgt.

In einer steingemauerten Hütte wird Chang ausgeschenkt. Einige Freunde halten eifrig mit. Aber ich meide jetzt alles, was ich nicht kenne, denn eine «Gute Reise...» ist unbezahlbar.

Nach einstündigem Abstieg nächster Lagerplatz, Puyan genannt, eine wildromantische Waldlichtung mit einzelnen riesigen, urwaldartigen Bäumen. Am Spätnachmittag kommen die Nachzügler David Peterson und Gary Colliver, die beiden Amerikaner, reichlich lustig infolge des Changgenusses.

Am nächsten Tag zieht es uns nach Luklha, wo Edmund Hillary vor Jahren eine Wiesenpiste für Kleinflugzeuge bauen ließ. Freudige Begrüßung mit dem alten Himalayakämpen Don Whillans aus England und dem Franzosen Pierre Mazeaud, die aus Zeitmangel sich erst hier der Expedition anschließen können. Whillans ist einer der härtesten und rauhesten Gesellen, die ich kenne. Und einer der erfolgreichsten Bergsteiger unserer Zeit. Vor einem Jahr gelang ihm und dem Schotten Dougal Haston, der ebenfalls mit von der Partie ist, die Bezwingung der Annapurna-Südwand. Whillans war ursprünglich von Beruf Bergarbeiter. Aber seit vielen Jahren ist sein Beruf Bergsteiger. Die rauhe Sprache der Bergarbeiter wird er jedoch nie ablegen. Pierre Mazeaud, Doktor und Professor der Rechte, Abgeordneter der Französischen Nationalversammlung*, seit fünfzehn Jahren kennen wir uns; vor zehn Jahren waren wir am gemeinsamen Seil in der winterlichen Matterhorn-Nordwand. Immer wieder trafen wir uns, in Paris, Chamonix, Trento. Alte Freunde sind wir.

Pierre und Don bringen Post. Für mich ist sogar eine große Dose mit Münchner Weißwürsten dabei, dazu eine Tube mit speziellem Weißwurstsenf. Weißwurstkenner sagen, gute Weißwürste dürften das Elfuhrläuten nicht hören; gute Weißwürste müsse man bis 11 Uhr vormittags gegessen haben. Die Weißwurstdose ist aber schon mehrere Tage unterwegs. Gleich beim nächsten Lunchplatz gibt es Weißwürste – wahrscheinlich die ersten Weißwürste, die je im Sherpaland gegessen wurden. Sogar Ang Dawa, meinem Sherpafreund, schmecken sie; jedem, der eine erwischt.

Ab Luklha kommt uns der Weg wie ein Wunder vor: Er verläuft mehr oder weniger

* Im Frühjahr 1973 wurde er zum Minister für Jugend und Sport ernannt.

entlang dem Dudh Kosi; ein breiter, gemütlicher Weg, mit nur geringem Auf und Ab. Wie in irgendeinem hübschen Alpental. Immer wieder bleibe ich an dem Fluß stehen; jede Verblockung und jeden Katarakt mit den Augen eines begeisterten Wildwasserfahrers prüfend.*

Phakding, zwölfter Lagerplatz, direkt am Dudh Kosi, dessen Rauschen mich an alpine Wildwasserausfahrten erinnert.

Überm Lagerplatz ein phantastischer Berg, eine Riesenausgabe der Aiguille Verte: Kongde Ri (6187 m; auf der englischen Karte: Kwangde), nur noch 10 Kilometer von uns entfernt. Mit dem Dunkelwerden entfachen die Sherpa ein großes Feuer. Ich mische mich unter sie, lache mit ihnen, auch wenn ich keine Ahnung habe, warum sie lachen. Aber Sherpa brauchen keinen besonderen Grund, um lustig zu sein. Es genügt schon, daß ein Sahib unter ihnen ist und sich wie sie am Feuer erfreut.

Am elften Tag geht es nur noch zwei Stunden dem Fluß entlang aufwärts. Dann führt der Weg ganz steil bergan, in Richtung Namche Bazar. Auch auf diesem Weg könnten Tragtiere nichts mehr ausrichten, er ist zu steil, zu ausgesetzt. Ab Luklha ist in den kleinen Sherpa-Siedlungen – Ghat, Rimijung, Mondzo, Jorsale – bereits der aufkommende Touristenverkehr zu spüren: Kinder, die zwar brav ihr «Namaste» sagen, aber gleich darauf auch Bakschisch verlangen. (Freunde, die im April 1973 diesen Weg gingen, erzählten, daß es inzwischen noch viel schlimmer geworden sei. Man sollte also auch den Weg zum Everest bald unter die Füße nehmen. Oder warten, bis er nicht mehr ‹in› ist.)

Eine Stunde nach Verlassen des Tales. Auf etwa 3000 Meter eine kleine, waldfreie Schulter mit einer Manimauer, wie wir sie in den letzten Tagen zu Hunderten sahen – freilich nicht mit diesem Ausblick: Everest, Nuptse und Lhotse Shar. Noch in rund 30 Kilometer Entfernung zwar, aber immerhin, wir sehen endlich wieder einmal unser Ziel.

Nach der vierten Marschstunde kommen wir nach Namche Bazar (3440 m; auch: Nauche). Die achtzig bis hundert Häuser, in denen um die fünfhundert Sherpa leben, sind wie in ein riesiges Amphitheater hineingebaut. Aber kein Amphitheater der Erde hat eine so eindrucksvolle, begeisternde Landschaft als Szenerie. In Namche

* Kurz nach der IHE 71 trat eine Gruppe tschechoslowakischer Wildwasserkanuten an mich heran, um Dudh-Kosi-Informationen zu bekommen; im April 1973 ist ihnen die abenteuerliche Erstbefahrung gelungen.

gibt es einen bescheidenen Laden, sogar eine Polizeistation, in der sich jeder Tourist zu melden hat, denn bis zur tibetischen Grenze sind es von hier nur noch drei oder vier Tage. Früher blühte hier der Handel mit Tibet; heute bestehen nur noch bescheidene Schmuggelbeziehungen. Ein Stück dieser Beziehungen findet sich in der Dorfwirtschaft, die aus einem kleinen Raum besteht: in einer Ecke ein zusammengerollter Teppich aus Tibet. Der sei vor einigen Tagen herübergekommen, sagt der Wirt, selbst Tibeter, und schenkt wieder die Becher mit Chang voll. Chang ist eine Art Reisbier, schmeckt wie Most, hat jedoch einen höheren Alkoholgehalt und schaut aus wie gebrochene Milch. Mir schmeckt das Zeug. Und die letzten Stunden waren heiß. Wir trinken Chang, einen Becher auf den anderen. Chang macht lustig, gesprächig, übermütig.
In meinem Übermut fange ich mit dem Wirt über den Teppich zu reden an – unser Verbindungsoffizier hilft dabei –, und einer der Österreicher sagt beim Betrachten des Teppichs: «Da schau her, sogar in Tibet ist der Hitler schon einmal g'wesen – richtige Hakenkreuze sind das.» (Natürlich weiß jeder, daß das Hakenkreuz uraltes Sonnensymbol indogermanischer Völker ist.) Gelächter, Changstimmung. In meiner übermütigen Changstimmung kaufe ich den Teppich. Wenn ich heute darüber gehe, denke ich oft an die schöne Stunde mit Freunden, an den Chang in Namche Bazar.

Nach Tengpoche
Yak und Yeti

Changbeschwingt verlassen wir Namche Bazar, wo eine Anzahl Yaks in unsere Dienste genommen wird. Diese langhaarigen, struppigen Tiere, eine Rinderart und etwa so groß wie ein Esel, nur stämmiger und mit kürzeren Beinen, sind ein Teil des Vermögens der Sherpa. Yaks liefern Milch, sind bei der Ackerarbeit als Zugtiere zu gebrauchen und die besten Tragtiere des Himalaya: mit zwei Lasten (60 kg) gehen sie sicher über weglose Moränen, über Gletscher, durch knietiefen Schnee und reißende Bäche. Mit ihrem Langhaar, meist grauweiß, schauen sie putzig aus, besonders wenn die am Fell festgenähten Gebetswimpel flattern. Das oft große Gehörn gibt ihnen zwar ein recht wildes Aussehen, aber man traut ihnen, wenn sie unter ihrer Last

gemütlich dahinschreiten, nichts Böses zu. Nach dem dreizehnten Lagerplatz – zwischen Khumjung und Tengpoche – werde ich aber gleich eines anderen belehrt.
Ein geradezu paradiesischer Weg, fast eben einem Steilhang entlang, einen Meter breit und ohne Steine, daß man sich ums Gehen nicht zu kümmern braucht, sondern voll und ganz die Landschaft genießen kann. Einer der schönsten Abschnitte des ganzen Weges zum Everest. Kangtega, Amai Dablang und Lhotse Shar beherrschen das Bild, das ich hundertmal schon bewunderte. In Büchern, auf Photos, in Filmen. Jetzt seh' ich's mit eigenen Augen. Kein Bild, kein Film, auch nicht in Cinemascopetechnik, kann diese Landschaft wirklichkeitsnah zeigen. Man muß sie sehen, man muß sie erlebt haben. Versunken in all dieses Glück des Schauens und Erlebens, schrecke ich plötzlich von einem ungewohnten Geräusch auf. Ich drehe mich um, sehe in etwa hundert Meter Entfernung einen Yak daherrennen. Ach was, denke ich, das Viecherl wird, wenn es einen Menschen vor sich sieht, schon stoppen und brav im Schritt weiterlaufen. Aber das offenbar wildgewordene Tier rennt, ohne langsamer zu werden, respektlos auf mich zu, wie wenn ich niemand wäre, macht einen Luftsprung – die Last stürzt krachend zur Erde –, rennt noch schneller, auch ich beginne zu rennen, aber der Abstand zwischen dem Yak und mir wird immer kleiner – ein paar verzweifelte Sätze links den Hang hinauf, ich bin außer Gefahr. Aber der Yak rast weiter des Weges, wo in geringer Entfernung eine kleine Trägerkolonne marschiert. Alle geraten in Aufregung, Geschrei, alle rennen, fliehen links und rechts vom Weg – nur eine Sherpani ist mit ihrer schweren Aluminiumkiste nicht schnell genug: Der Yak erwischt sie, stößt das Mädchen den Hang hinab, die Last macht sich selbständig, stürzt gut hundert Meter in die Tiefe, bleibt an einem Felsblock hängen; das Mädchen, weinend und wimmernd, kann sich nach einigen Metern an Grasbüscheln festkrallen. Panik entlang dem Weg. Bis endlich, nach einem halben Kilometer, das Tier sich ausgetobt hat und zur Ruhe kommt. Die Besitzerin, eine etwa siebzigjährige Sherpafrau, ein Stück hinter dem Yak rennend, ist völlig aufgelöst vor Aufregung.
Die Aluminiumkiste hat die Nummer 13, sie gehört Harsh Bahuguna – heute ist der 13. März. Ich bin zwar nicht übertrieben abergläubisch, aber immerhin: Harsh Bahuguna ist am 13. April 1938 geboren; vier Tage nach seinem 33. Geburtstag ist Harsh tot.
Abstieg in das Tal des Imja. Sein Wasser kommt vor allem vom riesigen Imja-Gletscherbecken am Südfuß des Lhotse Shar und vom Khumbu-Gletscher am Everest.

Vier steingemauerte Häuschen an dem Seitenbach Phunki Drangka. In jedem Häuschen rotiert eine gewaltige Gebetsmühle, betrieben durch Wasserkraft, Tag und Nacht.
Sechshundert-Meter-Aufstieg nach Tengpoche (3867 m), auf weitgehend freistehender Waldkuppe am Nordwestausläufer des Kangtega (6685 m; auch: Kang Taiga). Wie so oft, bin ich wieder allein unterwegs. Die letzten Minuten vor Tengpoche gehe ich ganz langsam, denn ich kenne Tengpoche-Bilder und weiß, daß es ein sehr schöner Platz ist. Man sieht ihn nicht langsam auf sich zukommen, sondern er zeigt sich ganz plötzlich, im Ablauf weniger Augenblicke – ungeheuer. Ich bildete mir immer ein, eine rege und bunte Phantasie zu haben. Und Tengpoche hatte ich mir phantastisch vorgestellt. Aber was Tengpoche wirklich ist, das vermag kein Mensch zu beschreiben.
A. E. Johann, der große Reise- und Romanschriftsteller, Alfred Wollschläger mit richtigem Namen, gab 1960 sein Buch ‹Wo ich die Erde am schönsten fand› heraus. Hätte er Tengpoche besucht, wäre es darin zweifellos beschrieben worden. A. E. Johanns Reisebücher habe ich immer gern gelesen, aber selbst er könnte von diesem Ort nur ein mattes Bild zeichnen, von Tengpoche, das jedenfalls zu meinen ‹schönsten Plätzen dieser Erde› gehört. Im einzigen deutschsprachigen Nepal-Führer erfährt man lediglich: «. . . in Richtung des Mount Everest erreicht man das buddhistische Kloster Tengpoche, malerisch auf einer Wiesenfläche gelegen.» Und dreieinhalb Zeilen über die Aussicht.
Beim Betreten dieses fast unwirklich anmutenden Platzes sage ich halblaut vor mich hin: «Mein Gott, daß ich das hier sehen und erleben darf», aber dann stockt meine Stimme, ich werfe den Rucksack ab, setze mich an den Rand des mittelgroßen Stupa, an dem vier oder fünf Gebetswimpelreihen im leichten Wind flattern. Und schaue. Ein gigantisches Gemälde, bunt, drohend und lieblich zugleich. Eine Komposition aus menschlicher Architektur – steinerner Manifestation durchgeistigter Gottessuche –, Urlandschaft der Erde, Bereich des Überirdischen. Ganz nahe im Süden und Südwesten, fünf bis sechs Kilometer entfernt, die hohen Sechstausender Tramserku (6608 m) und Kangtega (6685 m), mit glitzernden Hängegletschern, gewaltigen Felspfeilern, an denen der Blick zu steigen beginnt, weiterklettert, den roten Faden verliert, wieder von unten anfängt, faszinierend. Im Osten, auch nur zehn Kilometer entfernt, das schlanke, kühngeformte Trapez der Amai Dablang (6856 m) – ‹Mutter-

Medaillon› – mit ihrem riesigen, wie hingeklebten Hängegletscher, der tatsächlich wie ein überdimensionales, silbernes Medaillon aussieht; von Engländern und Amerikanern auf den Tag genau vor zehn Jahren erstmals bestiegen: am 13. März 1961. Im Nordosten der noch 22 Kilometer entfernte Lhotse Shar (8398 m), den Tiroler 1970 eroberten. Und links von ihm, ein Stück nördlicher, in 23 Kilometer Entfernung: der Gipfel des Mount Everest. Eines der gewaltigsten Panoramen unserer Erde. Davor das Kloster mit seinen bunten Farben, seinen Treppen, Goldgiebeln, seinem winkeligen Mauerwerk. Mitten auf dem Platz eine fast rund angelegte Manimauer mit Tausenden Gebetsplatten. Über allem tiefblauer Himmel, einige Wolkensegel. Ringsum Föhren, flechtenbehangene Birken, blühende Rhododendronsträucher. Absolut klare Atmosphäre; man glaubt fast, durchsichtige Eisgrate zu sehen.
Dazu die bewegte Szene auf der spärlichen Wiese: beladene Yaks mit ihren Besitzern; Träger, die froh sind, den Endpunkt des heutigen Marsches erreicht zu haben; dort ein alter Lama, ein paar Holzscheite tragend – alles in harmonischem Ablauf, als wäre es der Ablauf einer großartigen Inszenierung.
Nach einer Stunde des Schauens erst finde ich mich in die Wirklichkeit zurück.
Tengpoche ist ein Wunder.
Und jeder von uns ist glücklich über die Nachricht, die Norman Dyhrenfurth verkündet: daß wir heute und zwei weitere Tage in Tengpoche auf das durch die Trägerstreiks zurückgebliebene Gepäck warten müßten. In Tengpoche ist jeder Wartetag ein Tag der Freude, ein Tag der Schönheit.
Naomi Uemura aus Japan, der die jeweils höchsten Berge aller fünf Kontinente bestiegen hat – vor einem Jahr auch den Mount Everest –, gehört zu den gerissensten Männern unserer Gruppe. Meist lachend, immer die Freundlichkeit selbst, ist der Neunundzwanzigjährige stets auf Entdeckungen aus. Verstohlen zieht er mich zur Seite, macht mir mit ein paar Brocken Englisch verständlich, daß ich mit ihm kommen solle. Naomi und ich besuchen das Oberhaupt des bedeutendsten buddhistischen Klosters von Nepal. Seit der Besetzung Tibets durch die Chinesen hat Tengpoche noch mehr Bedeutung erlangt. Es besteht seit 1915 und wird das ganze Jahr hindurch von 21 Lamas bewohnt. Der ‹Head›-Lama, den Naomi vor einem Jahr kennenlernte, ist 37 Jahre alt, gilt als Reinkarnation, wurde in Lhasa ausgebildet, dann Abt des tibetischen Klosters Rongphu auf der Everest-Nordseite, von wo er vor den Chinesen flüchtete, und fand hier seinen neuen Wirkungskreis.

Der Abt, ungewöhnlich schlank und zart, mit feinen Händen, wie ich sie selten sah, geschorenem Kopf, großen Mandelaugen, die offen in die Welt schauen, auch wenn die sogenannte große Welt weit von ihm entfernt ist. Er führt uns in seine Gemächer, wo ich aus dem Staunen nicht mehr herauskomme: Thangkas, wie ich sie nur im Thangka-Museum von Bhatgaon gesehen habe – eine winzigkleine erhalten wir beim zweiten Besuch als Geschenk –, auf jeder Sitzfläche tibetische Teppiche, drei goldene Buddha-Statuen, 30–50 Zentimeter hoch, teils mit Goldbrokat bekleidet. An einer Wand des zweiten Raumes die Bibliothek mit hochformatigen buddhistischen Gebetbüchern und Werken der buddhistischen Glaubenslehre, für jedes ein eigenes Fach, jedes in Goldbrokat gehüllt. Der Abt spricht ausgezeichnet Englisch, auch einige Worte Deutsch. Erstaunlich, daß ihm sogar die Lehre Rudolf Steiners, des Begründers der Anthroposophie, nicht unbekannt ist. In den beiden Räumen herrscht eine undefinierbare Atmosphäre: klare, kalte Luft, die nach Holz und Papier riecht, in der man Geschichte zu fühlen glaubt; eine Art Verklärtheit liegt über dem Ganzen. Tritt man aus diesen Räumen hinaus ins Freie, hat man das Gefühl, aus einer anderen Welt zu kommen.
Am Tag darauf besuchen Naomi und ich das Hauptgebäude des Klosters. Jeder Lama muß selbst für sich sorgen. Jeder hat seinen eigenen Raum, teilweise dem Hauptbau entlang bungalowartig angelegt, mit Pritsche und Kochstelle. Die Sherpa-Mönche ernähren sich nicht durch Betteln, sondern meist vom mitgebrachten Erbteil. Also kommen vorwiegend Söhne wohlhabender Eltern in den Lamastand.* Freilich wird das Erbteil nicht einfach aufgebraucht, verzehrt, sondern neben der Verwendung für religiöse Aufgaben, geschäftlich genutzt, vermehrt: durch Geldverleih an die Bergbauern zum sehr hohen Zinssatz von 25–30%. Lama beten also nicht nur für das Heil der Welt, sondern müssen – wie die Priester fast aller Religionen – auch einen Sinn für weltliche Geschäfte entwickeln.
Hundert Meter westlich des Klosters befindet sich ein ziemlich frisches Grab, das ich allein besuche; das Grab des Amerikaners John E. Breitenbach aus Jackson im Staate Wyoming, der am 23. März 1963 als Mitglied der großen Amerikanischen Mount Everest Expedition (AMEE) im Khumbu-Eisfall von einstürzenden Eismassen er-

* Die Buddhisten waren früher der Ansicht, Betteln sei ein fruchtbarer Nährboden vieler Tugenden, und die Mönche, die sich auf diese Weise ihr Brot verdienten, litten nicht unter einem Minderwertigkeitsgefühl.

schlagen und verschüttet wurde. Seine Leiche wurde erst am 25. September 1969 von Bergsteigern der ersten japanischen Everest-Expedition gefunden und hier bestattet. Ich nehme immer wieder die Möglichkeit wahr, an Bergsteigergräbern einige Minuten zu verweilen, sei es in Zermatt, Grindelwald, Chamonix, Johnsbach oder hier, um mir stets bewußt zu machen, daß die Leidenschaft für die Berge den höchsten Preis fordern kann, und daß ein jeder von uns zu größter Vorsicht verpflichtet ist, wenn schon nicht des eigenen Lebens wegen, so doch um des Seilkameraden willen. Ich kannte John Breitenbach zwar nicht, nur seine schöne Heimat in den Rockies lernte ich kennen, aber Norman Dyhrenfurth erzählte mir einiges über ihn.

Schon am ersten Tengpoche-Tag gab es Yeti-Gespräche, Diskussionen über den ‹Schneemenschen›. Am Nordhang von P. 5000 im Tramserku-Nordwestkamm, nur etwa 1,5 Kilometer von Tengpoche entfernt, erkannte man eigenartige Spuren im Schnee. Auch ich sah sie durch mein starkes Fernglas. Einige Freunde, unter ihnen Michel Vaucher, gingen auf Yeti-Jagd. Aber sie kamen am Spätnachmittag ohne Schneemensch zurück; irgendwelche Wildspuren seien es gewesen.
Yeti – gibt es ihn? Viele Artikel, sogar Bücher und Filme befaßten sich schon mit dem Yeti, auch wenn er noch nie von einem photographischen Objektiv erwischt wurde. Die Gerüchte um den geheimnisvollen Yeti existierten bereits, als im Himalaya noch keine Bergsteiger-Expedition unterwegs war. In Tibet gibt es für den Yeti drei verschiedene Namen: ‹Kang-mi›, ‹metoh Kangmi› und ‹Mi-Go›. Die indischen Landesvermesser gaben der ganzen Everest-Gruppe den Namen ‹Mahalangur Himal› – ‹Schneeberge der großen Languraffen›. Diese Gebietsbezeichnung findet man auch auf noch neueren Karten.* Da der Yeti ein affenähnliches Tier sein soll und in den Großen Affen-Schneebergen wirklich keine Affen leben können, liegt die Vermutung nahe, daß die Bezeichnung ‹Mahalangur› auf Yeti-Erzählungen der Sherpa oder Tibeter beruht.
Unmöglich, hier auch nur eine Zusammenfassung der Yeti-Forschung zu geben. Fest steht, daß die Sherpa über drei Yeti-Typen sprechen: die ‹Drema› oder ‹Telma› – die Unheilverkünder –, die von Menschen abstammen sollen; die ‹Chuti› – die Vieh-

* Z. B. ‹Mahalangur Himal: Chomolongma–Mount Everest›, 1:25000, aufgenommen von E. Schneider 1955; ‹The Mount Everest Region›, 1:100000, der Royal Geographical Society, London 1961; auch auf dem Blatt ‹Nepal East›, 1:506880, der britischen Militärvermessung, London 1969.

töter –; und schließlich die Menschenräuber, ‹Miti› genannt. Daß man heute kaum eine Spur des Yeti, weder des Chuti noch Miti, sehe, erklären die Sherpa so: «Einst hausten in der Khumbu-Region so viele Miti, daß sie für die Menschen eine lebensgefährliche Plage wurden. Meist saßen sie in Horden auf einem hohen Felsen und schauten den Leuten bei der Feldarbeit zu. Da sie es den Menschen in allem gleichtun wollten, stiegen sie des Nachts herab und mimten, was sie am Tage gesehen hatten. Dabei zerstörten sie alle Felder. Als sie zu diesem Unheil noch Geschmack an Menschenblut fanden und schon einige Sherpa gemordet hatten, gab es für die Khumbu-Leute nur noch einen Gedanken, die Miti völlig auszurotten...»*

Bereits 1921 fanden die Engländer G. H. L. Mallory und C. H. Bullock beim Aufstieg aus dem Kharta-Tal zum Lhakpa La (6766 m), einem Paß im Everest-Nordostgrat-Ausläufer (Tibet), Yeti-Spuren im Schnee. Dreißig Jahre später, 1951, entdeckte der Engländer Eric Shipton auf der Westseite des Menlung La (ca. 5900 m) im Rolwaling Himal ebenfalls Yeti-Spuren, sogar ganz frische, die er photographierte; seine Bilder gingen durch die Weltpresse. Im gleichen Gebiet, nur drei Tage später und an anderer Stelle, stießen auch W. H. Murray und T. D. Bourdillon auf Yeti-Spuren. Die Shiptonschen Yeti-Bilder waren Zündstoff: Zoologen und auch Journalisten wollten über den Yeti endlich Klarheit bekommen. Es wurden Yeti-Expeditionen organisiert; im Frühjahr 1954 war eine britische Gruppe, von der ‹Daily Mail› finanziert, unterwegs. Kurz darauf suchten auch Inder den Yeti. Ergebnis: ein paar bescheidene Spuren-Bilder, einige ungenaue Beobachtungen.

Der Texaner Tom Slick und der Ire Peter Byrne fanden 1957 im Arun-Gebiet sogar Yeti-Abdrucke in der Erde; die ersten Yeti-Spuren außerhalb des Schnees.

Tom Slick, ein großer Mann des Erdöl-Geschäfts, war davon so fasziniert, daß er sich mit einer eigenen, großen Suchexpedition nochmals ins Arun-Gebiet aufmachte. Begleitet u.a. von einem Zoologen, zwei Jägern mit Hunden, einem Photographen und Norman Dyhrenfurth, der einen Yeti-Film ohne Yeti drehte. «Die Beobachtungen dieser Expedition sprechen für die Existenz zweier verschiedener Yeti-Typen: eine Art, die in den Regenwäldern zwischen 2400 und 3600 m Meereshöhe lebt und nur etwa 140 cm groß wird, und eine Art, die zwischen den menschlichen Siedlungen und der Gletscher-Region lebt und 180 bis 240 cm groß wird. Leider gelang es aber auch

* Aus M. Oppitz: Geschichte und Sozialordnung der Sherpa, Forschungsunternehmen Nepal Himalaya, München 1968.

diesem Unternehmen nicht, einwandfreie photographische Dokumente zu liefern», schreibt G. O. Dyhrenfurth in seinem Buch ‹Der Dritte Pol›.

Im Winter 1959/60 gab es eine ‹Japanische Yeti-Expedition› – fast nichts geschieht heute mehr ohne Japaner –, die im Khumbu-Gebiet unterwegs war, aber nicht einmal Spuren sah. Die Britisch-Amerikanische Forschungs-Expedition 1960/61 unter der Gesamtleitung von Sir Edmund Hillary hatte in ihr vielseitiges Programm auch die Suche nach dem Yeti einbezogen. Michael Ward, ein britischer Teilnehmer, der 1951 auch Shipton begleitet hatte, schreibt, «...daß die Suche nach dem Yeti in und um das Rolwaling-Tal erfolgte... Unsere Expedition fand keinen sicheren Beweis für die Existenz des Yeti. Die Gruppe ging ins Solu-Khumbu ... und untersuchte dort die Yeti-Skalps im Kloster Pangpoche und in Khumjung... Der Skalp [von Khumjung] wurde in den Vereinigten Staaten, in Frankreich und in Großbritannien von Experten geprüft, die zur Auffassung gelangten, daß er aus dem Fell einer Ziege hergestellt worden war.»*

Der bayerische Bergsteiger Dietrich von Dobeneck gab mir, nach Rückkehr vom Everest, als wir auf den Yeti zu sprechen kamen, folgenden Bericht:

«Ende 1970 zog eine Gruppe japanischer Wissenschaftler in das Gebiet des Mount Everest, um nach dem Yeti zu forschen. Als ich sie fünf Monate später in Kathmandu wieder traf, waren sie enttäuscht: kein Lebenszeichen, keine Spur des Schneemenschen war ihnen begegnet.

Zur selben Zeit war ich im Westen Nepals unterwegs gewesen, in einer Gegend, die noch kein Europäer betreten hatte. Hoch über dem Marziandi-Tal führt ein Rücken zwischen den Achttausendern Manaslu und Annapurna zum Lamjung Himal bis nahe an die Grenze Tibets. Die obere Dschungelregion beginnt bei 2500 m und reicht bis 4000 m hinauf, dann folgen Almwiesen, bis bei etwa 5000 m die Schneegrenze erreicht ist. Der Lama aus Puranagaon empfahl mir einen ortskundigen Jäger als Begleiter, einen prächtigen Burschen vom Stamm der Gurung, der mit seinem Vorderlader umzugehen verstand. Wir mußten auf der Hut sein, denn im dichten Dschungel gibt es Leoparden und Bären.

Ende Dezember 1970, buntes Laub am Boden, frisches Grün der Farne und Schlingpflanzen. Eine ausgetrocknete Wasserstelle. Und da – eine Fußspur! Wer war hier?

* Berge der Welt, 1962/63, Band 14, S. 85. Pangpoche, 3985 m, nicht zu verwechseln mit Tengpoche!

Kein Mensch! Die Tritte sind fast so breit wie lang, und wo der Mensch einen Hohlfuß hat, ist hier ein Ballen. Mein Jäger faltet die Hände, verbeugt sich tief und sagt ehrfurchtsvoll: Yeti!» (‹Alpinismus› 2/72, S. 24, mit Photo der Yeti-Spur.)
Auch wir begegneten im Khumbutal, wo man täglich einige Touristengruppen, aber ganz gewiß keinen Yeti sieht – denn sie sind offenbar große Liebhaber der Einsamkeit –, einer japanischen Yeti-Expedition; Journalisten und Photographen, die einen guten Auftrag hatten (und sicherlich auch hübsche Ferien!).
Die letzte Yeti-Nachricht erreichte mich im Mai 1973 von meinem japanischen Mitarbeiter Tadaaki Sato. In der Nachmonsunzeit 1972 war er als Leiter einer siebenköpfigen japanischen Bergsteiger-Expedition aus Nagoya im Dhaulagiri-Gebiet tätig. Plötzlich habe ein Sherpa vor seinem Zelt einen richtigen Yeti gesehen. Der Yeti habe mehrere Laute von sich gegeben, die sich wie «Uaah, Uaah» anhörten, und sei dann, ziemlich erschrocken, davongerannt. Der Yeti sei «etwa 36 kg» schwer gewesen und die hinterlassenen Spuren hatten folgende Abmessungen: 30,4 cm lang, 12,7 cm breit. Ein kleiner Yeti also, der auf ‹großem Fuß› lebt.
Fazit der Wissenschaftler des ‹Forschungsunternehmens Nepal-Himalaya› zum Yeti-Thema: «Das wichtigste Ergebnis war: Eine neue Spezies fand man nicht. Alle Yeti-Relikte konnten als Schwindel entlarvt oder auf andere Weise erklärt werden. So stellten sich die berühmten, eiförmigen Yeti-Skalps aus Khumjung, Pangpoche und Namche Bazar mit ihren eigenartig spitzen Scheiteln als zurechtgeformte, sehr alte Serow-Felle heraus. Die aufsehenerregenden Fußspuren las man als deformierte Stapfen von bereits bekannten Tieren, als solche von Bären, Wölfen, Füchsen, Schneeleoparden, Yak, wilden Hunden und Vögeln.»*
Ob es den Yeti gibt oder nicht gibt – eines möchte ich haben: das Geld, das bisher für den Yeti ausgegeben wurde; ich könnte viele herrliche Reisen unternehmen, würde aber ganz bestimmt den Yeti nicht suchen. Denn wenn es den Yeti wirklich gibt, dann ist er das klügste Lebewesen der Erde.
Weil er mit den Menschen noch nicht anbandelte!

Wir müssen weiter, Tengpoche verlassen, dem Everest entgegen. Ich bin ein wenig traurig. Denn einen der schönsten Plätze unserer Erde verläßt man nicht gern. Noch

* Aus dem bereits zitierten Buch von M. Oppitz: Geschichte und Sozialordnung der Sherpa. – ‹Serow› ist die englische Bezeichnung für Serou oder Serau, eine Bergziegenart.

etwas wirkt mit: Unser Sherpafreund Ang Dawa muß wieder zurück an seinen Arbeitsplatz nach Indien. Ang Dawa, der Norman Dyhrenfurth auf fünf Expeditionen begleitet hatte, ist schon lange nicht mehr als Hochträger tätig. Er hat seinen ganzen Arbeitsurlaub dafür benützt, Norman bis nach Tengpoche zu begleiten.
Auf dem Weg nach Tengpoche wurden wir Freunde. Mit Ang Dawa könnte man den Everest forttragen. Jetzt geht er. Servus, Ang Dawa!

Nach Niederschrift dieser Zeilen las ich in dem Buch ‹Mount Everest – Kampf und Sieg› von John Hunt, dem Leiter der erfolgreichen britischen Everest-Expedition von 1953. Es interessierte mich, was er über Tengpoche schrieb. Auch John Hunt war begeistert: «Meine Sinne waren trunken von der phantastischen Umgebung; Tengpoche muß einer der schönsten Plätze der Welt sein.» Als John Hunt nach Tengpoche marschierte, war er Oberst im britischen Generalstab. Männer des Generalstabs müssen in der Regel nüchtern denken, planen.
Aber auch der nüchternste Mensch der Erde wird von Tengpoche begeistert sein.

Pheriche: Montenvers des Himalaya
Lama am Wegesrand

In der Nacht vor dem Aufbruch von Tengpoche gab es einige Zentimeter Neuschnee. Im Zelt herrschten fünf Grad Kälte. Aber mit den ersten Sonnenstrahlen wird alles wieder freundlich, warm, heiter.
Jetzt sind es vorwiegend Sherpani, die unsere Lasten tragen. Junge, in ihrer Art hübsche Mädchen, robust, mit klaren Gesichtszügen. Sie stammen aus den umliegenden Dörfern. Unter langen, schweren Wollröcken – ‹Maxi› würde man bei uns sagen – trippeln ihre Füße sicher dahin. Natürlich nicht mehr barfuß, sondern in ihren selbstgemachten Sherpa-Schuhen; ungegerbte Yakhaut in der Fußpartie, seitlich hochgezogen – wie die Vulkasohlen moderner Bergstiefel –, mit angenähtem Stoffoberteil, rot und grün und hübsch verziert; daran ein stiefelhoher Stoffschaft, schwarz, warm, sehr strapazierfähig. Schon nach wenigen Wegminuten gibt es große Aufregung: gefrorener Boden mit dünner Schneeauflage, eine ausrutschende, stürzende Sherpani,

die jämmerlich zu weinen beginnt, weil die Kartons ihrer Last ziemlich ramponiert aussehen. Die Arme, ich hebe sie mit Hilfe anderer Mädchen auf, tröste sie mit guten bayerischen Worten, deren Ton sie zumindest versteht.
Immer noch spärlicher Föhrenbestand, dazwischen verknorpelte Birken, grünes Buschwerk. Und die Amai Dablang wird immer größer, gewaltiger.
Pangpoche (3985 m), etwa zwanzig Häuser, in denen ein gutes Dutzend Sherpa-Familien lebt; Frauen und Kinder stehen am Weg, vor ihren kleinen Häusern, grüßen, lachen; eine Sherpani stillt gerade ihr Kleines. Volksfeststimmung. Weiter. Manimauern und Chorten noch auf 4000 Meter Höhe.
Bald gabelt sich das Tal. Zusammenfluß des Imja- und des Khumbu-Baches. Diesem folgen wir nach Norden. Weitflächige Talebene, 500 Meter breit, 3 Kilometer lang, spärliche Almwiesen, ein liebliches Bächlein: Pheriche (4243 m), eine Sommersiedlung mit 23 Steinhütten, vielen Mauern; Yaks, Ziegen, Schafe. Vier Tage bleiben wir in Pheriche, um uns noch besser zu akklimatisieren.
Pheriche (sprich: Feridsche) ist für Bergsteigeraugen ein Ort der Herausforderung, ein Platz, auf dem man sofort viele Wochen verbringen möchte.
Gleich nach Ankunft sage ich, daß Pheriche eine verblüffende Ähnlichkeit mit dem berühmten Montenvers im Montblancgebiet hat, wo besonders die Dru-Westwand, eine steingewordene Riesenflamme, das Bild beherrscht. Fast genau gleich ist die Ostwand des Taboche (6542 m), nur höher, gewaltiger, beängstigender. Montenvers liegt auf 1909 Meter Höhe, ist per Bahn zu erreichen und an schönen Tagen ein nervenzermürbender Rummelplatz. Pheriche liegt ein paar Meter höher als der Gipfel der Grandes Jorasses, die man ebenfalls von Montenvers aus sieht.
Immer wieder schaue ich zur Taboche-Ostwand hinauf; ihr Wandfuß ist drei Kilometer von uns entfernt. Da entsteht folgendes Rundgespräch:
Ich: «Solche Sachen wird man in spätestens zwanzig Jahren machen.»
Pierre Mazeaud: «Da liege ich nur noch Tag und Nacht mit meiner Frau im Bett.»
Ich: «Ich vielleicht auch – allerdings in zwanzig Jahren, wer weiß... Aber meine Kinder oder die Generation meiner Kinder werden solche Wände angehen.»
Mazeaud: «Toni, du bist verrückt!»
Dougal Haston: «Diese Wand würde ich schon nächstes Jahr machen!»
Leo Schlömmer: «Sind wir froh, daß wir nicht in solche Wände müssen.»
Pierre Mazeaud stapelt immer gerne tief, denn er wird noch in zwanzig Jahren auf

Berge steigen; immerhin hat er sich nach dem jetzigen Unternehmen den Everest für Herbst 1974 reservieren lassen, und mit 43 Jahren ist Pierre nicht mehr der Jüngste. Dougal Haston dürfte mit seinen Worten der Wirklichkeit am nächsten kommen. Denn in zwanzig Jahren wird man in dieser unglaublichen Taboche-Ostwand bestenfalls noch eine zehnte Begehung oder eine Direttissima-Variante ausführen können. In zwanzig Jahren wird es in Pheriche ganz bestimmt ein Hotel und eine Flugzeug-Landepiste geben. Plätze wie Pheriche wird man vor dem großen Tourismus nicht ewig schützen können, leider. Dann werden die Sherpa aus den nächsten Dörfern als Hoteldiener und bestenfalls als Bergführer arbeiten; die Ausflugsziele von Pheriche sind fast unbegrenzt. Im Umkreis von etwa 12 Kilometer ungezählte Fünftausender, dreiundzwanzig Sechstausender. Von den Sieben- und Achttausendern, die von ganz kleinen Bergsteigergruppen nicht angegangen werden – noch nicht –, ganz zu schweigen.

Taboche, Amai Dablang im Südosten und Lobuche (6145 m) beherrschen das Bild von Pheriche.

Lagerleben. Der arme Peter Steele hat als Medizinmann wieder einmal Hochbetrieb. Er ist zwar praktischer Arzt und Chirurg, aber die Zähne, die er unterwegs den Trägern und Einheimischen gerissen hat, natürlich ohne Betäubung, doch bei trotzdem meist lachenden Gesichtern der Patienten, kann man nicht mehr zählen. Jetzt gerade hat er Mühe, einem Sherpa verständlich zu machen, daß er die Salbe nicht essen, sondern auf die Wunde am Bein streichen müsse.

Am nächsten Morgen messe ich im Zelt vier Grad Kälte, aber in unserer vorzüglichen Ausrüstung empfindet man diese Temperaturen lediglich als kühl. Dreizehn Tage sind wir nun schon unterwegs. Bart- und Kopfwäsche.

Trotz des ständigen Auf und Ab des langen Anmarsches, das für gründliche Akklimatisierung genügt haben sollte, werden immer noch einige von Kopfschmerzen geplagt, besonders Leo Schlömmer, Jerzy Surdel und ich. Sobald man sich nicht aktiv betätigt, bekommt man zu wenig Sauerstoff. Und Kopfschmerzen sind immer die ersten Anzeichen von Sauerstoffmangel. Am Nachmittag unternehme ich an der linken Talseite, am Pokalde-Massiv, einen flotten Spaziergang bis über die 5000-Meter-Grenze hinauf, und alles ist wieder in bester Ordnung.

Am nächsten Tag hören wir unseren Spezialwetterbericht, den der Funker jeden Tag aus Kathmandu bekommt: auf 9000 Meter Höhe eine Windgeschwindigkeit von

100 km/h und –39 °C, brrr. Aber vor einigen Tagen waren es noch 180 km/h und –42 °C.
Heute müssen sich alle auf die Waage stellen. Vier Kilo bin ich leichter geworden (drei Wochen später bereits 10 Kilo). Für Schwergewichtler, die in Europa ihren Speck einfach nicht wegbringen, ist der Everest-Trip die schönste, billigste, gesündeste und auch natürlichste Abmagerungskur.
Besuch am Nachmittag: Neuseeländische Bergsteiger, japanische Yeti-Sucher, die auf den Yak- und Ziegenspuren durch die Gegend wandern; sogar ein deutscher Teilnehmer eines Everest-Trips namens Schwarzhaupt aus Köln mischt sich unter unsere Gruppe, sagt dann abschließend zu mir: «Die Atmosphäre hier ist so nett, daß man am liebsten bleiben möchte» – er sagt es, und unser Haufen ist wirklich in Ordnung. Bis jetzt. Aber bis jetzt waren wir weder körperlichem noch psychischem Streß ausgesetzt. Bis jetzt trägt jeder sein Sonntagsgesicht.
Nur der arme Odd Eliassen aus Norwegen, 26 Jahre alt und von Beruf Zimmermann, ist zuweilen mit einem sauren Gesicht zu sehen: Ihn haben viele Flöhe heimgesucht; jede freie Minute verbringt er mit aufgeregten Flohjagden.
Akklimatisationsaufstieg mit 20-Kilo-Rucksack bis auf 5200 Meter am Pokalde-Grat, einer hinreißenden Aussichtswarte, von der ich mich, trotz der –10 Grad, erst nach zwei Stunden des Schauens und Photographierens trenne. Beruhigendes Gefühl, daß der Körper immer besser die Höhe verträgt. Ganz nahe vier Stück der seltenen Königsschneehühner, groß wie Wildenten; über ihnen einige kreisende Adler.
Nach den Pheriche-Tagen wollen wir endlich dem Everest näherkommen. Aufbruch.
Erst wenige Minuten sind wir unterwegs, da sitzt ein alter Lama in Buddhastellung am Weg, vor sich ein kleines Feuerchen, daneben ein Tuch, auf dem einige Rupien liegen. Immer, wenn sich ihm einer nähert, faltet er die Hände, sagt mit etwas verschmitztem Gesicht «Namaste» und macht gleich anschließend eine unmißverständliche Geste, daß das Heil, für das er bete, was koste. Da ich stets um mein Heil besorgt bin, entrichte auch ich den geistlichen Wegezoll.
Ständig sich änderndes Bild, wilder und eindrucksvoller wird die Landschaft.
Ich stoße auf David Isles, Amerikaner, Doktor und mit seinen 35 Jahren bereits Professor der Mathematik. Immer, wenn man unterwegs einen Freund trifft, sagt man irgendwas. «Einfach großartig, diese Welt hier.»

Abb. 30. Schweizer Bergsteiger auf dem Südsattel (7986 m), dem ‹höchsten Paß der Erde›. Dahinter der Mount Everest mit Südostgrat, über den bisher die meisten Ersteigungen erfolgten. ▷

«Aber nur für Menschen, die die Berge lieben», antwortet David in seiner trockenen und oft weisen Art, in der er sich an den Gesprächen beteiligt. Diese nüchternen Mathematiker, denke ich, diese Welt hier muß doch jeden Menschen begeistern.
Aber wahrscheinlich hat David Isles recht. Und außerdem wird die Gegend von Stunde zu Stunde lebensfeindlicher. Nuptse (7879 m) und Pumo Ri (7145 m) beherrschen jetzt das Bild.
Lobuche (4930 m), am Fuße des gleichnamigen Berges, ist unser nächster Lagerplatz. Zwei Steinhütten, hundert Meter über Montblanc-Höhe gelegen; der Boden trägt nur noch winzige Grasspitzen. Zur riesigen Westmoräne des Khumbu-Gletschers sind es keine zweihundert Meter.
Es ist bereits so kalt, daß fürs Abendessen die Messezelte aufgestellt werden müssen. Für die geschickten Hände der Sherpa ist das eine Sache von wenigen Minuten. Während des Abendessens fängt es zu schneien an. Gleich nach dem Essen räumen wir die großen Zelte, denn die Lastenträger können bei diesem Wetter unmöglich im Freien nächtigen.
Gary Colliver ist für die nächste Nacht mein Zeltgenosse. Gary ist 28 Jahre jung und Amerikaner, lebt in Calgary (Canada), studierte in Deutschland Biologie, so daß wir uns glänzend unterhalten können. Den kleingewachsenen Gary, mit struppigem Schwarzhaar, wallendem Krausbart, horngefaßter Brille und einer riesigen Zahnlücke, sah man ständig flink wie ein Wiesel zupacken, wenn irgendwas los war.
Heute läßt er mich an seiner Lektüre teilhaben. Gary liest ein Buch über Crazy Horse, den großen Häuptling der Sioux-Indianer, der die berühmte Schlacht gegen General Custer gewann. Gary liest vor, jeden Satz in Englisch, dann in Deutsch, im Schein einer Kerze. Die Schlacht spielte sich in den Black Hills in Süd-Dakota ab. Vor knapp einem Jahr kletterte ich an den bizarren Felstürmen der Black Hills; Gary ist begeistert.
«Gary, sag, warum liest du hier ein Buch über einen Indianer-Häuptling?»
«Weil er ein weiser, mutiger Mann war. Und über solche Männer kann man auf jedem Platz der Erde lesen, denn es gibt nicht viele mutige Männer, die auch noch weise sind. Und außerdem: Warum liest du das Buch der Alma Mahler-Werfel, das war doch auch keine Bergsteigerin – oder?»
Dann philosophieren wir über die Frage, ob man als Mensch gefühlsmäßig sofort bestimmen kann, wie es der andere mit einem meint: gut oder böse.

◁ Abb. 31. Letztes Hochlager am Everest-Südostgrat. Oben links der Südgipfel (8760 m), ganz rechts der Hauptgipfel (8848 m).

△ Abb. 32. Luftbild des Mount Everest. Links die Westgrat-Route (... = verdeckt), in der Mitte die Südwestwand mit der bisher begangenen Route und den höchsten drei Camps sowie den Möglichkeiten bis zum Gipfel (–.–.– und ––––). Rechts die Normalroute über Südsattel und Südostgrat.

◁ Abb. 33. Der Japaner Matsuura 1970 auf dem Everest-Gipfel mit Blick gegen das tibetische Hochland im Norden.
◁ Abb. 34. Der Japaner Naomi Uemura verläßt 1970 den Everest-Gipfel. Im Hintergrund das mächtige Massiv des Makalu (8481 m), des fünfthöchsten Berges der Erde.

«Kannst du das?» fragt Gary.
«Glaubst du mir, wenn ich dir sage, daß ich mich in dieser Stunde neben dir sehr wohlfühle, daß es mir gefällt, mit dir zu reden?»
«Ja, klar!» sagt Gary spontan.
«Siehst du, dann kannst auch du es fühlen, wie es der andere mit dir meint.»
Draußen rieselt Schnee übers Zeltdach. Es wird kalt. Aber es ist ein schöner Abend, mit dem kleinen Gary Colliver, den ich mag. Ach so, ja, bald hätt' ich's vergessen: Gary hat viele der schwierigsten Wände Nordamerikas bezwungen, er war auf dem Mount McKinley, war in den Anden. Aber ich würde den Gary auch mögen, wenn er kein Bergsteiger wäre.

Kala Pattar
Als Yaktreiber zum Gorak Shep

Die Küchen-Sherpa kommen mit Tee. Tee regt an. Nach dem Tee halte ich Gary also einen langen Vortrag über gute Pfeifen und guten Tabak. Jede meiner acht Pfeifen, die ich dabei habe, erkläre ich ihm genauestens, erkläre aber auch, daß Expeditionen für einen Pfeifenraucher eine wahre Barbarei seien, weil man nicht mehr Pfeifen mitnehmen könne; daß ganz passionierte Pfeifenraucher behaupteten, erst mit 150 Pfeifen dürfe man sich Pfeifenraucher nennen, und daß ich erst in den Anfängen steckte, weil ich höchstens siebzig Pfeifen besäße – und das hier seien lumpige acht davon.
Dann stopfe ich mir eine Pfeife, rauche sie an – Gary verschwindet. Aber nicht wegen des Rauchs, sondern wegen des Tees, der eben auch sonst anregt. Er wolle sich nach der Expedition eine gute Pfeife kaufen, sagt Gary.
Die Kolonne der Träger und Yaks setzt sich in Bewegung. Wir haben heute genügend Zeit. Bis zum nächsten Lagerplatz am ausgetrockneten See Gorak Shep (5200 m) sind es nur 4,5 Kilometer und 230 Höhenmeter. Ein Spaziergang von höchstens drei Stunden.
Ein gewaltiges Transport-Unternehmen: alles in allem 962 Lasten; 542 sind augenblicklich in Richtung Gorak Shep unterwegs, auf etwa 150 Yaks und gegen 250 Trä-

gern; 210 Lasten liegen noch in Pheriche; der Rest ist bereits oben auf dem Khumbu-Gletscher, wo morgen auf 5400 Meter Höhe das Basislager errichtet werden soll.
Wenige Minuten nach Lobuche verlasse ich die ohnehin nur noch dürftige Wegspur nach links und wende mich, aufsteigend, bald nach Westen, um in das Tal des Changri-Nup-Gletschers zu gelangen. Und den Pumo Ri (7145 m) von Südwesten zu sehen.
An die zwei Stunden sitze ich auf 5450 Meter Höhe, allein, stets den Blick zum Pumo-Ri-Südwestpfeiler gerichtet: Das wäre ein Ziel, denke ich, ähnlich wie die Pik-Lenin-Ostwand vor zwei Jahren im Pamir, wo wir auch nur zu viert unterwegs und unsere eigenen Träger waren.
Und der Pumo-Ri-Südwestpfeiler ist nur 1300 Meter hoch, 700 Meter niedriger als die Lenin-Ostwand. (Einige Wochen später scheiterte hier ein japanischer Versuch; im Herbst 1972 wurde die Südwand von Franzosen bezwungen, nachdem 1962 einer deutsch-schweizerischen Expedition die Erstersteigung über den Nordostgrat geglückt war. Der Südwestpfeiler konnte im Mai 1973 dann doch noch von einer japanischen Expedition bezwungen werden.)
Ich steige wieder ab zum Anmarschweg, der immer noch von Yak-Kolonnen bevölkert ist. Vor jedem Treiber, der auch noch selbst eine Last schleppt, zockeln vier bis acht Yaks über das Moränenfeld dahin. Ein Sherpabauer, Besitzer von sechs Yaks, treibt nicht nur seine Tiere an, sondern betätigt unter seiner 30-Kilo-Last auch noch eine Spindel, um die sich, Lage um Lage, der Wollfaden wickelt. Das sind Männer!
Bald bemerke ich, daß die Männer Mühe haben, die oft störrischen Yaks in Bewegung zu halten. Also nehme ich mir drei der Langhaarigen vor und mache alles den Sherpa nach. Die Kunst des Yaktreibens kann auch ein Europäer schnell erlernen. Zwei Methoden sind gebräuchlich. Die akustische: vier kurze, schrille Pfeiftöne – ein mittelhoher, zwei hohe, ein mittelhoher –, gleich darauf zweimal der Ruf «ohjuu, ohjuu» und wieder die Pfeiftöne. Wenn das nicht zieht, wird optisch gearbeitet: einen Arm schwingend, wie wenn man einen Stein werfen würde, und wenn auch das nichts nützt, dann wird wirklich ein kleiner Stein geworfen. Die Sherpa lachen, haben ihren Spaß, denn meine Yaks sind mindestens so schnell in Bewegung wie ihre.
Im Lager Gorak Shep herrscht bereits Hochbetrieb. Die Landschaft ist niederschmetternd. Ganz nahe die Nuptse-Westwand. Als mein Blick diese erschreckende Wand

hinaufwandert, bildet sich auf den Handflächen Schweiß. Diese Wand wird auch in zwanzig Jahren niemand bezwingen wollen.
Die Sherpa haben sich eng um Feuerstellen gruppiert, backen ihre Gurrfladen. Nach unserem Abendessen drängen sie sich wieder in die großen Messezelte.
Heute ist Leo Schlömmer mein Zeltpartner. Auch Leo kenne ich seit über zehn Jahren. Leo Schlömmer ist 35 Jahre alt, Heeresbergführer, stammt aus der Steiermark. Gespräche über das Sichtbare, Greifbare hinaus kommen einfach nicht in Schwung. Ist es die Höhe? Dafür kann Leo ganz begeistert über sein Mädchen erzählen, eine Blondine, die am Fuße des Dachsteins auf ihn wartet, um endlich zu heiraten.
In aller Frühe, Leo bleibt im Schlafsack, breche ich auf, allein, zum Kala Pattar. Der Kala Pattar ist ein kegelartiger Aufschwung im Ausläufer des Pumo-Ri-Südsporns, schönster Aussichtsberg für den Mount Everest. Mit den Händen in den Hosentaschen kann man den Kala Pattar ersteigen. Eineinhalb Stunden von Gorak Shep. Auf der Khumbu-Himal-Karte ist der Kala Pattar mit 5545 Meter angegeben, aber man kommt in ganz leichter Kletterei auch noch hinauf bis auf etwa 5700 Meter.
Der Kala Pattar bildet für jeden, der nicht als Teilnehmer einer Expedition zum Mount Everest wandert, den Höhepunkt. Nicht ganz 10 Kilometer östlich des Kala Pattar sieht man den Everestgipfel. Endlich bist du da, endlich siehst du ihn, sage ich halblaut vor mich hin. Im Rucksack schleppte ich vier 6 × 6-Kameras, Stativ und verschiedene Objektive herauf. Aber in der ersten halben Stunde vergesse ich ganz das Photographieren.
Unmöglich, die Eindrücke und Gedanken, die mich auf dem Kala Pattar bewegten, zu beschreiben. Denn ich müßte Jahrzehnte beschreiben – die Sehnsucht eines halben Bergsteigerlebens. Erst nach zwei Stunden verlasse ich den Kala Pattar...
Everest-Trekking-Teilnehmer werden nach dem Kala Pattar wieder talwärts gehen, denn der Weiterweg über den Khumbu-Gletscher zum traditionellen Basislagerplatz auf der Khumbu-Gletscher-Krümmung (ca. 5400 m) – vom Kala Pattar aus deutlich zu sehen –, dieser Weiterweg bringt nichts. Man sieht nicht einmal den Everestgipfel, sondern nur die Westschulter (7205 m).
Mit den ersten Anzeichen einer heftigen Erkältung, die ich mir in der Everest-Versunkenheit auf dem Kala Pattar holte, wandere ich allein die letzten zwei Stunden über den meist schuttbedeckten Khumbu-Gletscher hinauf zum Basislager, das bereits im Entstehen ist.

Himalaya-Siege auf dem Rücken der Sherpa
«Wer die Last trägt, weiß, wo sie drückt»

Daß ich diese Zeilen einmal schreiben werde, beschloß ich in der Eiswüste am Fuße des Mount Everest. Dieses Loblied der Bewunderung für die Sherpa, die wahren Helden des Himalaya, die ungezählten tapferen, aufrichtigen, harten und kleinen Männer des Sherpavolkes.

In den letzten beiden Anmarschstunden zum Basislager kamen mir laufend kleine und große Gruppen von Sherpa entgegen. Viele Gesichter waren mir auf dem Weg durchs Sherpaland Solu Khumbu vertraut geworden. Die meisten grüßen mit «Namaste» oder «good-bye» oder «Hallo». Sie haben ihre Arbeit vollbracht, haben, zusammen mit ihren Yaks, an die dreißig Tonnen Material bis auf 5400 Meter geschleppt.

Gewiß, sie haben dafür Geld bekommen, einige Mark pro Tag, Geld, das sie gut brauchen können. Aber wo stünde das Himalaya-Bergsteigen heute ohne sie? Mit Geld allein kann man keine Tausende von Tonnen, die Sherpa in all den Jahren schon schleppten, in Bewegung bringen. Ohne Sherpa wären die Achttausender der Erde vielleicht noch gar nicht bestiegen. Einige bestimmt nicht!

Ich meine hier nicht allein die berühmten Sherpa, die auch bei uns einen Namen haben. Zum Beispiel Tensing Norgay, der 1953 mit Edmund Hillary den Everest eroberte, oder Pasang Dawa Lama, der zweimal den Cho Oyu bestieg, oder die vielen anderen, deren Namen wenigstens in Büchern zu finden sind: Tsering Norbu, Ang Nyima, Gyaltsen Norbu, Pa Norbu, Nyima Dorji, Girmi Dorji, Pemba und Nyima Tensing, Nawang Dorji, Nawang Gombu, Ang Dawa, Da Namgyal, Sonam Gyatso und andere.

Nein, ich meine jene, deren Namen oft nicht einmal der Expeditionsleiter kennt. Diese stillen Burschen, die man meist mit frohen, lachenden Gesichtern sieht, die tragen und tragen und nochmals tragen – zwanzig und dreißig Kilo, bis über 8000 Meter hinauf, betend, wenn sie durch gefährliche Zonen müssen, immer freundlich, immer hilfsbereit. Allein bei der Indischen Everest-Expedition 1965 erreichten 41 Sherpa mit ihren Lasten den Südcol (7986 m), 19 kamen bis ins Sturmlager (8510 m), drei gelangten auf den Gipfel. Mit Japanern stieg Sherpa Chotaley 1970 ebenfalls auf den Gipfel. Im Rahmen unseres Unternehmens brachten 17 Sherpa 55 Lasten in der Südwestwand (!) bis ins Lager 5 (8050 m), sechs bewältigten den

Aufstieg viermal; zwei schleppten Sauerstoff bis ins Lager 6 (8200 m). Auch im Frühjahr 1973 bezwangen Italiener, zusammen mit Sherpa, den Gipfel.
Ich kenne nicht die Zahl jener Sherpa, die für ihre Sahibs gestorben sind, durch Absturz, an Erschöpfung, unter eingestürzten Eistürmen, in Lawinen. Hundert? Zweihundert? Ich weiß es nicht. Helden ohne Namen. Die höchsten Berge der Welt sind buchstäblich auf ihren Schultern erobert worden.
Gerade in den letzten Jahren wurden Stimmen laut und Berichte verbreitet, die den Einsatz der Sherpa kritisieren und fragwürdig zu machen versuchen. Darunter von jenem amerikanischen Philosophie-Professor Woodrow Wilson Sayre, der sein leichtfertiges Everest-Abenteuer nur überstand, weil er – ohne Sherpa-Begleitung – mehr Glück als Verstand hatte. Dieser Mann wagte hinterher zu schreiben, Sherpa seien «...nur ein Hemmschuh für eine Himalaya-Expedition». Im Bericht der ‹Ersten Europäischen Everest-Expedition› von 1972 gibt es ein Kapitel über Sherpa unter dem Titel: ‹Die zweite Garnitur – eine korrupte Gesellschaft›. Und eine Teilnehmerin dieser Expedition, zu meinem tiefen Bedauern auch noch eine Deutsche, schreibt: «Doch kaum haben wir das Hauptlager erreicht, stellt sich ein gewisser Gesinnungswandel ein, der uns vor manche Probleme stellt. Die Zusammenarbeit mit den Sherpa klappt nicht mehr und macht uns das Leben mit ihnen – ungeachtet ihres Fleißes und Könnens – fast zur Hölle... es wird ein Übermaß an Kleidungsstücken von der Expeditionsleitung gefordert: dreifache Himalaya-Schuhe, Daunenbekleidung, Daunenschlafsäcke. Alles muß nagelneu und nur von bester Qualität sein. Die Sherpa verstehen sich bestens auf Materialkunde und legen unsere Acryl-Schlafsäcke mit ablehnenden Blicken einfach zurück.»
Soll die Ausrüstung der Sherpa nicht «nagelneu» und nicht «von bester Qualität» sein? Sollen die Sherpa nicht Triplex-Schuhe tragen, sondern Einfachschuhe, um sich später die Füße amputieren lassen zu müssen wie in den Jahren der ersten Everest-Expeditionen, als man den Triplex noch nicht kannte? Immerhin hatte man von dieser «korrupten Gesellschaft» erwartet, möglichst viele Lasten am Everest so hoch wie möglich zu schleppen. Am höchsten Berg der Erde. Auch ich würde als Sherpa einen Daunen-Schlafsack gegenüber einem Kunstfaser-Schlafsack vorziehen.
Wahrlich, die Chomolongma sieht zu ihren Füßen zuweilen auch «zweite Garnituren» an Material – und Menschen.
Ich erinnere mich an das Zeltgespräch mit Gary Colliver über die Frage, ob man als

Mensch sofort bestimmen kann, wie es der andere mit einem meint. Viele Menschen können das noch. Besonders die Sherpa. Sie verstehen sich nicht nur «bestens auf Materialkunde», sondern erfassen auch sehr schnell die innere Haltung des anderen Menschen – schneller, als die meisten glauben. «Wer die Last trägt, weiß, wo sie drückt», sagt ein nepalisches Sprichwort, das den Sherpa wohlbekannt ist. Und sie wissen immer sehr bald, wo die Last «drückt» – nicht nur auf die Traglast bezogen. Auch sonst.

Ich bewundere sie, denn auf ihrem Rücken sind die meisten Achttausender unserer Erde erobert worden.

Es sind nur diese paar Zeilen geworden... ein ganzes Buch sollte man über sie schreiben.

Everest – nicht für jedermann

Khumbu-Geschichten

Das Basislager gleicht einer arktischen Zeltstadt. Über dreißig Teilnehmer und sechzig Sherpa sind in etwa vierzig Zelten untergebracht. Ein behelfsmäßiges Lazarett, eine große Küche, eine Funkstation, ein höhenphysiologisches Laboratorium und drei Messezelte sind errichtet. Verbindungswege sind mit Steinplatten ausgelegt, auch die zu den verschiedenen Toiletten. Alles auf dem Eis des Khumbu-Gletschers. Zwei Holzstangen, die ein Seil verbindet; an ihm flattern die kleinen Fahnen von zwölf Nationen. An meinem Zelt hängen auch die Wimpel Bayerns und der mit dem Münchner Kindl. An einigen großen Steinen sind die Schriftzeichen für ‹Om mani padme hûm› aufgemalt; da und dort wehen Gebetsfahnen.
Das Donnern herabstürzender Eislawinen am Pumo Ri, Nuptse und an der Everest-Westschulter, begleitet vom Krachen berstenden Gletschereises, zwischendurch Poltern von Steinen, die sich am nahen Felsaufbau des Lingtren lösten, begleitet vom Rauschen des Windes – das ist unsere Lagermusik.
Alles ist härter, ernster. Auch die Heiterkeit unter den Freunden hat nachgelassen. Man ist freundlich, grüßt sich, aber jeder hat seine Problemchen. Ich zum Beispiel leide an der blödsinnigen Kala-Pattar-Erkältung, zu der sich auch noch eine erneute Darmgeschichte gesellte. Schlaf- und Appetitlosigkeit, Kopfschmerzen. Ich scheine zu jenem Typ zu gehören, bei dem sich die Akklimatisierung nur langsam vollzieht. Das ist ärgerlich. Aber ich geniere mich nicht, dies meinen Freunden gegenüber offen zuzugeben. Manche sind in diesem Zustand gereizt, unansprechbar. Mein alter Kamerad Pierre Mazeaud, der ab Luklha eine bedeutend kürzere Anmarsch- und also Akklimatisationszeit hatte und dem es verständlicherweise nicht gut gehen kann, sagt, als ich ihn eines Morgens mit «Wie geht's?» begrüße, gereizt, fast böse: «Warum fragst du – mir geht es immer gut!», geht weiter. Mehr und mehr gehören die Sonntagsgesichter der Vergangenheit an.
Und dennoch gibt es abends im Messezelt immer wieder Heiterkeit, besonders wenn ich wieder einmal meine miserablen Englischkenntnisse, die eigentlich gar keine sind, eingestehen muß. Und Englisch ist hier die offizielle Sprache. Gibt jemand einen Witz zum besten oder wird eine Information durchgegeben, dann werde ich gefragt, ob ich alles verstanden hätte. «Ich habe nur Bahnhof verstanden», sage ich oft. Bald grüßen mich die Engländer, Amerikaner und Japaner nur noch mit «Bahnhof».

Mit den Hunden habe ich's gar nicht. Sonst mag ich Hunde ganz gern, denn Hunde können treu sein. Nur hier, im Sherpaland und auf dem Khumbu-Gletscher, kann ich sie nicht ausstehen, ausgenommen Chomo, den kleinen, putzigen Sherpahund, den Naomi Uemura unterwegs für fünf Rupien gekauft hat. Er gehört zur Expedition, ist unser Maskottchen. Chomo ist brav, bellt nur, wenn man ihm versehentlich auf eine Pfote tritt, hält sich meist bei den Vauchers auf. Beim ersten Ton der Trillerpfeife des Küchen-Sherpa allerdings rennt er wie ein Gejagter: Chomo ist der eifrigste Messezelt-Besucher. Die Vauchers haben Chomo so sehr in ihr Herz geschlossen, daß sie ihn mit nach Genf nehmen wollen. Ich aber habe hier keine Hundeliebe entwickelt: Es gibt hier, auf dem Khumbu-Gletscher, im Lager der Sherpa zwei Hunde, die ich jede Nacht zur Hölle wünsche, denn sie bellen unaufhörlich. Ich zähle die Stunden der Nacht und denke, daß auch der stärkste Sherpahund einmal des Bellens müde werden müsse, aber sie werden es nicht. Mehrmals nehme ich mir entschlossen vor, die Biester am nächsten Tag in eine Gletscherspalte zu werfen. Aber am Tage hört und sieht man sie nicht.
Hunde, die bellen, wenn ich schlafen sollte, mag ich einfach nicht.

Manche Everest-Trekkingleute lassen es sich partout nicht nehmen, bis zum Basislager zu gehen, um einen ‹Hauch von Expedition› mitzubekommen, auch wenn die Expeditionen mit ihren Problemen genug zu tun und nicht sehr viel Zeit für Neugierige haben. Der Spanier Luis Ignazio Domingo, 28 Jahre alt, aus Bilbao im Baskenland, der uns eines Tages besucht, hat jedoch einen triftigen Grund: Als Kundschafter der ersten spanischen Everest-Expedition, die für Frühjahr 1974 den Berg reserviert hat, will er sich ein wenig umsehen. In seinem spanischen Temperament ist der gute Mann – nach seiner Ankunft per Flugzeug in Luklha – in zu kurzer Zeit zum Basislager gerannt, ohne jegliche Akklimatisation. Um dann hier nicht nur kein Temperament mehr zu haben, sondern umzukippen. Wären nicht sofort unsere Ärzte mit Sauerstoff zur Stelle, dann hätte er den Everest ganz bestimmt nie mehr zu Gesicht bekommen. Trotz ständiger Sauerstoffzufuhr ist sein Zustand am nächsten Tag so bedrohlich, daß der königliche Helikopter per Funk in Kathmandu angefordert werden muß. Auf diese Weise kommt es zur ersten Helikopter-Landung auf dem Khumbu-Gletscher – auf 5400 Meter! –, vermutlich der bis dahin höchsten überhaupt.

Khumbu-Eisfall
Manimauer aus Eis

Am Fuße der Everest-Südwestwand liegt das Nährbecken des Khumbu-Gletschers, gesäumt von Lhotse und Nuptse. Am unteren Ende dieses ‹Western Cwm›, wie es die Engländer nennen, ab etwa 6100 Meter Höhe, hat der Gletscherstrom eine 700-Meter-Steilstufe zu überwinden. Nicht zufällig heißt diese Stufe des Gletschers Khumbu-‹Eisfall›. Der ganze Gletscher zerbricht, wird zu einem einzigartigen Eis-Trümmerfeld. Ein wüstes Chaos, wie ich es in diesem Ausmaß noch an keinem Berg gesehen habe. Vielleicht gibt es noch größere und wildere Eisbrüche in den Hochgebirgen der Erde. Aber sicher keinen, der von Expeditionen mittendurch begangen werden muß. Riesige Spalten, kreuz und quer, in heillosem Durcheinander; aufgetürmte Eisbrokken, wackelig, einsturzbereit; gewaltige Eistürme, die man am nächsten Tag nicht mehr sieht; hundert Meter breite und zwanzig Meter hohe Eismauern, überhängend. Durch diese Eiswildnis führt der Weg zum Everest. Jede Expedition, die von Süden zum Everest will, muß durch den Khumbu-Eisfall. Teilnehmer und vor allem Sherpa, die ungezählte Lasten durch diese unberechenbare Gefahrenzone hinaufschleppen müssen. Der Eisfall ist das gefährlichste Teilstück der gesamten Everest-Normalroute. Dafür spricht auch die Zahl der Eisfall-Toten: von den bis Ende 1973 insgesamt 15 Opfern auf der Everest-Nepalseite forderte zehn der Khumbu-Eisfall. Von den anderen fünf Toten starben zwei durch Erschöpfung und einer durch Herzschlag; einer fand den Lawinentod, einer wurde vom Steinschlag getroffen; alle fünf starben unterhalb der 8000-Meter-Grenze.

Der Eisfall wurde 1951 erstmals von Teilnehmern der Shipton-Kundfahrt, unter ihnen Edmund Hillary, bis kurz unters Westbecken durchstiegen. Ende April 1952 betrat der Genfer Jean-Jacques Asper, nach vollständiger Bezwingung des Eisfalls, als erster Mensch das Khumbu-Westbecken.

Der Eisfall sieht jedes Jahr anders aus. Rund eine Woche braucht man, um die Route zu finden und für den Lastentransport zu präparieren. Wir brauchen fast zwei Wochen. Norman Dyhrenfurth sagt, daß er ihn so noch nie gesehen habe. Mein erster Eisfall-Arbeitstag beeindruckt mich unerhört. Ständiges Bersten und Krachen, fragwürdige Firnbrücken über Spalten; ganze Zonen, die plötzlich einige Zentimeter in sich zusammensacken. Wenn es da keinen Toten gibt, denke ich, dann...

Zweiter Eisfall-Besuch: Mit einer 20-Kilo-Last hinauf ins Materialdepot auf etwa 5800 Meter. Schaut schon besser aus – man kann sich auch an diese Wildnis gewöhnen.
Dritter Eisfall-Besuch: Materialtransport bis zum Hochlager 1 (etwa 6100 m), bereits überm Bruch. Begleitet vom vielleicht ältesten aller Sherpa unserer Mannschaft. Am Beginn des Eisfalls, wo ich ihn anseile, möchte ich endlich seinen Namen wissen. Aber er begreift es einfach nicht, was ich will, denn er beherrscht nicht einmal meinen englischen Wortschatz: yes, no und okay. Schließlich verbindet uns das Seil, und da möchte ich immerhin gerne wissen, wie mein Seilgefährte heißt. Doch die Verständigung klappt nicht. Er schaut wild aus, hat ein Gebiß wie ein Yak, aber gute Augen. Wild wie ein Wurzelsepp, denke ich und sage: «Du – Sepp!» Er lacht. Wir gehen. Sepp murmelt unaufhörlich Gebete vor sich hin. Wenn er nicht hustet. Nein, anders: In den kurzen Pausen des Hustens murmelt er Gebete. Sepp hustet, wie ich noch nie einen Menschen husten sah. Immer wieder erzeugt sein Husten Brechreiz. Sepp muß sich oft erbrechen. Er tut mir leid.
Oberhalb des Materialdepots verschlägt es mir den Atem: eine 60–70 Meter hohe Eismauer, mindestens 5–7 Meter gegen den Abgrund hin geneigt; an ihrem Fuß führt die Route entlang, um sie links zu umgehen. Verrückt! Wir gehen schnell. Sepps Gebete sind jetzt kein Murmeln mehr, sondern laut, schnell. Ich bewundere ihn, denn ich habe bei diesem Steigtempo genug mit dem Schnaufen zu tun. Alle Sherpa beten hier laut und schnell. Deshalb nennen wir diese Wand im Eisfall ‹Manimauer› – die gefährlichste Gebetsmauer in der buddhistischen Welt.
Einen Tag später erfahre ich, daß Sepp eine schwere Lungenentzündung hat.
Vierter Eisfall-Besuch: Start zum Berg. Eine Sherpagruppe sitzt beim ersten Licht im Kreis um eine Pfanne mit Rauchwerk von einer Art Tannenreisig, sozusagen ihrem Weihrauch, vor Kälte schlotternd, laut betend. Dann stehen sie auf, nehmen ihre 25-Kilo-Lasten, gehen, immer betend. Ich schaue ihnen nach – da, ein ohrenbetäubendes Donnern und Krachen erfüllt das ganze Tal, die Sherpagruppe bleibt erstarrt stehen: Eine riesige Eislawine stürzt von der Everest-Westschulter herab gegen den nördlichen Teil des Khumbu-Eisfalls, wo teilweise auch die Route verläuft.
Wenn dort gerade Menschen wären... nein, man darf solche Gedanken nicht aufkommen lassen.
Die Sherpa gehen weiter.

Dann gehen auch wir: Jon Teigland, Jerzy Surdel und ich. Schon ist einem jede Spalte vertraut, die eine inzwischen schmäler, die andere breiter geworden.
Rast im Materialdepot. Sherpa kommen von Lager 1 herab, rasten mit uns. Wir fragen, ob die Route noch in Ordnung ist.
«Alles okay», sagen sie.
Wir steigen weiter.
Die Manimauer! Ein ganz frischer Ausbruch, überall grünschimmernde Bruchblöcke. (In Lager 1 erzählt Leo Schlömmer, der eine knappe Stunde vor uns aufgestiegen war, daß der Ausbruch direkt vor ihm erfolgt sei: «Zwei Minuten schneller, dann tät' ich jetzt unterm Eis liegen», sagt Leo.)
Zuletzt eine etwa zwanzig Meter hohe Eiswand, senkrecht. Eine Strickleiter, an der ich als Seilerster hinaufturne.
Kaum oben auf dem sicheren Plateau, in der Linken das Seil haltend, beginne ich, erlöst, mit der Rechten vor meinem Gesicht ein Kreuz zu ziehen – beim Ansetzen der Querlinie ein dumpfer Knall... ich meine, das Plateau versinke unter meinen Füßen...
Weltuntergang – Hölle...
«Kann ich kommen?» schreit Teigland.
Alles war nur Teil eines Augenblicks. Ruhe.
«Ja, komm!» rufe ich.
Jon Teigland kommt. Ich erzähle ihm die Geschichte mit dem Kreuz.
«Das hat nichts mit dem Kreuz zu tun, ich glaube nicht an Gott», sagt Jon.
Dann kommt Jerzy Surdel.
Wir gehen weiter.

Tal des Schweigens
Erfüllter Jugendtraum

Das Nährbecken des Khumbu-Gletschers – Westbecken – ist ein Gletschertal: etwa 4,5 Kilometer lang, bis zu 1000 Meter breit, von 6000 Meter bis 6700 Meter ansteigend. Vielleicht das höchste ausgeprägte Tal der Erde. Den Talschluß bildet der

Lhotse (8511 m) im Osten, am Südrand ragt der Nuptse (7879 m) auf, am Nordrand der Mount Everest.

Jeder Mensch, der bisher dieses oberste Khumbu-Gletschertal betreten hat, erreichte es durch das Chaos des Eisfalls. Wenn man den Eisfall hinter sich hat und plötzlich in diese ruhige Gegend kommt, wo nur ab und zu eine Lawine zu hören ist, dann empfindet man es als einen Ort der Stille.

Die ersten Schweizer, die das Tal betraten, nannten es ‹Tal des Schweigens›. Einen treffenderen Namen gibt es nicht. Der Weg durchs Tal des Schweigens ist, von den Schwierigkeiten her, vollkommen problemlos. Außer einigen Spalten, über die Holzbalken und Aluminiumbrücken gelegt sind. Und bis auf die Nuptse-Passage. Gleich am Anfang, an der schmalsten Stelle des Tales, ist ziemliches Gefälle: Riesige Spalten, zu breit für künstliche Brücken, sperren den Aufstieg. Die Route führt direkt am Fuß der 1700 Meter hohen Nuptse-Nordwand vorbei. Die Wand ist sehr steil, aus Fels und Eis. In der Nuptse-Passage muß man schnell gehen. Hier sind die Gebete der Sherpa auch wieder laut. Denn die Chomolongma ist hier in greifbarer Nähe.

Nach der Nuptse-Passage kann man wieder gefahrlos dahinspazieren. Bei schönem Wetter, guter Sicht.

Alle Expeditionen, die durch das Tal des Schweigens auf den Everest wollen, errichten an seinem Eingang, kurz nach dem Eisfall, ihr Lager 1 (ca. 6100 m), im Talschluß oben Lager 2 (ca. 6600 m). Für alle Expeditionen ist dieses Camp 2 zugleich das ‹Vorgeschobene Basislager›. Erst von ihm aus beginnen die eigentlichen Unternehmungen am Berg.

Es gilt, alles notwendige Material ins Vorgeschobene Basislager zu schaffen. Das ist in dieser Höhe bereits eine üble Schinderei. Also schleppen wir mit den Sherpa Material nach oben. Die Sherpa tragen 25 Kilo, mir reichen schon 15.

Sonnenschein, gleißender Everest, erfüllter Jugendtraum. Ich nehme das alles ganz bewußt auf, denn ich weiß es: Nie mehr in meinem Leben werde ich hier sein können.

In großen Abständen zuckeln wir wieder hinunter nach Lager 1. Bedeckter Himmel jetzt, Wind, in Bodennähe leichtes Schneetreiben. Schon hat man Mühe, die Trasse nicht zu verlieren. Da werde ich in meinem gemütlichen Abstiegstrott förmlich elektrisiert: Bei Sturm und Nebel findet sich hier keiner mehr zurecht! Oben, im Lager 2, reden sie schon nur noch vom Berg, vom Gipfel, während auf der fast 6 Kilometer

langen Route durch das Tal des Schweigens noch keine Markierung existiert. Die Sherpa sind ja so gut, die werden da schon irgendwie zurechtkommen!
Ich erkläre mich selbst zum Markierungsmann vom Dienst. Drei Tage lang schleppe ich zwei Meter lange Markierungsstangen, montiere rote Fähnchen daran, ramme alle 80 bis 100 Meter eine ins Eis. Freunde, die bei Sonnenschein vorbeimarschieren, sagen, daß diese Abstände viel zu kurz seien, schmunzeln – auf diesem gefahrlosen Gletscher!
Nebel und Sturm machen dann das Tal des Schweigens zu einer weißen Hölle. Aber nie ist ein Sherpa von der Route abgekommen. Das macht mich stolz auf meine Tage im Tal des Schweigens.

Dann kam die Katastrophe mit Harsh Bahuguna.*

Das Mädchen Ang Sona
«Grüß dich, Erde ...»

Nach dem Tod von Harsh Bahuguna gibt es für mich nur den Weg nach Hause. Auch wenn ich mich über ein Jahr auf den Everest gefreut habe. Und trotz den mancherlei persönlichen, beruflichen und sonstigen Opfern. Auch mit dem Wissen, nie mehr in die Everest-Hochregionen zu kommen. Es ist nur eine Frage der Einstellung – ich hatte sie im abgelaufenen Jahr nach allen Seiten erwogen:
‹Gut, Toni, du hast das Glück, diese Expedition zum Everest mitzumachen. Gipfel? Der kommt für dich nicht in Frage. Für den Gipfel sind die ganz jungen Freunde da. Niemals wirst du auf den Gipfel kommen. Mach sie mit, diese Expedition, um auch das zu kennen, aber denk nie an den Gipfel. Verdammt, du wirst der einzige deutsche Teilnehmer sein – egal, niemand sagt, daß du am Everest für Deutschland klettern mußt. Geh mit, hilf mit, aber laß den Gipfel in Ruhe, laß ihn den anderen. Oder? – Na ja, alle zehn Jahre kommt es vielleicht mal vor, daß alle hundert Faktoren, von denen ein Erfolg auf dem Weg zum Gipfel abhängt, glücklich zusammenwirken, dann

* Siehe Seite 62f.

kannst ja... nein, diese hundert Faktoren werden nicht ausgerechnet bei unserer Expedition zusammenwirken... laß die dummen Gedanken... sei froh, wenn du endlich deinen Jugendtraum, den Everest zu sehen, erfüllen kannst.›
Mit einer solchen Einstellung kann man auch am Everest als Bergsteiger tun, was man von innen her tun oder lassen muß. Andere gibt es, die sich schon zu Hause die fixe Idee einreden, als erster Österreicher, Franzose, Italiener oder Schotte auf dem Gipfel des Everest zu stehen – oder als erste Frau.
Das Verlassen der Expedition berührt mich zwar, aber es bedeutet für mich kein psychologisches Problem.
Leichtes Schneetreiben. 22 Grad unter Null, Nebel, ein Viertelmeter Neuschnee, aus allen Richtungen hört man abgehende Lawinen. Abschied von den Sherpa und Kameraden, die sich gerade im Basislager befinden. Wir gehen: Das Sherpamädchen Ang Sona, neunzehn Jahre alt, aus Khumjung, und ihr Bruder Gyaltsen, ein kleiner, schmächtiger, aber unerhört flinker und zäher Mann von vielleicht fünfundzwanzig Jahren, der als Postläufer für die Expedition arbeitet. Ständig pendelt er zwischen Luklha, wo Kleinflugzeuge landen können, und dem Basislager. Von Luklha bis ins Basislager – etwa 60–65 Wegkilometer mit insgesamt rund 5000 Höhenmeter Aufstieg (zwischendurch gibt es ja immer wieder auch Abstiege) – braucht eine Großexpedition sechs bis sieben Tage. Der Postläufer Gyaltsen schafft diese Strecke in drei oder vier Tagen, je nach dem mitgeschleppten Gewicht. Bereits siebenmal hat Gyaltsen diesen Weg allein während unserer Expedition bewältigt. Aber Gyaltsens Heimatdorf Khumjung liegt auf fast 4000 Meter Höhe, ein Akklimatisationsproblem kennt er bis in Basislagerhöhe – 5400 Meter – nicht.
Der Khumbu-Gletscher ist bei Neuschnee-Auflage trügerisch, gefährlich. Ang Sona, im langen Rock und nur mit Turnschuhen ausgerüstet, stapft mutig hinter mir durch den Schnee. Ich habe nur die leichten Einfachschuhe an – die Triplex wie auch sonstige Spezialausrüstung überließ ich der Expedition – und friere bereits erbärmlich an den Füßen. Einmal höre ich von Ang Sona plötzlich einen Angstschrei – sie stürzt über eine kleine Stufe, fängt zu wimmern an, ich helfe ihr, stütze sie auf den nächsten Metern. Gyaltsen, der die Route wie kein anderer kennt, hat oft Mühe, sich in dieser gespenstischen Khumbu-Waschküche zurechtzufinden. Einmal kommen wir von der Haupttrasse ab – Ang Sona sieht nicht, daß die kleine, ebene Fläche ein zugefrorener Gletschertümpel ist, tritt auf die Fläche, bricht ein, steht bis zu den Knien im eisigen

Südgipfel
Westgrat
Höchster Punkt der IHE
C 6
C 5
Südcol
Unglück
C 4
C 3
Khumbugletscher

Abb. 36. Japanisches Hochlager 3 in der Everest-Südwestwand (1970). Zum Aufbau der Zelte waren spezielle Rohrkonstruktionen notwendig.

karrimor

karrimor

◁◁ Abb. 37. Hochlager 4 in der Everest-Südwestwand in der Vormonsunzeit 1972. Unten der Khumbu-Gletscher im ‹Tal des Schweigens›.
◁◁ Abb. 38. Everest-Südwestwand, Hochlager 4 der britischen Expedition in der Nachmonsunzeit 1972; Schneestürme brachten das Unternehmen zum Scheitern.
◁ Abb. 39. Kletterei auf dem Genfersporn zum Südsattel. Fast jeder Meter muß hier mit Fixseilen abgesichert werden. Im Hintergrund der Everest-Gipfel.

Wenig später ein zweiter Mann. Auch er ist mit allem vertraut, trinkt Chang aus einem hölzernen Krug, macht da und dort ein paar Handgriffe, geht. Der dritte Mann kommt nur herein, grüßt, schaut, wer alles da ist, spricht ein paar Worte mit Gyaltsen, einige mit der Frau, lacht, geht. Nach fast zwei Stunden, es ist schon dunkel geworden, weiß ich immer noch nicht, welches der Hausherr ist und wieviele Hausherren es hier überhaupt gibt. Einen, zwei oder gar drei? Zwei Kerzen und das Feuer erhellen den Raum. Die Frau hat einen riesigen Kessel, der mindestens fünfzehn Liter faßt, übers Feuer gehängt. Wasser beginnt zu dampfen, zu kochen. Sie rührt Reis hinein. Das inzwischen im hintersten Eck deponierte Baby beginnt zu schreien, die Frau hört auf zu rühren, holt das Baby, legt es an die Brust, stillt es, rührt weiter.
Dann kommen vier junge Männer, so zwischen achtzehn und fünfundzwanzig Jahren, keine Sherpa, das sehe auch ich, sondern vom Stamme der Sunwar oder Tamang, barfuß, ganz leicht bekleidet. Sie grüßen, legen ihre kleinen Bündel ab, setzen sich an die Feuerstelle, wo es dampft und brodelt und wo immer noch die stillende Frau sitzt. Ein romantisches Bild.
Hundegebell in der Ferne. Gedämpfte Unterhaltung zwischen den sieben Menschen, die sich nur flüchtig kennen.
Jetzt ist der suppenartige Reisbrei fertig. Jeder holt vom Regal eine Blechschale, ein Mittelding zwischen Topf und Teller, die Frau schöpft aus. Dann geht's los: Jeder sitzt in Buddhahaltung vor dem Feuer, hält mit beiden Händen die heiße Schale am Rand, Ellenbogen auf die Knie gestützt, lautstarkes Schlürfen und Blasen und Schmatzen, als ginge es um die Wette. Wenn jeder seine Portion – mehr als ein Suppenteller faßt – vertilgt, denke ich, dann haben die einen gesegneten Appetit.
Ich weiß zwar, daß Schlürfen in manchen Ländern zur guten Sitte gehört, aber daß ein Mensch so herzhaft schlürfen und schmatzen kann, übersteigt alle meine Vorstellungen. Keine fünf Minuten sind verstrichen, schon werden alle Schalen wieder gefüllt. Und wieder beginnt der rhythmische Ablauf des Schlürfens und Schmatzens.
Die Leute gefallen mir.
Ang Sona und die Hausherrin kommen bereits ins Schwitzen.
Nach weiteren knappen zehn Minuten – ich traue meinen Augen nicht – fassen alle die dritte Portion. Hier können die Leute wenigstens noch richtig essen! Aber das Schlürfen ist ruhiger geworden, wirkt auf mich einschläfernd.

Doch ich will nicht schlafen, denn eine Nacht in Luklha erlebe ich vielleicht nur einmal.
Ang Sona und die Frau haben mit der dritten Schale offenbar genug, schlecken sie aus, fertig. Aber Gyaltsen und die vier jungen Männer, auch sie schwitzen bereits, schöpfen den vierten Gang. Meine Augen werden größer, um es genau zu sehen: Wirklich, jeder hat seine Schale gestrichen voll. Mein Staunen wird zur Bewunderung.
Die Frau gießt in den Kessel ein wenig Wasser hinzu, denn der verbliebene Brei scheint zu dick geworden zu sein, rührt, unterhält sich mit Ang Sona, ab und zu auch mit den Schlürfenden. Dann schleckt der kleine Gyaltsen seine Schale aus. Aber die vier Männer lassen sich den fünften Schlag geben. Das sind Männer! Oder essen die in der Woche nur einmal?
Das werde ich meinen Kindern erzählen, wenn sie nicht essen wollen!
Fast enttäuscht sehe ich dann, daß auch die vier Männer ihre Schalen ausschlecken, sie haben wirklich schon genug.
Schleppende Unterhaltung.
Natürlich, kein Mensch kann sich nach einer solchen Mahlzeit angeregt unterhalten. Aber es ist nur die Ruhe vor dem Sturm. Schon sind die ersten Aufstoßer zu hören, anfangs nur von der Frau und Ang Sona, dann auch von Gyaltsen und den vier Männern, ein wahrer Wettbewerb im Rülpsen ist das. Ich weiß, daß Rülpsen, wie das Schlürfen und Schmatzen, in manchen Ländern zur guten Tischsitte gehört, aber daß man so ursprünglich und deftig und in allen Tönen rülpsen kann...
Unwillkürlich muß ich an meinen Bergfreund Max denken. Mein Freund Max ist Doktor und Professor der Theologie. Wenn einem in Maxens Beisein nach einer guten Brotzeit mal ein bescheidener Aufstoßer kommt, dann ist das immer eine Katastrophe, weil er weder Schlürfen noch Schmatzen verträgt, ganz besonders Rülpsen nicht. Für den guten Max wäre die Nacht in Luklha zweifellos ein Weltuntergang – er müßte im Freien biwakieren.
Nach einer halben Stunde etwa sind nur noch vereinzelte Magenstimmen zu hören. Die Leute sind müde.
In der Feuerstelle glimmt nur noch Glut. Die Frau kuschelt sich in der einen Ecke zu ihrem Kind. Die anderen zaubern irgendwo Decken hervor, jeder eine, legen sich auf den Boden. Es beginnt ruhig zu werden.
Erst jetzt höre ich die Männerstimmen vor dem Haus. Sie spielen mit Würfeln, das

Schütteln und Fallen ist deutlich zu hören, dazwischen Lachen, Klimpern irgendwelcher Gefäße, immer lauter wird die Unterhaltung der Spieler.
Lange nach Mitternacht kommen auch sie zur Ruhe. Einer geht weg vom Haus, einer verkriecht sich im Parterre ins Heu oder Laub, der dritte tastet sich herauf in den Raum, hinüber zur Frau.
Es wird unruhig.
Dann fängt das Kind zu schreien an.
Stimmen.
Flüstern.
Ruhe.
In der Ferne bellende Hunde.
In der letzten Stunde der Nacht ein Mensch, der sich aus dem Raum tastet...

Die Nacht in Luklha werde ich nie vergessen.
Am Morgen landet die Pilatus-Porter. Umarmungen mit Ang Sona und ihrem Bruder, denen ich meine restliche Ausrüstung als Erinnerung schenke. Abschied.
Die Maschine ist fast voll: der Pilot, vier Japaner, ein Perser, ich. Flug über das Bergland, wo ich da und dort einen Übergang erkenne, den ich in den Tagen des Anmarsches überschritten habe. Von Kathmandu nach Luklha braucht man zehn Tage. Von Luklha nach Kathmandu bringt uns unsere Pilatus-Porter in einer knappen Stunde.
Für die 140 Kilometer lange Strecke wird man mit kleinen Düsenjets – leider vielleicht schon in einigen Jahren – nur noch zehn oder fünfzehn Minuten brauchen. Dann aber wird es das Haus, in dem ich die Luklha-Nacht verbrachte, nicht mehr geben.

Telepathie
Die wartende Frau

Der Everest wurde für meine Frau und mich zum Problem, denn das ganze Unternehmen sollte rund vier Monate dauern. Sechzehn bis achtzehn Wochen getrennt zu sein, ohne Gespräch, ohne Gedankenaustausch, das konnten wir uns zunächst gar

Everest konkret

Der Weg nach Khumbu

Auch angesichts der Tatsache, daß der ganze Weg von Lamsangu an der Chinesen-Straße bis nach Khumbu immer weniger begangen wird und man meist erst in Luklha beginnt, ganz Eilige sogar bis Khumjung fliegen, beschreibe ich dennoch den ganzen Weg. Allerdings nicht detailliert, besonders nicht die ersten zehn Tagesetappen, da der Weg hier vorwiegend durch Bergackerland führt und sich so auf vielen Strecken doch laufend verändert. Und außerdem ist diese Route nur eine von mehreren, die ins Khumbu-Gebiet führen. Schließlich auch nur eine von vielen Trekking-Touren, die man in Nepal unternehmen kann. Für gerissene Bergfreunde, die Erfahrung haben und Selbständigkeit gewohnt sind, ist praktisch jeder Weg ins Gebirge eine Route.

Über die körperlichen Voraussetzungen wurde hier schon ausführlich berichtet (Kapitel ‹Everest für jedermann›, Seite 70). Ausrüstungslisten können wir uns sparen, weil jeder auf was anderes schwört. Wer auf eigene Faust etwas unternehmen will, weiß längst, was er braucht, und wer mit irgendeinem Verein oder Unternehmen startet, bekommt früh genug die Ausrüstungslisten. Allerdings: Auch wenn sogar Schlafsäcke und Daunenkleidung von den Unternehmen zur Verfügung gestellt werden, es geht nichts über den eigenen Geruch – beziehungsweise Schlafsack.

1. Tag: Kathmandu (1300 m) – Lamsangu (700 m) – Teulo Pakha (1800 m). 3½ Std.

Bus- oder Taxifahrt 80 km auf Chinesen-Straße über Dolalgath am Sun Kosi und diesem Fluß entlang aufwärts nach Lamsangu (= Lange Brücke). Über die Hängebrücke zum linken Sun-Kosi-Ufer. Beginn des Weges, zuerst sehr steil, nach 2 Std. bequem. Im Zweifelsfalle fragt man immer nach Namche Bazar («Namtsche») oder Everest. Nach 3 Std. Paß (1840 m). Wenige Minuten Abstieg zu den schönen Wiesen von Teulo Pakha, einer kleinen Streusiedlung; am Rand der Wiesen mehrere Chorten.

2. Tag: Teulo Pakha (1800 m) – Paß (2540 m) – Sera (1340 m). 6 Std.

Der Weg verläuft den ganzen Tag mehr oder weniger in südöstlicher Richtung. Leicht aufsteigend zu großer Chorte (ca. 1970 m), 30 Min. Eine knappe halbe Stunde lang mehrmaliges Auf und Ab, paßähnlicher Übergang (ca. 2040 m). Dann 2 Std., zuerst flach, dann steil auf Paß mit Chorten (ca. 2540 m), 3–3½ Std. hinab, vorbei an vereinzelten Häusern, nach Sera über Brücke, dem Bach entlang, nach 30 bis 50 Min. sehr hübscher Lagerplatz in lichtem Föhrenwald.

3. Tag: Sera (1340 m) – 1470-m-Übergang – Bhote Kosi (880 m) – Namdu (1640 m). 4–5 Std.

Gleich nach dem Lager Aufstieg zu 1470-m-Übergang, 1¼ Std. Ab hier bis Junbesi (8. Tag) ist Wegverlauf der Schneider-Karte ‹Tamba Kosi–Likhu-Khola (Nepal)›, 1:50000, deutlich zu entnehmen, so daß Stichworte genügen. Über die Siedlung Kiranticha p (1200 m) und östlich hinab zur Bhote-Kosi-Brücke, über sie und hinauf nach Namdu.

4. Tag: Namdu (1640 m) – Chisapani-Paß (2510 m) – Sikri (1829 m). 4–5 Std.

Von Namdu ostwärts nach Kabre (1740 m) und hinauf zum Chisapani-Paß (500 m südöstlich von P. 2660) und östlich steil hinab nach Sikri am Sikri Khola; gleich nach dem Paß herrlicher Gaurisankar-Blick.

5. Tag: Sikri (1829 m) – Those (1750 m) – Buldanda (2560 m). 4–5 Std.

Von Sikri südöstlich etwa 3 km dem Sikri Khola entlang, bis zum Zusammenfluß mit dem Jiri-Khola. Über die Jiri-Khola-Brücke und südöstlich etwa 1,5 km auf den Waldrücken (ca. 2040 m). Östlich hinab über Kathike ins Tal des Khimti Khola, wo man bald das große Dorf Those erreicht. Auf der orographisch linken Talseite dem Khimti Khola entlang aufwärts zur Einmündung des östlich herabkommenden Mohabir Khola (etwa 4 km und 1 Std. von Those). Nun östlich und rechts des Mohabir Khola über den steilen Rücken hinauf, bei den ersten Häusern von Sangbadenda (ca. 2120 m) rechts (südöstlich) abzweigen, leicht ansteigend nach etwa 3 km zum Lagerplatz in einer steilen Hochtaleinbuchtung, terrassiert, etwa 1,2 km südöstlich des kleinen Dorfes Buldanda.

6. Tag: Erholung – Buldanda (2560 m) – Changma-Paß (2705 m) – Bhandar (2200 m). 2–2½ Std.

Vom Buldanda-Lagerplatz südöstlich hinauf zum Changma-Paß, mit herrlichen

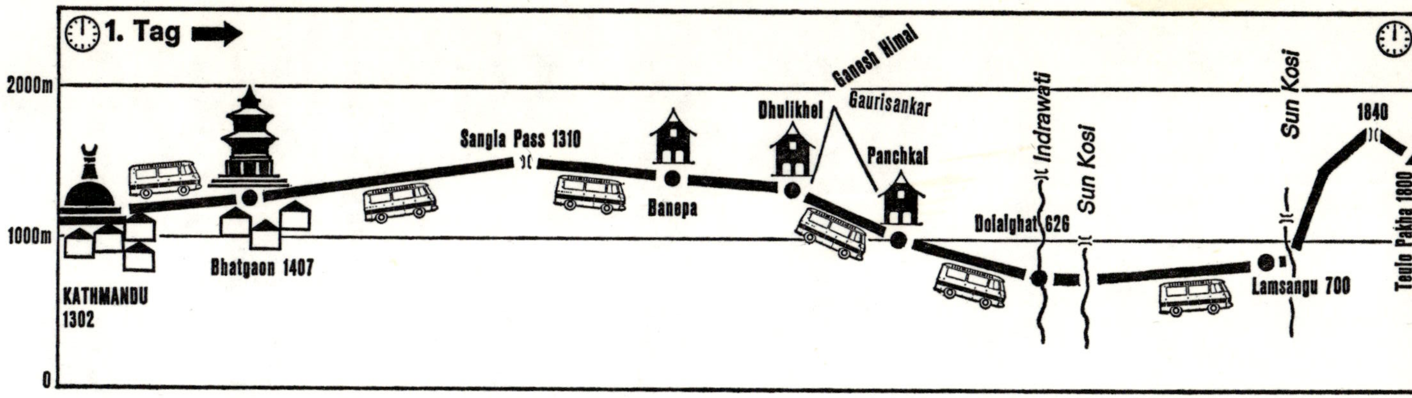
1. Tag
2000m
1000m
0
KATHMANDU
1302
Bhatgaon 1407
Sangla Pass 1310
Banepa
Dhulikhel
Ganesh Himal
Gaurisankar
Panchkal
Dolalghat 626
Indrawati
Sun Kosi
Lamsangu 700
Sun Kosi
1840
Teulo Pakha 1800

Legende:
Siedlung
Kloster
Chorten
Lagerplatz
Landepiste
Stupa

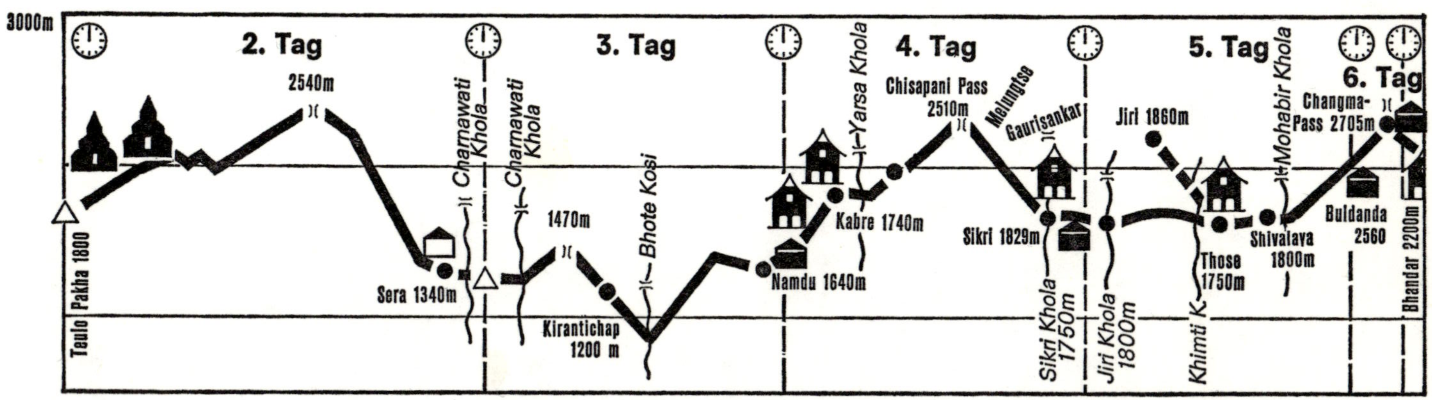
3000m
2. Tag
3. Tag
4. Tag
5. Tag
6. Tag
Teulo Pakha 1800
2540m
Sera 1340m
Charnawati Khola
Charnawati Khola
1470m
Kirantichap
1200 m
Bhote Kosi
Namdu 1640m
Yarsa Khola
Kabre 1740m
Chisapani Pass
2510m
Melungtse
Gaurisankar
Sikri 1829m
Sikri Khola
1750m
Jiri Khola
1800m
Jiri 1860m
Khimti K.
Those
1750m
Mohabir Khola
Shivalaya
1800m
Changma-
Pass 2705m
Buldanda
2560
Bhandar 2200m

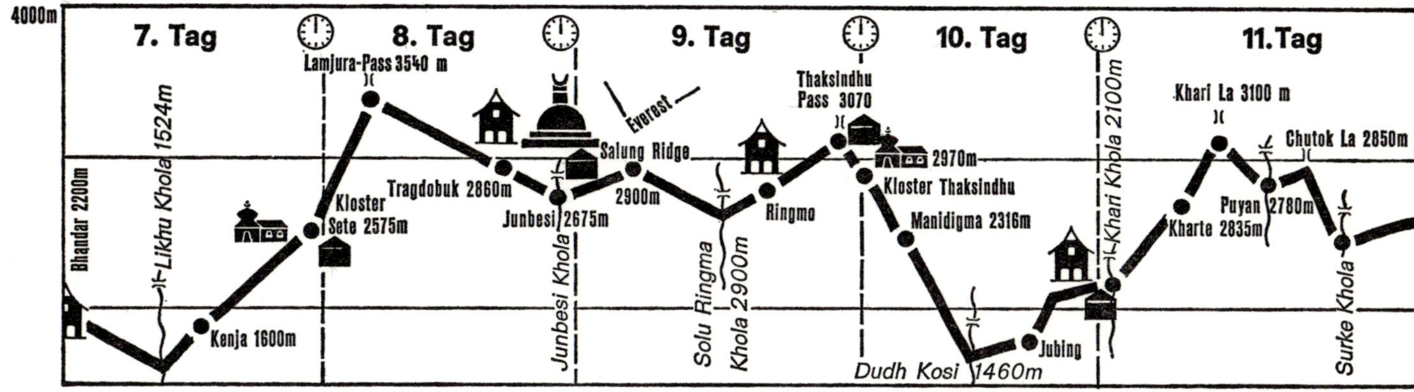
4000m
7. Tag
8. Tag
9. Tag
10. Tag
11.Tag
Bhandar 2200m
Likhu Khola 1524m
Kenja 1600m
Kloster Sete 2575m
Lamjura-Pass 3540 m
Tragdobuk 2860m
Junbesi 2675m
Junbesi Khola
Salung Ridge
2900m
Everest
Solu Ringma Khola 2900m
Ringmo
Thaksindhu Pass 3070
2970m
Kloster Thaksindhu
Manidigma 2316m
Dudh Kosi 1460m
Jubing
Khari Khola 2100m
Kharte 2835m
Khari La 3100 m
Puyan 2780m
Chutok La 2850m
Surke Khola

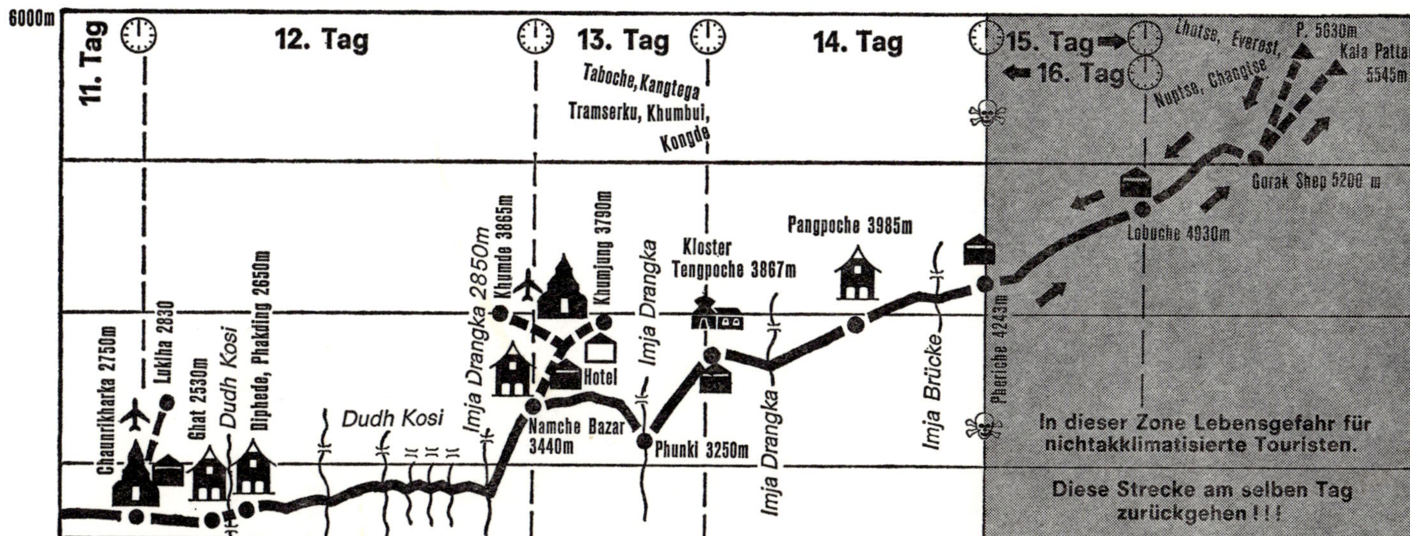
6000m
11. Tag
12. Tag
13. Tag
14. Tag
15. Tag
16. Tag
Chaurikharka 2750m
Lukiha 2830
Ghat 2530m
Dudh Kosi
Diphede, Phakding 2650m
Dudh Kosi
Imja Drangka 2850m
Khumde 3865m
Khumjung 3790m
Hotel
Namche Bazar 3440m
Taboche, Kangtega
Tramserku, Khumbui,
Kongde
Imja Drangka
Phunki 3250m
Kloster Tengpoche 3867m
Imja Drangka
Pangpoche 3985m
Imja Brücke
Pheriche 4243m
Lobuche 4930m
Gorak Shep 5200 m
Lhotse, Everest,
Nuptse, Changtse
P. 5630m
Kala Pattar 5545m
In dieser Zone Lebensgefahr für nichtakklimatisierte Touristen.
Diese Strecke am selben Tag zurückgehen!!!

Manimauern, und fast östlich hinab zum weitverstreuten Dorf Bhandar mit idealen Lagerwiesen, umgeben von Chorten. Ein echter Erholungstag.

7. Tag: Bhandar (2200 m) – Kenja (1600 m) – Sete (2575 m). 4–5 Std.

Von Bhandar östlich hinab in das enge Tal des Likhu Khola, über seine Brücke (1524 m) und nordöstlich, dem Bachlauf entlang leicht ansteigend nach etwa 3 km zur Siedlung Kenja am Zusammenfluß von Likhu- und Kenja Khola (südöstlich). Von Kenja sehr steil östlich hinauf zum kleinen buddhistischen Kloster Sete.

8. Tag: Sete (2575 m) – Lamjura-Paß (3540 m) – Junbesi (2675 m). 5 Std.

Von Sete steil nordöstlich hinauf, erreicht man auf etwa 3100 m einen stark ausgeprägten Rücken mit fast urwaldähnlichem Baumbestand und Manimauern. Diesem Rücken folgt man bis auf 3400 m, Abzweigung nach links (NO), schließlich auf den Lamjura-Paß (ca. 7 km und 2½–3 Std. von Sete). Bereits ab Sete befindet man sich im Solu-Khumbu-Gebiet, im Land der Sherpa, aber den ursprünglichen Gebietsteil betritt man nach Überschreitung des Lamjura-Passes (lamo = lang, ausgedehnt). Östlich steil hinab zu dem kleinen Dorf Tragdobuk (2860 m; do = Felsen, buk = Talschluß). Wenig ansteigend östlich auf eine ausgeprägte Schulter (ca. 2880 m). Nordöstlich hinab – links oben ein sehr schönes Kloster – nach Junbesi, eines der Hauptzentren des Sherpalandes, am Junbesi-Khola; schöner Stupa. Von Sete etwa 13 km. Junbesi ist am Ostrand der vorzüglichen Schneider-Karte (das östliche Anschlußblatt – Südostblatt des Nepal-Ost-Kartenwerkes ‹Dudh Kosi›, 1:50000 – soll 1974 erscheinen).

9. Tag: Junbesi (2675 m) – Thaksindhu-Paß (3070 m) – Kloster Thaksindhu (2970 m). 3½–4½ Std.

Von Junbesi südöstlich dem Hang entlang aufwärts bis auf den Salung Ridge (ca. 2900 m), eine ausgeprägte, waldfreie Schulter, von der aus man erstmals in etwa 60 km Entfernung im Nordosten den Everest aufragen sieht. Östlich hinab, durch die kleine Siedlung Salung, zum Solu Ringma Khola (ca. 2900 m). Östlich über steiles Ackerland aufwärts, vorbei an den wenigen Häusern von Ringma und an einer großen Chorte, die von vier Manimauern eingerahmt ist, und weiter hinauf zum Thaksindhu-Paß; herrlicher Blick zum Numbur (6954 m). Östlich absteigend gelangt man in etwa 15 Min. zum großen und sehr schön gestalteten Kloster Thaksindhu mit Stupa; Lagerplatz auf der Wiesenterrasse direkt vor dem Kloster.

10. Tag: Kloster Thaksindhu (2970 m) – Dudh-Kosi-Brücke (ca. 1460 m) – Kharikhola (ca. 2100 m). 5–6 Std.

Von Thaksindhu östlich hinab, zuerst durch Wald, immer steil und in vielen Kehren, dann durch spärlich besiedeltes und bebautes Ackergebiet, zur Dudh-Kosi-Brücke im eigentlichen Haupttal des Pharak-Khumbu-Gebietes: kein Sherpa-Charakter mehr, denn hier bewegt man sich im Stammesgebiet der Rai, was gleich in Jubing, am Hang der linken Dudh-Kosi-Talseite, deutlich wird. Von Jubing nordöstlich hinauf, teils über eine steile Felsstufe, danach über kleinen Col (2180 m) und in 15 Min. östlich leicht absteigend zu dem kleinen Dorf Kharikhola; Stupa, Manimauern.

11. Tag: Kharikhola (2100 m) – Khari La (3100 m) – Puyan (2780 m) – Chaunrikharka (2750 m) bei Luklha. 8–10 Std.

Von Kharikhola nördlich über den gleichnamigen Bach und steil hinauf zum Khari La (Steinhütte), 3–3½ Std.; herrlicher Blick zum Cho Oyu (8153 m) im Norden. Abstieg zum Lagerplatz Puyan, 1–1½ Std., wo große Expeditionen bereits wieder nächtigen. Nordwestlich weiter, steil hinauf zum bewaldeten Chutok La (ca. 2850 m), von wo man nördlich bereits Chaunrikharka und Luklha sieht, aber der tiefe Talgraben des Surke Khola liegt dazwischen; nördlich steil hinab zu seiner Brücke (ca. 2300 m), 2 Std. von Puyan bzw. 6–7 Std. von Kharikhola; dann nordöstlich steil hinauf nach Chaunrikharka, 3½ Std. von Puyan, auf den weitflächigen Wiesen- und Ackerterrassen. Luklha, das sich südöstlich oberhalb von Chaunrikharka befindet (30–45 Min.), wird von der Hauptroute nicht berührt. Stupa, viele Manimauern.

12. Tag: Chaunrikharka (2750 m) – Namche Bazar (3440 m). 6–8 Std. (Für Nichtakklimatisierte besser in 2 Tagen.)

Nun bedeutend weniger anstrengend auf der orographisch linken Seite des Dudh Kosi aufwärts (ab Chaunrikharka kann man den Weg auf der englischen Karte ‹Mount Everest Region›, 1:100000, verfolgen; ab Ende 1974 auch auf der Schneider-Karte ‹Dudh Kosi›, 1:50000). Nach etwa 5 km zur nächsten Dudh-Kosi-Brücke (ca. 2680 m), über sie und auf der rechten Talseite weiter; 2 Std. ab Chaunrikharka.

Rechts oben Phakding. In 2–3 Std. aufwärts, immer im Tal, dreimal über Brücken das Dudh-Kosi-Ufer wechselnd, zur vierten Brücke, auf der man bereits den Imja Drangka (2850 m) überschreitet; östlicher Zufluß des Dudh Kosi. (Von hier ab benützt man besser die genauere Schneider-Karte ‹Khumbu Himal›, 1:50000.) Gleich nach der Brücke steil hinauf – nach etwa 1 Std. herrlicher Everest-Blick – nach Namche Bazar, ab Imja-Brücke ca. 2 Std. Polizeistation, Post, bescheidener Laden, kleine Wirtschaft (Chang!); etwas östlich oberhalb des Dorfes Lagerwiesen.
Wer Zeit hat, sollte auch Khumjung (3790 m), eine gute halbe Stunde nördlich oberhalb von Namche Bazar, besuchen. Denn Khumjung ist mit etwa 110 Häusern das größte und auch bedeutendste Sherpa-Dorf. Seit 1972 gibt es das japanische Hotel ‹Everest View› am südlichen Dorfrand auf genau 3962 Meter Höhe (13000 feet). Ein Hotel im Barackenstil auf Natursteinsockel mit 24 Betten in 12 Zimmern, elektrisches Licht (Generator); in jedem Zimmer Sauerstoffmasken, natürlich auch fließendes Warm- und Kaltwasser und Klimaanlage; kontinentale, chinesische und japanische Küche. Und einmaliges Panorama, wahrhaftig: zum Kongde Ri (6187 m) und Teng Kangpoche (6500 m) im Südwesten, zu Tramserku (6608 m) und Kangtega (6685 m) im Osten, Amai Dablang (6856 m) im Nordosten, vor allem Nuptse (7879 m), Lhotse Shar (8398 m) und Everest (8848 m), ebenfalls im Nordosten. Alles in allem inklusive Vollpension und Panorama: 60 US-Dollar. Pro Person. Und pro Tag. Der Hotel-Manager veranstaltet Bergtrekkings zum Kloster Tengpoche (2 Tage), zum Gokyo-See (4750 m) am Ngozumpa-Gletscher (5 Tage) und schließlich zum Everest-Basislager (7 Tage). Zuerst konnte man das Hotel nur teilweise per Flugzeug – nämlich bis Luklha – erreichen und mußte den Rest in 8 bis 10 Stunden oder 2 Tagen per pedes zurücklegen. Diese anstrengende Anreise brachte offenbar zu wenig Gäste. Seit Herbst 1973 ist das anders: im sechsplätzigen Hotel-Flugzeug vom Typ ‹STOL› in 45 Minuten von Kathmandu (1300 m) zum ‹Shyangboje Airfield› am Dorfrand von Khumjung auf rund 3700 Meter Höhe. Zum Hotel sind es dann, laut Prospekt, nur noch «30 minutes on foot from the airfield» (man kann aber die 30 Minuten reitend bewältigen). Was im Prospekt nicht steht, soll hier ergänzt werden: daß es zum modernsten Krankenhaus des ganzen Sherpalandes – in Khumde, gleich westlich von Khumjung – einige Minuten näher ist als zum Hotel. Das sollten sich künftige ‹Everest View›-Gäste gut merken (denn einen richtigen Friedhof gibt es weit und breit nicht). Der Leser erinnere sich: Horst Vitt, Paolo Consiglio, Domenico Riso hießen

die Toten, die der mangelnden Akklimatisation bei solcherart Höhen-Parforcetour zum Opfer fielen. Und sie werden nicht die letzten sein, leider.
Gehen wir weiter...

13. Tag: Namche Bazar (3440 m) – Phunki (3250 m) – Kloster Tengpoche (3867 m). 4–5 Std.

Sollte man in Khumjung genächtigt haben, dann erreicht man von den östlichsten Häusern nach etwa 15 Min. (0,6 km, etwa 80 Höhenmeter) absteigend wieder den Weg der Hauptroute.
Von Namche Bazar östlich ein paar Minuten Aufstieg, dann nordöstlich fast immer auf gleicher Höhe, nach 1–1½ Std. zur Einmündung des Khumjung-Weges (links) in einem schmalen, felsigen Tälchen, genannt ‹Kyanojima› (auf der Schneider-Karte nicht vermerkt); unterhalb des Hauptweges ein herrlicher Lagerplatz, falls es einem in Namche Bazar oder Khumjung nicht paßt. Nach knapp einstündigem Abstieg erreicht man die Brücke am Imja Drangka, gleich nach ihr Phunki, das nur aus vier Gebetsmühlen-Steinhäuschen – Wasserkraftantrieb! – und einer kleinen Teebude besteht. Dann nördlich steil in Serpentinen und östlich dem Hang entlang 600 Höhenmeter (1½–2 Std.) hinauf zum Kloster Tengpoche.
Über die Verhältnisse 1973 schrieb mir der Münchener Erich Reismüller, Leiter eines Trekkings des Deutschen Alpenvereins, folgende Briefzeilen:
«Die Umgebung des Klosters Tengpoche war mit einer Unmenge von Konservendosen, Papierabfällen und Bierbüchsen – mit italienischen Etiketten – verunreinigt. Es war für mich sehr beschämend, von meinem Sirdar Pemba Norbu auf diesen Mißstand hingewiesen zu werden, denn wir Führer vom Deutschen Alpenverein sind gerade bei unseren Touren sehr darauf aus, daß die Teilnehmer und die Sherpa die Lager und die Rastplätze peinlich sauber halten. Das Verständnis hierfür war bei den Sherpa zu Anfang nur sehr gering, heute werden an jedem Lager die Büchsen in einem extra ausgeworfenen Loch vergraben, alles andere muß verbrannt werden.»

14. Tag: Tengpoche (3867 m) – Pangpoche (3985 m) – Pheriche (4243 m). 3½–4½ Std.

Von Tengpoche Abstieg zuerst östlich, dann nordöstlich, durch Wald und an winzigen Siedlungen vorbei, zur nächsten Imja-Drangka-Brücke (ca. 3790 m). Über sie und steil hinauf zu Weggabelung, auf dem rechten Weg nach Pangpoche, einem der höchsten, ganzjährig bewohnten Sherpa-Dörfer. Auf der orographisch rechten Talseite aufwärts, bis zur nächsten Imja-Brücke (4135 m), über sie und gleich links, nördlich, hinauf zur Sommersiedlung Pheriche, mit ihren 23 Steinhütten und vielen Abgrenzungsmauern. (Vor der genannten Imja-Brücke kann man auch links, nördlich, hinauf nach Pheriche.) Herrliche Lagerplätze.

15. Tag: Pheriche (4243 m) – Lobuche (4930 m). 3–4 Std.

Nordwestlich über den flachen Talboden, vorbei an den Phulung-Karpu-Hütten (4343 m) und bald nördlich, steiler, hinauf zu den zwei Steinhütten von Lobuche, nahe der riesigen Westmoräne des Khumbu-Gletschers; in Anbetracht der Höhe gute Lagerplätze. Im Hinblick auf die Gefahr der Höhenkrankheit ist es am besten, hier letztmals zu lagern. Fühlt man sich in der Lobuche-Höhe nicht mehr wohl, dann sollte man aus Gründen der Sicherheit gleich am nächsten Morgen wieder nach Pheriche oder Pangpoche absteigen.

16. Tag: Lobuche (4930 m) – Gorak Shep (5200 m) – Kala Pattar (5545 m) – Lobuche (4930 m). 6–7 Std.

Ist alles in Ordnung, dann auf dem dürftigen Weg in 2–3 Std. nordöstlich hinauf nach Gorak Shep (5 km) und nordwestlich über steile Wiesenhänge, zuletzt über Schutt und Blöcke, auf den einmaligen Aussichtsberg Kala Pattar, von Gorak Shep 1½ bis 2 Std. Den Besuch des Everest-Basislagers – 2–3 Std. über den nicht ungefährlichen Khumbu-Gletscher – kann man sich gut sparen; man sieht viel weniger und ist nur selten ein willkommener Gast.
Abstieg auf der gleichen Route nach Lobuche, vom Kala Pattar 1½–2 Std. Um möglichst nur kurze Zeit auf großer Höhe zu verbringen, sollte man abends, nach der Kala-Pattar-Besteigung, wieder in Lobuche nächtigen oder auch – besser – noch bis Pheriche absteigen, 1–1½ Std.

Zurück nach Luklha braucht man 2–3 Tage. Wichtig: vorherige Platzreservierung fürs Flugzeug. Eilige können von Khumjung zurück nach Kathmandu fliegen.

Wichtigste Literatur, Führer und Karten zum Thema

Bücher:

Eggler, Albert: Gipfel über den Wolken – Lhotse und Everest. 287 S., 71 Abb., 3 Kartenskizzen. Bern 1956.

Dürst, Arthur: Nepal. Zürich 1966. 100 hervorragende Farbbilder von Michael und Luzzi Wolgensinger, eingeklebt, verteilt auf 128 Textseiten; sehr informativ: Natur, Völker, Stämme, Geschichte, Religionen, Feste, Wirtschaft, Verkehr.

Dyhrenfurth, Günter O.: Der Dritte Pol. München 1960. Verläßliches Standardwerk der Weltberge-Geschichte; 63 Seiten allein über Everest-Gruppe.

Hagen, Toni, Nepal. 71 Tafeln. 120 S., Bern 1960. Gründlichstes Werk über Land, Bevölkerung, Wirtschaft, Berge; hervorragende Bilder, teils farbig, Karten, Skizzen.

Hagen, Toni, G. O. Dyhrenfurth, Ch. v. Fürer, Erwin Schneider: Mount Everest. 234 S., Zürich 1959. Aufbau, Erforschung, Bevölkerung; Photos, Karten, Skizzen.

Hunt, John: Mount Everest, Kampf und Sieg. 318 S., 48 Abb., Skizzen. Wien 1954. Geschichte der Erstbesteigung.

Nepal-Führer:

Boon, Jan: Nepal. Mai's Weltführer Nr. 18; 104 S., einige Abb. und Kartenskizzen. 3. Auflage (ergänzt), München 1973. Vermittelt nur bescheidene Übersicht, jedoch einziger deutschsprachiger Führer.

Karten:

1:25000 *Mahalangur Himal: Chomolongma – Mount Everest* Von Erwin Schneider im Rahmen der Internationalen Himalaya-Expedition 1955 (Leitung: Norman Dyhrenfurth) aufgenommen; herausgegeben vom Deutschen

Alpenverein, Österr. Alpenverein und der Deutschen Forschungsgemeinschaft 1957; Fels- und Geländedarstellung von Fritz Ebster; Höhenangaben in Meter und Fuß; Höhenlinien-Abstand 20 m (100-m-Höhenlinien verstärkt).

1:50000 *Khumbu Himal*

Aufgenommen, berechnet und ausgewertet von Erwin Schneider (1955–1963); Fels- und Geländedarstellung von Fritz Ebster; herausgegeben vom Forschungsunternehmen Nepal-Himalaya, mit Unterstützung der Fritz-Thyssen-Stiftung, 1965. Norden: Rongphugletscher (Tibet), Süden: bis 2,5 km unterhalb Namche Bazar, Chomo Lönzo; Höhenangaben in Meter; Höhenlinienabstand 40 m. Unentbehrliche Karte für den Weg zum Everest (ab Namche Bazar).

1:50000 *Tamba Kosi–Likhu-Khola*

Südwestblatt des großen Ostnepal-Kartenwerks von Erwin Schneider (Aufnahme, Berechnung und Auswertung); Fels- und Geländegestaltung von Fritz Ebster; herausgegeben vom Forschungsunternehmen Nepal-Himalaya, mit Unterstützung der Fritz-Thyssen-Stiftung, 1968 (gleiche Art wie Khumbu-Himal-Karte). Die ganze Anmarschstrecke vom Ende des 3. Wandertags (Namdu) bis Ende des 8. Tags (Junbesi); das Gebiet ist unerhört genau dargestellt. (Siehe auch S. 154.)

1:100000 *The Mount Everest Region*

Herausgegeben von der britischen Royal Geographical Society mit Unterstützung der Mount Everest Foundation, 1961. Höhenangaben in Meter und Fuß; Höhenlinienabstand 100 m. Eine vorzügliche Übersichtskarte, auch wenn viele Bergnamen eine zu den deutschen Blättern abweichende Schreibung aufweisen.
Eine sehr wertvolle Ergänzung zu den 1:50000-Blättern.

1:506880	*Nepal, Ostblatt* Herausgegeben vom Survey, Ministry of Defence, United Kingdom, 1969. Sehr mangelhafte Geländedarstellung, meist falsche oder nicht mehr gebräuchliche Ortsangaben; ganz und gar nicht dem Stand des Erscheinungsjahres entsprechend. Aber es gibt leider noch kein besseres Kartenwerk als Übersicht.

Wichtige Adressen

Nepal-Bergunternehmungen

Sogenannte Trekkings in die Bergwelt Nepals werden fast von jedem Alpenland aus veranstaltet: in Italien von ‹Alpinismus International›, in Frankreich vom Club Alpin Française, in der Schweiz von Sport-Eiselin, Luzern, und Hofstetter-Sport, Genf. Aber auch von Großbritannien und sogar von den USA aus. Alle diese Veranstalter haben etwas gemein: Sie arbeiten entweder mit einem großen Reise-Unternehmen oder mit einer Fluggesellschaft zusammen, um in den Genuß günstiger Flugtarife zu kommen. (Die Preis-Angebote variieren beträchtlich, vergleichendes Studium lohnt sich!)

Hier sind nur die wichtigsten und vor allem erfahrensten Veranstalter – in alphabetischer Reihenfolge – aufgeführt:

Deutscher Alpenverein

Berg- und Skischule, D-8 München 22, Praterinsel 5

Veranstaltet jährlich sehr viele Bergunternehmungen in Nepal, für jedes Können, auch ins Everest-Gebiet. Beim DAV ist man bereits so weit, daß für Himalaya-Touren in Höhen über 4500 m Sauerstoff mitgeführt wird, um in Fällen der gefährlichen, meist unterschätzten Höhenkrankheit Soforthilfe leisten zu können.

Hauser-Exkursionen International

D-8 München 2, Neuhauserstraße 1/6

Günter Hauser gehört zu den besten Nepal-Kennern Europas, auch was Kunst und Geschichte angeht; Unternehmungen in die schönsten Gebiete.

Mountain Travel
Kathmandu/Nepal, Box 170
James Roberts, Chef des Berg-Reisebüros, ist der beste Kenner des Nepal-Himalaya, war Leiter vieler Expeditionen, kennt die tüchtigsten Sherpa. Über sein Büro kann man praktisch ‹alles› organisieren lassen.

Sport-Schuster
D-8 München 2, Rosenstraße 6
Aktiver Veranstalter von außeralpinen Unternehmungen, auch Everestgebiet und weitere Nepalziele.

Weltweit Bergsteigen
A-6020 Innsbruck, Brixnerstraße 2
Ein junges Unternehmen, geleitet von den Expeditions-Bergsteigern Wolfgang Nairz und Otto Wiedmann, arbeitet mit Swissair, attraktives Programm, auch Everestgebiet, aber mehr Expeditions-Charakter (z.B. Island Peak, 6189 m, südlich des Everest).

Diplomatische, konsularische Vertretungen
Alle Europäer brauchen ein Visum; erhältlich bei den angeführten Botschaften oder konsularischen Vertretungen. Ein Normal-Visum ist für zwei Wochen gültig; man kann es in Kathmandu verlängern lassen: Ministry of Home and Panchayat, Kathmandu, Singha Durbar.

Botschaft des Königreiches Nepal in der Bundesrepublik Deutschland:
D-532 Bad Godesberg-Mehlem, Im Hag 15

Botschaft der Bundesrepublik Deutschland:
Kathmandu, P.O. Box 226

Botschaft der Republik Österreich:
New Delhi 21/Indien
3 A Nayaya Marg, Chanakyapuri
(Nepal gehört zu ihrem Amtsbereich)

Botschaft der Schweiz:
New Delhi/Indien
21, Nayaya Marg, Chanakyapuri
(Nepal gehört zu ihrem Amtsbereich)

Königlich Nepalische Konsulate in der Bundesrepublik Deutschland:
Generalkonsulat
D-4 Düsseldorf-Benrath, Benrodestraße 152

Konsulat
D-6 Frankfurt/M.-NO 14, Flinschstraße 63

Konsulat
D-8 München 2, Neuhauserstraße 1
(In Sachen Berge am besten unterrichtet)

Informationen
Bei Anfragen bitte Rückporto bzw. Int. Rückantwortschein nicht vergessen!

ADAC	D-8 München, Königinstraße 11a Straßen- und sonstige Informationen für die Autofahrt nach Nepal (13000 km)
Deutsch-Nepalische Gesellschaft	D-5 Köln-Lindenthal, Wullnerstraße 118 Für allgemeine Auskünfte
Forschungs-unternehmen Nepal/Himalaya	D-8 München 19, Schloß Nymphenburg Kathmandu-Chauni, Thyssenhaus P.O. Box 180 Wissenschaftliche Informationen, aber auch über den augenblicklichen Stand der Straßenverhältnisse, Kartenwesen usw.
The Himalaya-Society	Kathmandu/Nepal, Ram-Sha-Pat (Mr. Parajuli) Für die Beschaffung der Lastenträger und Sherpa-Bergsteiger; nur für «Auf-eigene-Faust-Leute» wichtig; sonst haben nur die Veranstalter mit ihr zu tun
Lufthansa-Vertretung in Nepal	Kathmandu, Annapurna-Hotel Flugverbindungen, Ticketts usw.
Mount Everest Foundation	London S.W.7, Kensington Gore Nur für Spezialinformationen über Everest und Khumbugebiet; jedoch nicht sehr korrespondenzfreudig

Nepal-Regierung Ministry of Home and Panchayat	Kathmandu, Singha Durbar Zuständig für Permits (Genehmigungen) für Bergausflüge und Gipfelbesteigungen
Österreichische Himalaya-Gesellschaft	A-1100 Wien, Prinz-Eugen-Straße 12/3-62 Gut unterrichtet, vor allem über die Berge im westlichen Nepal-Himalaya
Schweizerische Stiftung für Alpine Forschungen	CH-8000 Zürich, Bleicherweg 47 Bestens unterrichtet im Expeditionswesen in aller Welt; außergewöhnlicher Informationsreichtum in der 17bändigen Buchreihe ‹Berge der Welt›; Kontakte und Adressen

Die Achttausender der Erde

Nr.	Berg	Höhe m	Gebiet	Erste Ersteigung Jahr	Namen / Expeditions-Nationalität	Besteigungen bis Ende 1973 total
1	Mount Everest (Chomolongma)	8848	Himalaya (Nepal/ Tibet)	1953	E. Hillary, Sherpa Tensing/ Britisch	* 16
2	K 2 (Chogori)	8611	Karakorum	1954	L. Lacedelli, A. Compagnone/Italien	1
3	Kangchendzönga	8598	Himalaya Nepal/ Sikkim	1955	G. Band, J. Brown/Britisch	1
4	Lhotse	8511	Himalaya Nepal/Tibet	1956	E. Reiß, F. Luchsinger/ Schweiz	1
5	Makalu	8481	Himalaya Nepal/Tibet	1955	J. Couzy, L. Terray/ Frankreich	2
6	Dhaulagiri	8167	Himalaya Nepal	1960	A. Schelbert, E. Forrer, K. Diemberger, P. Diener; Sherpa Nyima Dorji, Nawang Dorji/Schweiz, Österreich, Nepal	1
7	Manaslu	8156	Himalaya Nepal	1956	T. Imanishi, K. Kato, M. Higeta; Sherpa Gyaltsen/ Japan, Nepal	3
8	Cho Oyu	8153	Himalaya Nepal/Tibet	1954	H. Tichy, S. Jöchler; Sherpa Pasang Dawa Lama/ Österreich, Nepal	2
9	Nanga Parbat	8125	Himalaya Kashmir	1953	H. Buhl/Deutschland-Österreich	5
10	Annapurna I	8091	Himalaya Nepal	1950	M. Herzog, L. Lachenal/ Frankreich	3
11	Gasherbrum I (Hidden Peak)	8068	Karakorum	1958	P. Schoening, A. Kauffman/ Britisch/USA	1
12	Broad Peak	8047	Karakorum	1957	H. Buhl, K. Diemberger, M. Schmuck, F. Wintersteller/Österreich	1
13	Gasherbrum II	8035	Karakorum	1956	Fr. Moravec, S. Larch, H. Willenpart/Österreich	1
14	Shisha Pangma	8013	Himalaya Tibet	1964	Zehn Chinesen/China-Tibet	1

* Weitere Besteigungen siehe Tabelle S. 166f.

Expeditionen am Mount Everest, 8848 m (=29 028 ft)

Exp.-Nr. / Jahr / V = Vormonsun / N = Nachmonsun / Exp.-Nationalität / *Teiln.-Zahl* / Sherpa-Zahl (Hochträger)	Leiter	Route	Höchste Höhe Namen	Tote	Bemerkungen
1 1921/V 1. Britische 7/40	C.K.Howard-Bury	NO-Grat	6985/ Nordsattel G. H. L. Mallory, C. H. Bullock, O. E. Wheeler	1 Dr. A. M. Kellas, Herzschwäche auf dem Anmarsch	Ziel war vor allem Erkundung und Kartierung der Nordseite (Tibet); es wurden 40000 km² vermessen; erstmals entdeckte man Spuren des sogenannten Yeti.
2 1922/V 2. Britische *12*/50	C. G. Bruce	NO-Grat	8326 G. I. Finch, G. Bruce (Neffe des Leiters)	7 Sherpa Lawine am Nordsattel	Am 21. 5. gelangten E. F. Norton, T. H. Somervell und Mallory als erste Bergsteiger über die 8000-m-Grenze, ohne Sauerstoff, und brachen den Rekord der Italiener von 7498 m (1909) an der Chogolisa.
3 1924/V 3. Britische *10*/70	E. F. Norton	NO-Grat	8572 E. F. Norton	4 G. H. L. Mallory und A. Irvine verschollen auf ca. 8500 m; Sherpa Manbahadur und Gurkha Schamscher, Frostschäden, Erschöpfung	E. F. Norton drang allein, ohne Sauerstoff, bis 8572 m vor; es blieb bis 1953 die größte Höhe. Mallory und Irvine wurden am 8. 6. letztmals auf etwa 8500 m gesichtet; einer ihrer beiden Pickel wurde 1933 auf etwa 8450 m gefunden. Die erste große Everest-Tragödie.
4 1933/V 4. Britische *4*/15	H. Ruttledge	NO-Grat	8572 P. W. Harris, L. R. Wager, F. S. Smithe	–	Wieder waren Bergsteiger bis über 8500 m unterwegs; das sollte sich in späteren Jahren nur noch selten wiederholen.
– 1934/V *1*/3	M. Wilson allein	NO-Grat	6400	1 M. Wilson	Der reichlich unrealistische Versuch kann nicht als Expedition gewertet werden; Wilsons Leiche wurde 1935 in ca. 6400 m Höhe gefunden; Kälte, Erschöpfung.
5 1935/V 5. Britische *6*/18	E. E. Shipton	NO-Grat	6985	–	Es war in erster Linie eine Kundfahrt in das ganze nördliche Everest-Gebiet; drei Siebentausender und mehrere Sechstausender wur-

Exp.-Nr. / Jahr / V = Vormonsun / N = Nachmonsun / Exp.-Nationalität / *Teiln.-Zahl* / Sherpa-Zahl (Hochträger)	Leiter	Route	Höchste Höhe Namen	Tote	Bemerkungen
					den erstbestiegen sowie photogrammetrische Aufnahmen gemacht.
6 1936/V 6. Britische *11*/40	H. Ruttledge	NO-Grat	6985	–	Vollkommener Fehlschlag durch zu frühes Eintreffen des Monsuns.
7 1938/V 7. Britische *7*/20	H. W. Tilman	NO-Grat	ca. 8300	–	Erstmals wurde der Nordsattel von Westen erreicht, aber auch diese Route erwies sich als lawinengefährlich.
– 1947/V *1*/2	E. L. Denman allein	NO-Grat	?	–	Der kanadische Abenteurer – kein Schlafsack in der ‹Ausrüstung›! – war in Begleitung der später bekannt gewordenen Sherpa Tensing und Ang Dawa, aber es wurde nicht einmal der Nordsattel erreicht.
8 1950/N Amerikanische *8*/9	O. Houston	S-Seite	ca. 5000	–	Genau genommen war es eine Trekkingtour, eine Art Blitzerkundung, die nur 34 Tage dauerte, um die Nepalseite (Khumbu) kennenzulernen; der Gruppe hatte sich der Engländer Tilman angeschlossen.
– 1951/V *1*/4	K. Becker-Larsen allein	NO-Grat	ca. 6000	–	Wieder ein abenteuerlicher Romantiker, der nicht einmal einen Primuskocher besaß; der Däne überschritt mit seinen 4 Trägern den Nangpa La (5716 m), aber erreichte nicht einmal den Nordsattel.
9 1951/N 8. Britische *6*/8	E. E. Shipton	S-Seite	ca. 5800	–	Erstmals wurde der Khumbu-Eisfall bezwungen, aber ohne das Westbecken zu erreichen; zu den Teilnehmern gehörte der Neuseeländer E. Hillary. Wieder wurden «frische Yetispuren» entdeckt.

Exp.-Nr. / Jahr / V = Vormonsun / N = Nachmonsun / Exp.-Nationalität / *Teiln.-Zahl* / Sherpa-Zahl (Hochträger)	Leiter	Route	Höchste Höhe Namen	Tote	Bemerkungen
10 1952/V SSAF *12*/20	E. Wyss-Dunant	SO-Grat	8500 R. Lambert, Sherpa Tensing Norgay	–	Die Expedition der Schweizerischen Stiftung für Alpine Forschungen (SSAF) konnte erstmals den Khumbu-Eisfall bis ins Westbecken und den Genfersporn bis auf den Südcol bezwingen. Vom «höchsten Paß der Erde» (7986 m) gelangten Lambert und Tensing auf dem Südostgrat bis 350 m unter den Gipfel.
11 1952/N SSAF *7*/23	G. Chevalley, R. Lambert	SO-Grat	8100	1 Sherpa Mingma Dorje; Eisschlag in der Lhotse-Flanke	Orkanartige Stürme zwangen R. Lambert und E. Reiß mit Tensing Norgay am 20. 11. auf dem SO-Grat zur Umkehr. Aber die beiden SSAF-Expeditionen haben das bergsteigerische Problem am SO-Grat praktisch gelöst.

Informationsente: G. O. Dyhrenfurth schreibt in seinem Buch ‹Der Dritte Pol› (1960) über eine «Nachricht..., daß eine sowjetische Everest-Expedition im Herbst 1952 von Norden angegriffen habe. Als Führungsgruppe wurden genannt: Wladimir Kaschinski, Dr. Pavel Datschnolian, Alexandrowitsch Metzdarow, Iwan Lenitzow, der Geologe Prof. Antonij Jindomnow und der Arzt und Höhenphysiologe Dr. Josef Dengumarow. Die Spitzengruppe habe täglich Funkberichte gesandt und sei bis 8220 m gekommen, dann aber plötzlich verstummt. Alle Nachforschungen und spätere Suchflüge seien ergebnislos geblieben. Der Bericht über die Katastrophe, der aus Tibet stammt, wurde später von der UdSSR dementiert. Da irgendeine Nachprüfung nicht möglich ist, empfiehlt sich Zurückhaltung.» Ich habe mit den leitenden Männern des Alpinismus in der UdSSR und mit vielen der besten sowjetischen Bergsteiger über diese Everest-Geschichte gesprochen. Ergebnis: Eine echte Informations-Ente. Nie gab es eine sowjetische Everest-Expedition. Und dennoch steht in einem 1973 (!) erschienenen Everest-Buch: «Die Spitzengruppe ist verschollen». (Die bei Dyhrenfurth sehr vorsichtig formulierte Falschmeldung wurde nicht einmal richtig abgeschrieben).

12 9. Britische 1953/V *13*/34 1. Besteigung	J. Hunt	SO-Grat	Gipfel E. Hillary, Sherpa Tensing Norgay	–	Am 29. 5., 11.30 Uhr, stehen die zwei ersten Menschen auf dem höchsten Punkt der Erde, 5 Stunden nach Verlassen von Lager 9 (8504 m).
13 1956/V SSAF *11*/22 2. und 3. Besteigung	A. Eggler	SO-Grat	Gipfel J. Marmet, E. Schmied, H. von Gunten, D. Reist	–	Am 18. 5. glückte Ernst Reiß und Fritz Luchsinger die Erstbesteigung des Lhotsegipfels (8511 m). Am 23. 5. E. Schmied und J. Marmet die 2. Everest-Besteigung, D. Reist und H. von Gunten die

Exp.-Nr. / Jahr / V = Vormonsun / N = Nachmonsun / Exp.-Nationalität / *Teiln.-Zahl* / Sherpa-Zahl (Hochträger)	Leiter	Route	Höchste Höhe Namen	Tote	Bemerkungen
					3. Besteigung. Es war der bisher größte Erfolg einer Everest-Expedition.
14 1960/V 1. Chinesische 4. Besteigung	?	NO-Grat	Gipfel Wang Fu-chou, Chu Ying-hua, Gonpa (Tibet)	–	Die Chinesen und der Tibeter sollen am 25. 5. um 1.40 Uhr nachts (Ortszeit) den Gipfel erreicht haben (4.20 Uhr Peking-Zeit); die Besteigung ist nicht durch Bilder belegt, wird aber hier dennoch gezählt.
15 1960/V 1. Indische *17*/40	G. Singh	SO-Grat	8620 N. Gombu, S. Gyaltsen, N. Kumar	–	Die beiden Sherpa und der Inder wurden am 25.5. knapp 140 m unter dem Südgipfel (8760 m) durch Orkan zum Rückzug gezwungen, während am gleichen Tag 3 Teilnehmer der chinesischen Expedition den Gipfel über den NO-Grat erreicht haben sollen.
16 1962/V 2. Indische *13*/50	J. Dias	SO-Grat	8710 M. S. Kohli, H. Dang, S. Gyaltsen	1 Sherpa Nawang Tsering; Steinschlag unterm Südcol	Der 2. indische Versuch mit Sherpa in der Spitzengruppe scheiterte diesmal 50 m unterm Südgipfel (8760 m).
17 1962/V *4*/keine Sherpa	W. W. Sayre	NO-Grat	ca. 7550	–	Das unrealistische Abenteuer-Unternehmen des amerikanischen Philosophie-Professors war von vornherein zum Scheitern verurteilt: keine Sherpa, keine Erfahrung, keine Sauerstoffgeräte, keine Genehmigung für Tibet; «ein bloßer Wunschtraum eines kritiklosen Abenteurers» (G. O. Dyhrenfurth).

Exp.-Nr. / Jahr / V = Vormonsun / N = Nachmonsun / Exp.-Nationalität / *Teiln.-Zahl* / Sherpa-Zahl (Hochträger)	Leiter	Route	Höchste Höhe Namen	Tote	Bemerkungen
18 1963/V AMEE *20*/37 5., 6. und 7. Besteigung und 1. Begehung W-Grat und 1. Überschreitung	N.G.Dyhrenfurth	SO-Grat W-Grat	Gipfel 1. 5. SO-Grat: J. W. Whittaker, N. Gombu 22.5. SO-Grat: B. C. Bishop, L. G. Jerstad 22. 5. W-Grat hinauf, SO-Grat hinab: Th. F. Hornbein, W. F. Unsoeld	1 John E. Breitenbach am 23. 3. im Khumbu-Eisfall von einstürzenden Eismassen begraben; erst am 25.9.69 fanden Japaner seine Leiche, die in Tengpoche beigesetzt wurde	Das bisher größte und imposanteste Unternehmen am Everest: 3 Besteigungen des Gipfels, 1. Begehung des Westgrates und zugleich erste Überschreitung des Berges. Die Amerikanische Mount Everest Expedition (AMEE) kostete über 400000 US-Dollar; das ganze Material wog 27 Tonnen.
19 1965/V 3. Indische *19*/50 8., 9., 10. und 11. Besteigung	M. S. Kohli	SO-Grat	Gipfel 20. 5.: N. Gombu, A. S. Cheema 22. 5.: S. Gyatso, S. Wangyal 24. 5.: C. P. Vohra, A. Kami 29. 5.: H. S. C. Rawat, H. S. Ahlu Walia, P. Dorje I	–	Endlich hatten die Teilnehmer einer indischen Expedition ihren verdienten Erfolg; 10 von ihnen waren bereits 1960 und 1962 dabei. Es erfolgten die bisher meisten Besteigungen (4) mit der höchsten Personenzahl (9). Erstmals erreichte ein Mensch (Sherpa Nawang Gombu) den Gipfel zum zweiten Male. Kurz: ein begeisternder Erfolg des indischen Unternehmens – und kein Opfer!
20 1966/V 2. Chinesische *26*/keine Sherpa	?	NO-Grat	?	24?	Es sind nur spärliche Nachrichten bekannt; die Mannschaft sei vollkommen mangelhaft ausgerüstet gewesen. Nach den zwei ersten Tagen am Berg sollen 2 Teilnehmer halb erfroren ins Basislager zurückgekehrt sein; die anderen hätten einen Rückzug abgelehnt: «... man hat niemals mehr etwas von ihnen gehört oder gesehen», hieß es in einem Bericht aus Indien.

Exp.-Nr. / Jahr / V = Vormonsun / N = Nachmonsun / Exp.-Nationalität / *Teiln.-Zahl* / Sherpa-Zahl (Hochträger)	Leiter	Route	Höchste Höhe Namen	Tote	Bemerkungen
21 1966–67/V–N Mehrere chinesische *21*/100 tibet. Träger	?	N-Seite	ca. 7000	?	Wissenschaftliche Ergebnisse, die meist längst bekannte Erkenntnisse bzw. Erfahrungen betrafen.
22 1968/V Chinesische Unbekannte Teilnehmerzahl	?	NO-Grat	?	?	Über den Verlauf des Unternehmens wurden keine Details bekannt, nur daß man wieder Maos Sprüche am Berg gesungen habe usw. Der «rote Wunschtraum wiederholt sich fast alljährlich» (G. O. Dyhrenfurth).
23 1969/N Japanische Ski-Kundfahrt *7*/38	A. Takabashi	S-Front	ca. 7000	1 Sherpa Phu Dorji stürzte am 18. 10. im Eisfall mit Schneebrücke in eine Gletscherspalte	Es war lediglich ein vorbereitendes Erkundungsunternehmen für eine große japanische Ski-Expedition. Yuichiro Miura fuhr von 7000 m eine etwa 1600 m lange Strecke auf Ski ab.
24 1969/N Japanische Bergsteiger-Kundfahrt *4*/32	Y. Fujita	SW-Wand	8050	–	Die kleine Alpinistengruppe hat ihre Aufgabe, die noch unbezwungene SW-Wand zu erkunden, vollkommen erfüllt.
25 1970/V Japanische Ski-Exp. *22*/48	A. Takabashi	S-Seite	7986 S-Col	7 Anfang April wurden 6 Sherpa von den einstürzenden Eismassen eines Séracs erschlagen; ein weiterer Sherpa starb an Erschöpfung	Miura wagte ab 7700 m zwischen Genfersporn des Südcols und SW-Wand eine 2,1 km lange Skiabfahrt mit Hilfe von Bremsfallschirmen; ein fragwürdiges Sensationsunternehmen, das 7 Menschenleben kostete und ungeheure Geldmittel verschlang.

Exp.-Nr. / Jahr / V = Vormonsun / N = Nachmonsun / Exp.-Nationalität / *Teiln.-Zahl* / Sherpa-Zahl (Hochträger)	Leiter	Route	Höchste Höhe Namen	Tote	Bemerkungen
26 1970/V Japanische Exp. des Jap. Alpine Club *39/52* 12. und 13. Besteigung	H. Ohtsuka	SO-Grat und SW-Wand	Gipfel 11. 5.: T. Matsuura, N. Uemura 12. 5.: K. Hirabayashi, Sherpa Chotaley	2 K. Narita starb an Herzschlag; Sherpa Kyak Tsering durch Eissturz im Khumbu-Eisfall	Ein großartiger Erfolg der Japaner, auch wenn die SW-Wand-Mannschaft nur bis zur seit 1969 bekannten Höhe 8050 m vordringen konnte: Rückzug am 10. 5. wegen Steinschlag (Iwao Kano und Hiroshi Sagano). Am 17. 5. stellte die 30jährige Setsuko Watanabe einen ‹Frauen-Höhenweltrekord› auf; sie erreichte die 8000 m hohe Kuppe des Genfersporns nahe dem Südsattel.
27 1971/V IHE *32/60*	N.G.Dyhrenfurth, J.O.M. Roberts	SW-Wand und W-Grat	8350 SW-Wand D. Haston, D. Whillans	1 Der Inder Harsh Bahuguna starb am 17. 4. auf W-Grat-Route an Erschöpfung	Die Internationale Himalaya-Expedition, an der sich Bergsteiger aus 13 Ländern beteiligten, war laufend von Pech und Unglück verfolgt: Trägerstreiks während des Anmarschs, außergewöhnlich schlechter Zustand des Khumbu-Eisfalls, schlechteste Vormonsunzeit seit 70 Jahren, der Tod von Harsh Bahuguna. Die Expedition kostete fast 1 Million DM.
28 1971/N Argentinische *19/30*	H. C. Tolosa, C. Comesana	SO-Grat	8390 J. Peterek, U. Vitale	–	Auch die Argentinier waren durch außergewöhnliches Schlechtwetter zurückgeschlagen worden.
29 1972/V EEEE *22/30*	F. Kuen, K. Herrligkoffer	SW-Wand	8250	–	‹Erste Europäische Everest-Expedition›. Es wurde aus vielerlei Gründen nicht einmal der höchste Punkt vorausgegangener Unternehmungen erreicht.
30 1972/N Britische *12/28*	Ch. Bonington, J. O. M. Roberts	SW-Wand	8300 D. Haston, H. MacInnes	1 Am 16. 11. wurde der Australier Tony Tighe im Eisfall tödlich verletzt	Diese hervorragende Mannschaft scheiterte an orkanartigen Stürmen. Tragisch war, daß der tödlich verunglückte Tighe gar nicht eigentlicher Teilnehmer war; er war als Tourist gekommen und hatte sich lediglich als Träger zur Verfügung gestellt.

Exp.-Nr. / Jahr / V = Vormonsun / N = Nachmonsun / Exp.-Nationalität / *Teiln.-Zahl* / Sherpa-Zahl (Hochträger)	Leiter	Route	Höchste Höhe Namen	Tote	Bemerkungen
31 1973/V Italienische *64*/70 14., 15. Besteigung	G. Monzino	SO-Grat	Gipfel 5. 5.: M. Minuzzo, R. Carrel, Sherpa Lapka Tensing, Sambu Tamang 7. 5.: F. Innamorati, V. Epis, C. Benedetti, Sherpa Sonam Gyaltsen	–	60 Tonnen Material wurden direkt nach Kathmandu geflogen, dann weiter nach Luklha. Vom Basislager wurde der Materialtransport bis ins Westbecken per Helikopter bewerkstelligt, so daß der gefährliche Khumbu-Eisfall nicht dauernd von Trägerkolonnen begangen werden mußte. Schließlich stellten die Italiener auf dem Gipfel auch noch eine Madonnenfigur auf (in einem buddhistischen Land!). Das Unternehmen kostete mehrere Millionen Mark. Beträchtliche Mittel stellte das italienische Militär zur Verfügung.
32 1973/N Japanische des Roc Climber Clubs *49*/84 16. Besteigung	M. Shotaro	SO-Grat	Gipfel Ende Oktober: H. Ishiguro, Y. Kato	–	Erste Besteigung in der Nachmonsunzeit.
33 1974/V Spanische		SO-Grat			
34 1974/N Französische		SO-Grat			

Register

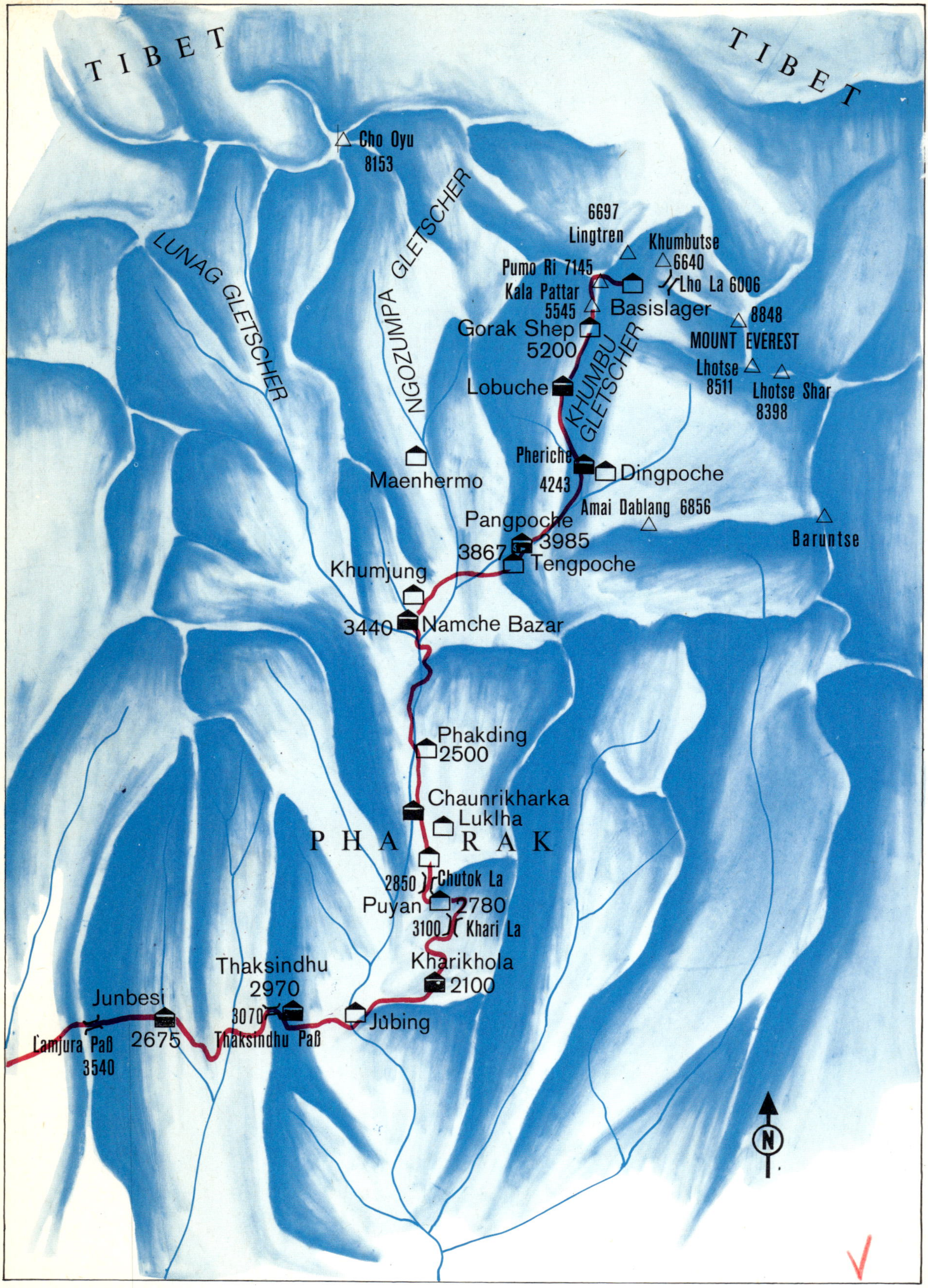
TIBET
TIBET
Cho Oyu 8153
LUNAG GLETSCHER
NGOZUMPA GLETSCHER
6697 Lingtren
Khumbutse 6640
Pumo Ri 7145
Lho La 6006
Kala Pattar 5545
Basislager
8848
MOUNT EVEREST
Gorak Shep 5200
KHUMBU GLETSCHER
Lhotse 8511
Lhotse Shar 8398
Lobuche
Maenhermo
Pheriche 4243
Dingpoche
Amai Dablang 6856
Pangpoche
Baruntse
3867
3985
Tengpoche
Khumjung
3440
Namche Bazar
Phakding 2500
Chaunrikharka
Luklha
PHA RAK
2850
Chutok La
Puyan
2780
3100
Khari La
Kharikhola
2100
Thaksindhu 2970
Junbesi
3070
Jubing
Lamjura Paß 3540
2675
Thaksindhu Paß
N